Normative und institutionelle Grundfragen
der Ökonomik

Jahrbuch
Normative und institutionelle Grundfragen der Ökonomik

Herausgeber:
Prof. Dr. Richard Sturn, Graz, *Katharina Hirschbrunn*, Tutzing, *Prof. Dr. Ulrich Klüh*, Darmstadt

Herausgeber-Beirat:
Prof. Dr. Hans Albert, Heidelberg • *Prof. Dr. Miriam Beblo*, Hamburg • *Prof. Dr. Adelheid Biesecker*, Bremen • *Prof. Dr. Simon Gächter*, Nottingham • *Prof. Dr. Nils Goldschmidt*, Siegen • *Dr. Martin Held*, Tutzing • *Prof. Dr. Andrea Maurer*, Trier • *Prof. Dr. Hans G. Nutzinger*, Kassel • *Prof. Dr. Notburga Ott*, Bochum • *Prof. Dr. Fabienne Peter*, Warwick • *Prof. Dr. Lucia Reisch*, Kopenhagen/Friedrichshafen • *Prof. Dr. Michael Roos*, Bochum • *Prof. Dr. Michael Schmid*, Augsburg • *Prof. Dr. Johannes Schmidt*, Karlsruhe • *PD Dr. Irmi Seidl*, Zürich • *Prof. Dr. Andreas Suchanek*, Leipzig • *Prof. Dr. Peter Weise*, Warburg • *Prof. Dr. Hans Peter Widmaier*, Herrliberg/Zürich • *Prof. Dr. Ulrich Witt*, Jena

Erscheinungsweise:
Das Jahrbuch erscheint einmal jährlich.

Das *Jahrbuch Normative und institutionelle Grundfragen der Ökonomik* ist ein interdisziplinäres Jahrbuch, dessen Fokus vor allem die normativen Fundamente der Ökonomik und ihre institutionellen Voraussetzungen bilden. Obwohl seine Ausrichtung nicht ausgesprochen wirtschaftspolitisch ist, gehören die praktisch-politischen Implikationen einer kritischen Reflexion solcher Grundlagenfragen zu den immer wiederkehrenden inhaltlichen Anliegen ebenso wie methodologische Abklärungen. Jede Ausgabe ist einem thematischen Schwerpunkt gewidmet, der von den Herausgebern unter Berücksichtigung der Empfehlungen des Herausgeber-Beirats ausgewählt wird und der Thematik der jährlichen Tagung der Evangelischen Akademie Tutzing in der gleichnamigen Reihe entspricht. Eine große Bandbreite und Vielfalt von Ansätzen und Zugängen zum jeweiligen thematischen Schwerpunkt sind Programm. Das Jahrbuch wendet sich ebenso an Wissenschaftlerinnen/Wissenschaftler der Ökonomik und benachbarter Disziplinen wie an thematisch allgemein Interessierte. Vorschläge von Leserinnen/Lesern für Themenschwerpunkte und spezifische Beiträge sind willkommen.

Redaktion Jahrbuch:
Katharina Hirschbrunn, Evangelische Akademie Tutzing, Schloss-Straße 2+4, D-82327 Tutzing (Telefon ++49/+8158/251-116)
hirschbrunn@ev-akademie-tutzing.de • ulrich.klueh@h-da.de • richard.sturn@uni-graz.at

Richard Sturn und Ulrich Klüh (Hg.)

Jahrbuch
Normative und institutionelle Grundfragen der Ökonomik

Jahrbuch 18

Blockchained?
Digitalisierung und Wirtschafts-Politik

Metropolis Verlag
Marburg 2020

Bibliografische Information Der Deutschen Bibliothek
Die deutsche Bibliothek verzeichnet diese Publikation in der Deutschen Nationalbibliografie; detaillierte bibliografische Daten sind im Internet über <https://portal.dnb.de> abrufbar.

Jahrbuch Normative und institutionelle Grundfragen der Ökonomik, Band 18: Blockchained? Digitalisierung und Wirtschafts-Politik. Marburg: Metropolis-Verlag, 2020

Metropolis-Verlag für Ökonomie, Gesellschaft und Politik GmbH
http://www.metropolis-verlag.de
Copyright: Metropolis-Verlag, Marburg 2020
Alle Rechte vorbehalten
ISBN 978-3-7316-1415-9

Inhalt

Ulrich Klüh und Richard Sturn
Blockchained? Eine wirtschaftspolitische Hinführung 7

Michael Roos
Digitale Technologien: Charakteristika, Chancen und Risiken 29

Tobias Eibinger
Blockchain-Technologie und hierarchische Koordination.
Wie verschieben sich die „Boundaries of the firm? 55

Moritz Hütten
Delegating the Revolution –
Blockchain and the Limits of Tool-Based Activism 77

Viktoria H.S.E. Robertson
Marktmacht, Wettbewerb und Digitalisierung 93

Anabell Kohlmeier und Horst Entorf
Digitalisierung, Nachfrage nach Arbeit und Verteilungspolitik 119

Tina Ehrke-Rabel
Digitalisierung und Steuerpolitik 141

Oliver Suchy
Digitalisierung und die Arbeit der Zukunft 169

Ingo Matuschek und Georg Jochum
Blockchains – Algorithmen für Nachhaltige Arbeit? 183

Einführende Anmerkungen zur Wirtschafts-Politik der Digitalisierung

Ulrich Klüh[*] und Richard Sturn[**]

Abstract: We provide an introductory motivation for the articles of this Yearbook by highlighting the two analytically different, yet interdependent clusters of digital challenges. On the one hand, digitalization brings about specific questions for *economic policy*, in particular in areas such as taxation and public finance, competition and antitrust, labor markets, and re-distribution. On the other hand, technologies such as Blockchain generate perspectives of a fundamental politico-economic transformation, re-configurating the institutional architecture of the political and the economic sphere, with profound impacts on the demarcation of the private and the public as well as their intricate intersections.

Keywords: Digital transformation, Sustainability, Economic Policy

JEL-Klassifikation: A11, A12, D02, D52, D86, H1, L4, O33

---

[*] Prof. Dr. Ulrich Klüh, Hochschule Darmstadt • [ulrich.klueh@h-da.de]. I would like to thank Sonja Kleinod and Moritz Hütten as well as participants of several workshops of Böckler-Stiftung's research group on „Digitization, Workers' Participation and Good Work" for valuable comments and discussions on the topic. Financial support by the Böckler-Stiftung is greatly acknowledged.

[**] Prof. Dr. Richard Sturn, Universität Graz • [richard.Sturn@uni-graz.de]

1. Einleitung

Die Entwicklungen, die aktuell unter Stichworten wie „Digitalisierung[1]" oder „Datafizierung" (Houben und Prietel 2018) zusammengefasst werden, stellen die Wirtschafts- und Sozialwissenschaften und die Wirtschaftspolitik vor große Herausforderungen. Wie andere historische Beispiele eines die gesamte Wirtschaft durchdringenden technischen Wandels verursacht die Herausbildung einer plattformbasierten Datenökonomie dabei Veränderungen auf zwei Ebenen, die zwar eng miteinander verwoben, aus analytischen Gründen aber ebenso klar zu trennen sind.

Auf der ersten Ebene geht es um ebenso grundlegende wie akute Fragen des wirtschaftspolitischen Umgangs mit der digitalen Transformation. Welche Implikationen ergeben sich für die Arbeitsmarkt-, Steuer- und Sozialpolitik? Ist vor dem Hintergrund einer zunehmenden Automatisierung eine neue grundlegende Neuausrichtung der Verteilungspolitik notwendig, bspw. in Form von Grundeinkommen oder ähnlichen Instrumenten? Können Bürger und Konsumenten vor den Risiken des Informationskapitalismus geschützt werden, ohne dessen Entwicklung grundlegend zu behindern, und wenn ja wie? Welche Anpassungen sind im Instrumentarium der Wettbewerbspolitik angebracht, nicht zuletzt vor dem Hintergrund der zunehmenden Konzentrationstendenzen im Bereich digitaler Plattformen? Ist gar das Zeitalter herkömmlicher Antitrust-Politik vorbei, wie Kaushik Basu (2019) – mit Blick auf neue Dimensionen steigender Skalenerträge in digital gestützten Prozessen – meint?

Auf der zweiten Ebene stellen digitale Technologien wie Blockchain (bekannt durch die Digitalwährung Bitcoin), Künstliche Intelligenz (KI) und Algorithmen Organisationen und Institutionen der Wirtschaft grundlegend in Frage. Dabei überlagern sich wissenschaftlich-technologisch basierte Zukunftsszenarien oft mit einerseits marktlibertären, andererseits mit kapitalismus-kritischen Vorstellungen von Wirtschaft und Gesellschaft. Was bedeutet es, wenn Start-up-Unternehmen und techno-

---

[1] Im Deutschen hat sich eine zur englischen Unterscheidung zwischen „Digitization" (Übergang vom Analogen zum Digitalen) und „Digitalization" (Nutzung digitaler Technologien in Geschäftsmodellen und Leistungsprozessen im privaten und öffentlichen Sektor) analoge Differenzierung der Ebenen des Wandels noch nicht allgemein eingebürgert, wohingegen der sozio-ökonomisch übergreifende Charakter aktueller Wandlungsprozesse durch den Begriff „digital transformation" in beiden Sprachen gleichermaßen zum Ausdruck gebracht wird.

Einführende Anmerkungen zur Wirtschafts-Politik der Digitalisierung 9

logische Initiativen grundlegende Neuordnungen der Marktwirtschaft am Horizont sehen und befördern wollen? Was ist von Gedankenspielen zu halten, die vor dem Hintergrund der Digitalisierung Chancen neuer Formen sozialer Marktwirtschaft und einer weitgehenden Demokratisierung der Wirtschaft in den Vordergrund stellen? Woher stammen diese Erzählungen und was bewirken sie? In welchem Verhältnis stehen Überwachungskapitalismus und Überwachungsetatismus?

Auf der ersten Ebene (der Ebene der „Wirtschaftspolitik") geht es mithin um konkrete Fragen des Umgangs mit digitalen Herausforderungen. Auf der zweiten Ebene (der Ebene der „Wirtschafts-Politik") geht es um grundlegende Fragen nach der zukünftigen Ordnung der Wirtschaft, der institutionellen Architektur unserer Gesellschaft – und dabei insbesondere um Fragen der Institutionalisierung von Transformationsprozessen. Eine besondere Herausforderung besteht dabei in der Notwendigkeit, die beiden Ebenen nicht nur zu unterscheiden, sondern auch immer wieder Bezüge zwischen Wirtschaftspolitik und Wirtschafts-Politik herzustellen.

Dieser Herausforderung widmen sich die Beiträge des vorliegenden Jahrbuchs[2]. Ein wesentlicher Beitrag dieser Aufsätze besteht darin, eine zentrale Eigenschaft von polit-ökonomischen Digitalisierungsdiskursen zu benennen und zu dekonstruieren: Eine Auseinandersetzung mit „der" Digitalisierung unterliegt einer ganz eigenen Unschärferelation. Je besser und klarer die Ebene der Wirtschaftspolitik in den Blick gerät, umso schwieriger wird es, die Ebene der Wirtschafts-Politik klar zu umreißen – und umgekehrt. Eine umfassende Würdigung der potenziell radikalen Auswirkungen, die Technologien wie Blockchain auf das Institutionengefüge von Wirtschaft und Gesellschaft haben oder behaupten zu haben lässt beispielsweise schnell vergessen, dass die Digitalisierung zumindest im deutschen Kontext bisher überwiegend entlang hinlänglich bekannter Automatisierungsprozesse (insbesondere im Kontext der Verbreitung der Mikroelektronik) verläuft, die unter Stichworten wie „Chips and Jobs" schon in den 1980er-Jahren Gegenstand einschlägiger Forschungsprojekte zu makroökonomischen Perspektiven des Computerzeitalters waren

---

[2] Den Kern des vorliegenden *Jahrbuchs 18: Blockchained? Digitalisierung und Wirtschafts-Politik* bilden überarbeitete und anonym begutachtete Beiträge zur gleichnamigen Tagung an der Evangelischen Akademie Tutzing. Wir danken den anonymen Kommentatoren herzlich für ihre Unterstützung.

(z.B. Kalmbach/Kurz 1992). Pocht man hingegen darauf, dass mit der digitalen Transformation bisher eben kein grundsätzlicher Wandel einhergegangen ist (und wir es deshalb mit weitgehend bekannten Phänomen zu tun haben) gerät leicht die Radikalität der in vielen Geschäftsmodellen und -praktiken angelegten Zukunftsvorstellungen in Vergessenheit.

Anders formuliert: Obwohl es richtig ist, dass eine produktive Auseinandersetzung mit Digitalisierung vielfach von der einseitigen Fokussierung auf utopische und dystopische Szenarien behindert wird, wäre es ebenso falsch, die soziale Wirkkraft der entsprechenden Gesellschaftsentwürfe zu unterschätzen – zumal die politischen und ideologischen Anteile dieser Szenarien einen unverkennbar erheblichen Einfluss auf Richtung, Rahmung und Fragestellungen einschlägiger Forschungen haben.

Gerade das Beispiel Blockchain macht die hiermit verbundenen analytischen und politischen Herausforderungen sehr deutlich. Nur wenige technische Innovationen der letzten Jahrzehnte haben derart große und weitreichende Erwartungen im Hinblick auf ihre gesellschaftliche Sprengkraft entwickelt: Nichts weniger als

– das komplette Absterben von Hierarchien und Intermediären,

– die Ermöglichung sozialer Interaktion ohne Machtgefälle sowie

– die weitgehend maschinelle Herstellung von „Vertrauen" (The Economist 2015) und sogar „Wahrheit" (Vigna and Casey 2018)

wird in Aussicht gestellt. Auch wenn diese und ähnliche „Utopien" einer ernsthaften Analyse nicht standhalten und schnell zu entzaubern sind bleiben sie nicht folgenlos und wirken weiter. Die ihnen zugrundeliegende Vorstellungen sind nämlich nicht nur in radikal-marktlibertären Kreisen präsent, sondern tief im Regime und in Geschäftsmodellen des neuen Plattformkapitalismus verankert, und zwar auf eine äußerst verzwickte Art und Weise. Einerseits sind nicht nur Blockchain-Enthusiasten immer noch davon überzeugt, dass neue Technologien den Schlüssel bei der Re-Demokratisierung des Internets darstellen. Indem sie Privatheit durch eine Kombination aus Kryptografie und Anreizmechanismus herstellen, beenden sie – so die Hoffnung – die allseits beklagte Überwachung durch private, staatliche und hybride Akteure. Andererseits prägen solche Technologien dann aber doch gerade jene Geschäftsmodelle, Digitalpakte und politische Haltungen, die mit dem Regime des Überwachungskapitalismus im Einklang stehen. Die Vorstellung, über die Vervollständigung von Verträgen ließe sich eine ganz neue Gesellschaftsform etablieren, in der die bestehenden Machtverhältnisse aufgelöst und ganz neue, bessere Formen der privaten und öffentlichen Organisation geschaffen werden, bleibt wirkmächtig. Utopien wie die einer Substitution von Recht durch Code oder von Macht durch Markt profitieren zudem von einem in der Moderne wirkmächtigen, in ganz unterschiedlichen Narrativen eingebetteten mentalen Hebel: dem tief verwurzeltes Zutrauen in die Möglichkeiten, Probleme mit Technik zu lösen.

Für die Wirtschafts- und Sozialwissenschaften erfordert dies nicht zuletzt eine methodische Klärung der Art und Weise, wie Technologien und technologische Entwicklungen in der Theoriebildung berücksichtigt werden. Allzu oft wird noch unter der Annahme operiert, die eigenen Methoden und Denkweisen seien technologieneutral. Zudem wurden und werden nicht zuletzt im Mainstream der Ökonomik Technologien oft auf eine allzu abstrakte Art und Weise in die Modellbildungen integriert, welche folglich die Implikationen von Technologien für sozio-ökonomische Dynamiken und institutionelle Entwicklungen nicht zureichend erfassen konnten. Dass solche Abstraktionen und Sichtweisen gerade in Phasen durchgreifenden technologischen Wandels unbefriedigend bzw. wenig realistisch sind und dass sozioökonomische und technische Entwicklungen vielmehr in Wechselwirkungen miteinander verbunden sind (was eine wechselseitige Durchdringung von Sozialwissenschaften und Technologie bedingt) zeigen insbesondere die Beiträge im ersten Teil dieses Bandes.

2. Grundlegende Analysen

Die ersten drei Beiträge sind vor diesem Hintergrund zunächst um eine grundlegende Aufklärung im Hinblick auf die Funktionsweise, Reichweite und Limitationen der betreffenden Techniken bemüht. Was *können* sie bewirken, was *erwarten* wir von ihnen? Welche Logik ist ihnen inhärent bzw. wird ihnen im Kontext ihres Einsatzes eingeschrieben? Und sind sie tatsächlich so „disruptiv", wie allgemein unterstellt wird? Immerhin gilt weitgehend ja immer noch das Bonmot, dass man das Computerzeitalter überall sehe außer in der Produktivitätsstatistik (Solow 1987). Gerade das Beispiel Blockchain zeigt ja, wie ausschweifend zuweilen über digitale Möglichkeiten und Veränderungsdynamiken geredet wird, ohne dass wirklich bahnbrechende Veränderungen in bestehenden Organisationen oder institutionellen Arrangements erkennbar würden. Michael Roos warnt vor einer solchen Strategie der Beruhigung. Er beschreibt die Digitalisierung von Wirtschaft und Gesellschaft als „fundamentale Transformation unserer Lebenswelt, die alle Lebensbereiche umfasst und der sich niemand entziehen kann". Neue Informations- und Kommunikationstechnologien schaffen eine virtuelle Realität, die den gesellschaftlichen Zusammenhalt über verschiedene Kanäle bedrohe. Der Hoffnung, die Digitalisierung ermögliche eine Demokratisierung von Wissen und damit eine neue Stufe von Aufklärung und Emanzipation stünden deshalb erhebliche Risiken entgegen. Dabei mache es einen Unterschied, ob man es lediglich mit einer digitalen Abbildung analoger Realitäten, mit einer digitalen Erweiterung und Veränderung von Realität oder mit ganz neuen virtuellen Realitäten zu tun habe. Im Hinblick auf die reine *Abbildung analoger Realitäten in digitaler Form* müsse berücksichtig werden, dass der Zugang zu den im Internet verfügbaren Informationen nicht allen gleichermaßen offenstehe. Die politisch induzierte oder gesellschaftliche bedingte Kluft zwischen unterschiedlichen Formen und Intensitäten des Zugangs zu und der Nutzung von digitalen Möglichkeiten („digital divide") werde voraussichtlich zu einer Zunahme sozialer Ungleichheit führen. Vielfach werde zudem vernachlässigt, dass digitale Technologien einen epistemischen Bias zur Abbildung jener Realitäten aufwiesen, die mit Mitteln der IKT besonders gut erfass- und reproduzierbar sind; die Gefahr einer Verarmung menschlicher Erlebnisdimensionen und Interaktionsformen sei nicht zu unterschätzen. Im Hinblick auf die *Erweiterung und Veränderung von Realität durch Digitalisierung* bestünde das Hauptrisiko in unterschiedlichen Formen des Autonomieverlustes durch Verhaltenserfassung, -prognose und -steuerung, wie sie insbesondere in den Geschäftsmodellen der großen Technologieunternehmen inzwischen fest verankert sind. Und im Hinblick auf die *Schaffung gänzlich neuer virtueller Realitäten* sei ungeklärt, wie in Zukunft ein gesellschaftlicher Konsens über den Wahrheitsgehalt von Aussagen und Darstellungen erzielt werden könne. Die individualisierte Wahrnehmung von Realität könne zu einem „Verlust von gemeinsamer Identität und geteilten Einstellungen, Überzeugungen und Vorstellungen" sowie zu einem erheblichen „Vertrauensverlust gegenüber gesellschaftlichen Institutionen" führen. Wie soll mit diesen erheblichen Risiken umgegangen werden, ohne die im Beitrag ebenfalls skizzierten gesellschaftlichen Entwicklungspotenziale sowie die bereits erreichte Veränderungsdynamik (die in ihrer Geschwindigkeit asynchron zu politischen und gesellschaftlichen Diskursen verläuft) aus dem Blick zu verlieren? Aus Sicht von Roos wird es zunächst notwendig sein, Digitalisierung als kulturellen Prozess zu verstehen und zu akzeptieren, dass es eher um einen Umgang mit als eine Vermeidung von Risiken gehen muss. Dies schließt den Versuch einer proaktiven Regulierung und Gestaltung keineswegs aus, verdeutlicht jedoch die Notwendigkeit, auch ex post auf der Hut zu sein, wenn Digitalisierung sozio-ökonomische Probleme verursacht.

Bereits im Beitrag von Roos klingt an, dass die digitale Transformation auch für die Ökonomik als Wissenschaft ganz neue konzeptionelle Probleme und epistemologische Herausforderungen mit sich bringt. So stehen die beschriebenen Methoden der Verhaltensprognose und -steuerung durch digitale Konzerne in einem offensichtlichen Spannungsverhältnis zur Leitidee der Konsumentensouveränität. Einerseits stellt sich die Frage, ob noch von Entscheidungsfreiheit die Rede sein kann, wenn gläserne Konsumenten unter Ausnutzung verhaltensökonomischer Modelle in ein fast schon deterministisches Konsummuster gedrängt werden. Andererseits zeigt gerade die Analyse in Zuboff (2015), dass die Methoden und Strategien der großen Konglomerate durchaus als Fortsetzung einer radikal neoklassischen Auffassung von Wirtschaft und Gesellschaft verstehbar werden. Selbst eine solche Sichtweise sieht sich jedoch mit dem Problem konfrontiert, dass die von Roos beschriebene Virtualisierung der Lebenswelten ganz neue informationsökonomische Fragen aufwerfen könnte, die wiederum in ganz unterschiedliche Richtungen verweisen. Dystopische Vorstellungen einer Herausbildung virtueller Parallelwelten, in denen „deep fakes" die Natur von gesellschaftlich relevanter Information an sich in Frage stellen, stehen hier nicht selten neben utopischen Vorstellungen eines perfekten gesellschaftlichen Umgangs mit Information. In Anlehnung an Hayek wird nicht selten die Verwirklichung einer weitgehend friktionslosen Welt perfekter Informationszirkulation über Märkte und eine Konstellation vollständiger Kontrahierbarkeit des Sozialen in Aussicht gestellt. Gleichzeitig könnte gerade die wissenschaftliche Perfektionierung der Verhaltensanalyse und -steuerung zum Anlass genommen werden, die Möglichkeit einer Substitution des Marktes und des Vertrages durch andere, rein technisch basierte, zentralistische und potenziell auch autoritäre Koordinationsmechanismen ins

Blickfeld zu rücken: Die Vision Oskar Langes (1967), der die Marktallokation als „computing device of the preelectronic age" analysierte und einem Computer-gestützten Allokationsmechanismus gegenübergestellt hat, gewinnt durch digitale Technologien wie Machine learning und steigende Skalenerträge der Datennutzung an Plausibilität[3]. Eine entscheidende Frage ist in diesem Zusammenhang, welche Rolle tradierte Organisationsformen in diesem Prozess spielen und welche Bedeutung ihnen in Zukunft noch zukommen wird.

Tobias Eibinger greift diese Frage auf und untersucht anhand eines konkreten Modells, welche grundsätzlichen theoriestrategischen Fragen eine spezifische aber „repräsentative" Technik für einen spezifischen aber ebenfalls repräsentativen Bereich der Ökonomik birgt. Konkret richtet er seinen Blick auf die Theorie der Unternehmung und führt dabei gleichzeitig die Technik ein, die in abgewandelter Form für das vorliegende Jahrbuch titelgebend ist. Sogenannte Blockchain-Anwendungen haben in den letzten Jahren zahlreiche Debatten zur Zukunft der Unternehmung, der Organisation und der Intermediation ins Rollen gebracht. Auch wenn die konkreten Anwendungsmöglichkeiten der Technik vermehrt hinterfragt werden steht Blockchain exemplarisch für die Möglichkeit intra- und interorganisationale Operationen und Transaktionen so zu datafizieren, dass offene Märkte im Vergleich zu geschlossenen Organisationen an Bedeutung gewinnen. Entscheidend ist hierbei die Einsicht, dass entsprechende Methoden eine Verbindung zwischen technisch-ökonomischen Funktionalitäten (im Fall der Blockchain eine Kombination aus Kryptografie und Anreizmechanismus) und institutionellen Funktionalitäten (im Fall der Blockchain des Wegfalls der Notwendigkeit einer Verifikation durch unabhängige Intermediäre und die damit verbundene Perfektionierung der Durchsetzbarkeit von Verträgen) herstellen. Ein Beispiel mag an dieser Stelle hilfreich sein: Die Mikrofundierung des Bankwesens beruht auf der Einsicht, dass Finanzintermediäre eine spezifische Governance aufweisen, die es ihnen ermöglicht, Verträge zwischen Geldnehmern und Geldgebern zu geringeren Kosten abzuwickeln

---

[3] Dies gilt trotz der Tatsache, dass im Hintergrund von Langes Vision letztlich ein informationsökonomisch unterkomplexes Walrasianisches Marktmodell steht. Denn nicht nur in der Diskussion um „Blockchain und unvollständige Verträge" deuten sich Möglichkeiten des digitaltechnologischen Umgangs mit Informationsproblemen an, welche die Post-Walrasianische Informationsökonomik beschäftigen.

und insbesondere durchzusetzen. Als entscheidend erweist sich dabei der Umstand, dass die Bank Anreize der Vertragsparteien, Lücken im Vertragswerk zu opportunistischen Zwecken auszunutzen, abmildern kann. Diese Lücken sind u.a. dadurch verursacht, dass Gerichte bestimmte Umstände nicht überprüfen oder eindeutig klären können, da sie erst im Nachhinein mit interpretationsoffenen Informationen versorgt werden. Indem sie eine langfristige Beziehung zum Kreditnehmer aufbaut lernen Banken diesen besser kennen und können so Informationsasymmetrien abbauen. Dies stärkt ihre Verhandlungsposition in Situationen, in denen der Kreditnehmer eigennützig auf eine Anpassung des unvollständigen Vertrages setzt. Allerdings erwirkt die Bank durch ihre Mittlerrolle selbst eine Machtposition, die sie nun ihrerseits zu opportunistischen Verhalten nutzen könnte. Die gesellschaftlichen Kosten, die hierdurch verursacht werden, könnten vermieden werden, wenn der Anreiz des Kreditnehmers zur Rückverhandlung anderweitig geschwächt werden kann, insbesondere indem technologisch größtmögliche Transparenz hergestellt wird. Aufbauend auf Grossman und Hart (1986) untersucht Eibinger nun, inwieweit der vermutete Effekt einer technologischen Vervollständigung von Verträgen in einfachen Modellkontexten tatsächlich trägt. Dabei zeigt sich, dass eine verbesserte Kontrahierbarkeit zwar den erwarteten Effekt hat, die genauen Wirkungen jedoch stark von den Details der Modellierung abhängt und sehr sensibel auf unterschiedliche Ausformungen des zugrundeliegenden Anreizproblems reagiert. Die Möglichkeiten einer Technik wie Blockchain zu einer grundsätzlichen Verschiebung ökonomischer Strukturen hin zu einer stärkeren Vermarktlichung und weg von einer Dominanz der Intermediäre werden somit deutlich relativiert: Wenn etablierte Organisationen und Institutionen sich bereits in einfachen Modellzusammenhängen als relativ robust erweisen sollten sie in komplexen Konstellationen, in denen machtvolle Akteure nicht selten auch die Interpretationshoheit über Technologie haben, umso wirkmächtiger sein.

In gewisser Weise kann der Beitrag von Moritz Hütten als Bestätigung und Erweiterung dieser These gesehen werden. Auf einer substanziellen Ebene wird gezeigt, dass Blockchain inzwischen vor allem in denjenigen organisationalen und institutionellen Kontexten Anwendung findet, die durch die Technik ursprünglich überwunden werden sollten: Aktuell arbeiten vor allem die großen Intermediäre und machtvollen Organisationen an vielversprechenden Anwendungen und Geschäftsmodellen. Auf einer konzeptionellen Ebene wird verdeutlicht, dass digitale Technologien im gesellschaftswissenschaftlichen Sinne im Gegensatz zu den konventionellen Darstellungen weit mehr als „fixe Objekte" sind. Sie Unterliegen sozialen (Re-)Interpretationen, Übersetzungen und Veränderungen, die oft auf unvorhergesehene Weise ablaufen. In der Unterscheidung zwischen Blockchain als technologischem Artefakt und als technischer Praxis zeigt sich dann auch, dass der Prozess der Entwicklung einer Technologie multidirektional und ergebnisoffen ist. Die Art und Weise, ob und wie technische Ideen schließlich umgesetzt werden, unterliegt Veränderungen, die stark von Erwartungen und Erzählungen („Narrativen") beeinflusst werden. Der Artikel veranschaulicht dies, indem er die Mutation von Blockchain von einer Nischentechnologie zu einer „viralen" Erzählung nachvollzieht. Dabei situiert er die Technik im Umfeld des sogenannten „Digitally Correct Hacktivism", einer Form von Aktivismus, die darauf abzielt, den freien, unzensierten Informationsfluss zu gewährleisten, indem digitale Werkzeuge eingesetzt werden, die es den Online-Nutzern ermöglichen, ihre Privatsphäre zu schützen und einer möglichen Zensur zu entgehen.[4] Die Wirkmächtigkeit dieses Aktivismus basiert dabei einerseits auf seiner Verwurzelung in schon lange etablierten Diskursen, andererseits in der ständigen Mutation dessen, was als Kern von Blockchain verstanden wird. So nehmen einschlägige Aktivisten anfänglich regelmäßig Bezug auf die Österreichische Schule der Nationalökonomie (bzw. die Austrian Economics, die aktuell vor allem in Amerika aktiv sind) und auf marktradikale, techno-utopische oder andere politische Ideologien. In darauffolgenden Phasen dominieren dann Motive und Figuren wie die eines technisch herstellbaren Vertrauens

---

[4] Die große Bedeutung, die Blockchain für eine gewisse Zeit in Digitalisierungsdiskursen einnehmen konnte, resultiert damit nicht zuletzt aus den vielfältigen Enttäuschungen, die die Entwicklung des Internets in den letzten Jahren verursacht hat. In ihren ersten Jahren schrieb man den neuen Technologien das Potenzial zu, den Austausch gesellschaftlicher Informationen gerechter und demokratischer zu gestalten, neue Diskursräume zur Verhandlung gesellschaftlicher Probleme zu eröffnen und so insgesamt zu einer größeren gesellschaftlichen Kohäsion beizutragen. Aktuell dominiert hingegen die Sichtweise, die neu geschaffenen Infrastrukturen hätten sich im Kern zu einem Ort der Überwachung durch staatliche und private Organisationen sowie zu einer Kraft gesellschaftlicher Spaltung entwickelt. Blockchain nährte für einen Moment die Hoffnung, das Internet könne durch technologische Innovationen neu gegründet und so seinen ursprünglichen Potenzialen zugeführt werden.

zwischen sozialen Akteuren, einer Abschaffung kostenträchtiger und die Vermachtung von Gesellschaft begünstigender Intermediäre oder ganz allgemein der Verwirklichung eines breiten Kanons gesellschaftlicher Ziele, von „Nachhaltigkeit" über „Demokratie" bis hin zu „Globalisierung".

3. Digitalisierung und Wirtschaftspolitik

Die nächsten vier Beiträge setzen sich mit den eher traditionell wirtschaftspolitischen Fragen der Digitalisierung auseinander: Wettbewerbspolitik und Regulierung sowie Verteilungs-, Steuer- und Arbeitsmarktpolitik. Die Autoren nehmen hierzu unterschiedliche Perspektiven ein: Während Viktoria Robertson einen juristischen und von der ökonomischen Theorie des Wettbewerbsrechts geprägten Blickwinkel wählt, basiert die Untersuchung von Kohlmeier und Entdorf auf einer Mischung aus wirtschaftshistorischen und arbeitsmarktempirischen Einsichten. Tina Ehrke-Rabel bedient sich in ihrer Analyse steuerpolitischer Fragen vor allem finanzwissenschaftlicher und finanzrechtlicher Argumentationsmuster, während Oliver Suchy einen dezidiert politischen und gewerkschaftlich-emanzipativen Ansatz wählt.

Viktoria Robertson untersucht, mit welchem analytischen und regulatorischen Instrumentarium der Konzentration von Marktmacht beizukommen ist, die sich im Zuge der Digitalisierung herausgebildet hat. Viele der Grundannahmen, die dem europäischen Wettbewerbsrecht zugrunde liegen, würden vor dem Hintergrund digitaler, datengetriebener Märkte in Frage gestellt. Zwar existiere auf europäischer Ebene ein wachsendes Bewusstsein dafür, dass die sich ändernde Wettbewerbsdynamik einen neuen Ansatz für das Wettbewerbsrecht erfordere. Dennoch werde es erforderlich sein, bei den Wettbewerbsbehörden und Kartellgerichten ein beschleunigtes Umdenken zu befördern. Dabei gehe es weniger um eine grundsätzliche Neuausrichtung oder gar radikalen Substitution des regulatorischen Instrumentariums. Die geltenden Vorschriften seien prinzipiell flexibel genug, um den in dem Beitrag untersuchten Herausforderungen zu begegnen, müssten aber konsequenter und dynamischer angepasst und angewendet werden.

Ein besonderes Problem der Wettbewerbspolitik besteht in der Herausbildung globaler Internet-Konzerne, die sich im Rahmen plattformbasierter Geschäftsmodelle unter Ausnutzung von Netzwerkeffekten und anderen Externalitäten ein erhebliches Maß an Marktmacht und politischem Einfluss erwirkt haben („Big Tech"). Diese schwierig zu kontrollierenden und regulierenden Konzernstrukturen erscheinen in ihrer Eigenzuschreibung als „Ökosysteme" als weitgehend neue Architekturen der Organisation von Wertschöpfung, Meinungsbildung und sozialer Interaktion. Aus Sicht der Wettbewerbspolitik, und darauf weist der Beitrag zu Recht hin, lassen sie sich aber durchaus auch als „Konglomerate aus längst vergangener Zeit" beschreiben, denen mit radikaleren Maßnahmen wie einer Zerschlagung oder Verstaatlichung durchaus beizukommen wäre. Die auf eine weltumspannende Präsenz angelegt Struktur dieser Konzerne erschwert allerdings die Diskussion entsprechender Maßnahmen, zumal gleichzeitig erhebliche ökonomische und geopolitische Interessen der „Heimatländer" im Spiel sind. Diese Mischung aus globaler Reichweite und nationaler Verankerung stellt auch eine erhebliche Herausforderung für die Steuerpolitik dar, mit der sich Tina Ehrke-Rabel auseinandersetzt. Da Waren und Dienstleistungen leichter als je zuvor über Entfernungen hinweg angeboten werden können, hat die physische Präsenz im Zielmarktstaat an Bedeutung verloren, so dass sich Unternehmen strategisch in den Staaten mit der niedrigsten Steuerbelastung ansiedeln können. Darüber hinaus sind die bereits erwähnten neuen Geschäftsmodelle mit den heutigen Steuersystemen oft nur schwerlich zu handhaben. In einer detaillierten Analyse von konkreten Problemen und aktuell diskutierten Lösungsansätzen leitet der Beitrag zunächst vier Befunde ab. Erstens birgt die dem materiellen Steuerrecht eigene „Technologieneutralität" sowohl Möglichkeiten als auch Risiken, da sie einerseits eine hohe Adaptionsfähigkeit, andererseits ein beträchtliches Maß an Unsicherheit mit sich bringt. Die weitaus größeren Probleme ergeben sich zweitens aus der territorialen Anknüpfung der Besteuerungsgegenstände, auch wenn unterschiedliche Steuerarten mit ganz eigenen Herausforderungen zu kämpfen haben. Drittens kämpfen selbst „digitalisierungsfitte" Bereiche des materiell-rechtlichen Steuerrechts mit erheblichen Vollzugsproblemen, die wiederum im „Spannungsverhältnis zwischen nationalstaatlicher (Eingriffs-)Macht und grenzüberschreitender Wirtschaftsmacht" begründet sind. Viertens sind durchaus Zukunftsszenarien denkbar, in denen grundsätzlich neue Besteuerungsgegenstände zu

Einführende Anmerkungen zur Wirtschafts-Politik der Digitalisierung 19

erwägen sind. Tina Ehrke-Rabel zeigt, dass eine detaillierte Analyse dieser Befunde den Schluss zulässt, dass im Steuerrecht „die derzeitige Krise des Nationalstaats als Institution manifest" wird. Es ist in diesem Zusammenhang nicht auszuschließen, dass Nationalstaaten, die sich gleichzeitig mit einer erheblichen Erosion ihrer Besteuerungsmöglichkeiten und einem erheblichen Aufwuchs ihrer Mittelbedarfe konfrontiert sehen, radikaler Mittel bedienen werden. Der privaten Logik des Überwachungskapitalismus könnte eine entsprechende fiskalische Logik zur Seite gestellt werden. Eine solche Anwendung der digitalen Spionagetechniken großer Internetkonzerne auf staatliche Aktivitäten würde jedoch die Grundlagen einer liberalen Demokratie ganz grundsätzlich in Frage stellen. Zu Recht weist die Autorin deshalb darauf hin, dass eine rein finanzwirtschaftliche Betrachtung nicht ausreichen wird. Vielmehr ist grundsätzlich zu klären, wie Staaten mit einer freiheitlich-demokratischen Verfasstheit ihre Handlungsfähigkeit bewahren oder besser: zurückgewinnen können. Die Einsicht, dass hierzu aus polit-ökonomischer Perspektive nur zwei Alternativen zur Verfügung stehen (eine Begrenzung des Globalisierungsgrads oder eine Verlagerung staatlicher Souveränität auf die supranationale Ebene) sollte durch die nicht selten geschürte Hoffnung auf „technische" Lösungen nicht verwässert werden.

Eine zunehmende Aushebelung der Besteuerungstechnologien souveräner Staaten wäre – auch hierauf weist der Beitrag hin – gerade im Kontext der Digitalisierung dramatisch, da diese mit erheblichen Verteilungswirkungen einhergehen dürfte, die nach Ansicht vieler Beobachter nicht zuletzt durch zusätzliche steuerpolitische Maßnahmen zu korrigieren sind. Anabell Kohlmeier und Horst Entorf widmen sich diesen verteilungspolitischen Implikationen der Digitalisierung. Sie kombinieren hierzu eine im Wesentlichen wirtschaftshistorische Perspektive und eine gründliche Auseinandersetzung mit der bestehenden empirischen Forschung zu den Arbeitsmarktimplikationen der von einigen Beobachtern bereits als „Vierte industrielle Revolution" beschriebenen Entwicklung. Auch auf den zukünftigen Arbeitsmärkten der digitalisierten Automatisierung werde es kein Ende der Arbeit geben. Ähnlich wie in den bereits abgeschlossenen Industrialisierungsschüben der Vergangenheit, in denen sich der Arbeitsmarkt stets stark verändert habe, würden Substitutionsprozesse immer wieder zu einer anhaltenden Nachfrage nach Arbeit führen. Allerdings dürfte sich die Struktur der Arbeitsnachfrage durchaus dramatisch verändern. Im Gegensatz zu der aktuell vieldiskutierten

These, KI und Algorithmen würden auch und nicht zuletzt die bisher von Automatisierung weitgehend verschonten Bevölkerungsgruppen der Konkurrenz durch Maschinen aussetzen, kommt die bisherige Forschung eher zu dem Ergebnis, dass es zu einer deutlichen wenn nicht dramatischen Reduktion der Nachfrage nach gering qualifizierten Arbeitskräften geben könnte. Vor diesem Hintergrund diskutieren die Autoren bildungspolitische Initiativen, Robotersteuern, Kapitalbeteiligungspläne und andere politische Maßnahmen.

Vor dem Hintergrund bestehender Wissens- und Erkenntnislücke sei es die wohl beste Strategie, potenzielle Probleme zukünftiger Ungleichheit mittels vermehrter Investitionen in Bildung und Weiterbildung zu mildern. Oliver Suchy greift diese pragmatische Sichtweise auf und kontrastiert sie mit einer Perspektive, die stärker die fundamentale Unsicherheit betont, die mit Digitalisierung einhergeht. Auf der einen Seite sei Qualifizierung tatsächlich das „A und O" einer schlüssigen arbeitsmarktpolitischen Reaktion auf die transformativen Erfordernisse. Die genauen Inhalte und Formen der notwendigen Maßnahmen sowie die sie begleitenden Anpassungen in der institutionellen Rahmung der Weiterbildung seien hingegen weitgehend unklar. Viele Betriebe wiesen keine systematische Planung zu Personalentwicklung und Qualifizierungsbedarfen auf. Zudem sei unklar, ob tatsächlich eine Bereitschaft bestünde, die massiven Veränderungen zu akzeptieren, die tatsächlich notwendig wären, um Arbeitnehmerinnen und Arbeitnehmer entsprechend vorzubereiten. Auf der anderen Seite gingen die Herausforderungen der digitalen Transformation weit über das hinaus, was mit Investitionen in das Humankapital zu bewältigen sei. Neue Freiheiten und Formen des flexiblen Arbeitens und neue Möglichkeiten der Überwachung und Kontrolle stellen die Institutionen und Organisationen des Arbeitsmarktes vor Probleme, die bisherige Mechanismen der Mitbestimmung, Aushandlung und Konfliktbewältigung nur schwerlich würden lösen können.

4. Nachhaltige Digitalisierung/Digitale Nachhaltigkeit?

Vermehrt werden die Begriffe Digitalisierung und Nachhaltigkeit in einem Atemzug genannt. Damit soll einerseits der Überzeugung Ausdruck verliehen werden, dass sowohl die neuen technischen Möglichkei-

Einführende Anmerkungen zur Wirtschafts-Politik der Digitalisierung 21

ten als auch die mangelnde ökologische Nachhaltigkeit aktueller Lebens- und Wirtschaftsweisen *transformative* sozio-ökonomische Veränderungsprozesse in sich bergen. Andererseits soll verdeutlicht werden, dass zwei gleichzeitig ablaufende gesellschaftliche Veränderungsprozesse mit dieser Tragweite nicht unabhängig voneinander untersucht werden können. Nicht selten wird dabei mit starken normativen Vorgaben operiert. In der Mehrzahl der Fälle geht es um die Überzeugung, dass digitale Technologien einen entscheidenden Beitrag zur Überwindung ökologischer Probleme leisten können. Zuweilen werden aber auch die sozialen und ökologischen Nachhaltigkeitsrisiken thematisiert, die durch missverstandene Digitalisierungszwänge zum Tragen kommen könnten. Welche der beiden Sichtweisen erweist sich in der aktuellen Praxis als tragfähiger? Die folgenden beiden Kapitel widmen sich eben dieser Frage. Ingo Matuschek und Georg Jochem arbeiten relevante Bezüge an einem Fallbeispiel und mit einer sehr konkreten Konzeptualisierung von Nachhaltigkeit auf; Benjamin Held sucht eher die grundsätzliche Auseinandersetzung und greift dabei zahlreiche angrenzende Diskurse auf. Beide Beiträge setzen sich konstruktiv-kritisch mit der These auseinander, digitale Technologien könnten einen wichtigen Beitrag bei der Verwirklichung ökologischer und sozialer Nachhaltigkeitsziele liefern.

Matuschek und Jochum bewerten Potenziale und Risiken von Blockchain-Technologien anhand eines konkreten Leitbilds gesellschaftlicher Entwicklung, dem der „nachhaltigen Arbeit" im Sinne des United Nations Development Projects (UNDP 2015). Es geht folglich um die Frage, ob Blockchain Arbeitsformen unterstützt, die „der menschlichen Entwicklung förderlich" sind und „negative Außenwirkungen, die in verschiedenen geographischen und zeitlichen Zusammenhangen erlebt werden können, verringert oder ausschaltet" (UNDP 2015, S. 45). Trotz einiger vielversprechender Ansätze ist das Ergebnis eher ernüchternd, und zwar gleich aus mehreren Gründen. So haben vergangene und existierende Projekte zumindest bisher nicht den durchschlagenden Erfolg, den sie häufig mit schillernden Versprechen ausmalten. Blockchain erweist sich vielfach als die sprichwörtliche Lösung, die nach einem Problem sucht. Wie die Erfahrung der *dotcom*-Base zeigt ist allerdings davor zu warnen, die Implikationen einer technischen Entwicklung gänzlich abzutun, nur weil es zwischenzeitlich zu Übertreibungen und „Hypes" kommt. Schwerer wiegen hier schon Bedenken hinsichtlich des durch Blockchain und ähnliche Ansätze verursachten Energie- und Materialverbrauchs[5]. Gerade in letzter Zeit wird zunehmend deutlich, dass all diejenigen, die sich Nachhaltigkeit *durch* Digitalisierung versprechen, noch relativ weit von einer Auflösung des scheinbar inhärenten Widerspruchs zwischen Naturverbrauch und (auch digitalem) Wachstum entfernt sind. Zu Recht weisen die Autoren jedoch auch in diesem Zusammengang darauf hin, dass das letzte Wort noch nicht gesprochen ist. Als entscheidend erweisen sich allerdings drei andere Aspekte. Erstens warnen die Autoren vor der Hoffnung, grundsätzliche Probleme der Machtverteilung und Ungleichheit seien technologisch lösbar. Zweitens tauchen immer wieder fundamentale Widersprüche zwischen der betriebswirtschaftlichen Logik digitaler Geschäftsmodelle und den Bedürfnissen lokaler Akteure des globalen Südens auf, die häufig im Zentrum entsprechender Projekte stehen. Insbesondere ist die Notwendigkeit einer hohen Skalierbarkeit und Standardisierung oft nicht mit den spezifischen Bedürfnissen vor Ort vereinbar. Drittens laufen Techniken wie Blockchain immer wieder Gefahr, in die Logik von Kontrolle und Überwachung eingenordet zu werden, die bisher für die Entwicklung der digitalen Wirtschaft so prägend ist.[6]

Benjamin Held greift unter vielen anderen nicht zuletzt diesen Punkt auf, indem er die Literatur zu dem sich im Zuge der Digitalisierung herausbildenden Akkumulationsregime aufgreift und dabei insbesondere

---

[5] Diese Bedenken weisen auf die Spitze eines Eisbergs von oft übergangenen Problemen, welche die Schnittstellen der virtuellen bzw. digitalen Welten mit jenen Welten betreffen, die das Substrat für die (zum Betrieb von Blockchains notwendigen) ökonomischen Anreize bereithalten. Es sind dies die Welten privater Eigentumsrechte und deren Muster, die im Falle des „Schürfens" von Kryptowährungen wie Bitcoin im Kontext des Blockchain-Proof-of-work-Mechanismus noch dazu den Zugriff auf beachtliche Energiemengen (ein pikanter Atavismus in einer weithin auch als Entmaterialisierungsprozess daherkommenden Transformation) als Hintergrund benötigen: Das ökonomische Substrat für die benötigten Anreizmechanismen wird (jedenfalls zur Zeit) noch (?) nicht „autonom" in den entsprechenden digitalen Welten generiert.

[6] Gerade im Kontext der Blockchain-Technik ist allerdings ein gegenläufiges Argumentationsmuster erwähnenswert. Vor dem Hintergrund vieler enttäuschter Erwartungen im Hinblick auf Blockchain stellt sich die Frage, warum bisher jedem Abgesang ein Revival folgte. Wie oben ausgeführt ist nicht auszuschließen, dass ein Grund für diese Resilienz der Umstand ist, dass Blockchain eine besonders gute Schatulle zur Aufbewahrung von Hoffnungen hinsichtlich der emanzipativen Potenziale des Internet ist.

auch auf den inzwischen breit rezipierten Beitrag von Zuboff (2018) eingeht. Neben diese eher digitalisierungsskeptische Analyse stellt er die These von der Null-Grenzkosten-Gesellschaft (Rifkin 2014). Auf dieser Basis wird untersucht, welche Wirkungsmechanismen zu berücksichtigen sind und welche Leitprinzipien eine nachhaltige, „zukunftsfähige" Digitalisierung befördern könnten. Eine ganzheitliche Betrachtung unter Berücksichtigung von Problemen des Datenschutzes, der sozialen Kohäsion, des durch technischen Fortschritt verursachten Naturverbrauchs einschließlich entsprechender Reboundeffekte legt den Schluss nahe, dass nur eine in ihren Ambitionen beschränkte und klar auf das Ziel einer sozial-ökologischen Transformation ausgerichtete Digitalisierung einen Beitrag zu mehr Nachhaltigkeit liefern wird. Mithin müssten die Ziele der sozial-ökologischen Transformation „den Ausgangspunkt darstellen, auf deren Basis die Möglichkeiten, die die Digitalisierung bietet, gestaltet und ausgeschöpft werden".

5. Digitalisierung und Wirtschafts-Politik

Das Leitmotiv der Nachhaltigkeit spielt in aktuellen Digitalisierungsdebatten nicht zuletzt aus drei Gründen eine derart prominente Rolle. *Erstens* greift der Begriff die oft und nicht selten zu Recht beklagte fehlende normative Orientierung von Digitalisierungsdiskursen auf. Obwohl gerade im Zusammenhang mit neuen Geschäftsmodellen sehr viel von den gesellschaftlichen Segnungen der neuen Technologien gesprochen wird setzt sich doch immer mehr der Eindruck durch, dass der Prozess der Digitalisierung vor allem von der Notwendigkeit angetrieben wird, im Wettbewerb (mit anderen Staaten und Weltregionen, Unternehmen und Geschäftsmodellen oder Personen und Arbeitskräften) bestehen zu können. Gerade in seinen Anfängen konnte sich das Internet in einem Umfeld entwickeln, in dem etablierte Institutionen keine oder nur eine sehr untergeordnete Rolle spielten. In diesen „rechtsfreien", oder besser: an Normen eher armen, Räumen konnten sich Praktiken herausbilden, denen nicht selten ein zerstörerisches Potenzial zugeschrieben wird. In der Diskussion der Tagung in Tutzing wurde dies in der These zugespitzt, das Internet habe leider genau zum falschen Zeitpunkt das Licht der Welt erblickt, nämlich am vielzitierten „Ende der Geschichte": In den ersten Jahren der Kommerzialisierung des Internets am Ausgang des kalten Krieges verdichtete sich vielerorts die Vorstellung, dass mit der liberalen Demokratie als Herrschaftsform der Endpunkt oder Telos (McCloskey 2019) der „ideologischen Evolution" der Menschheit erreicht sei. Und nicht nur dies: Fukuyamas These vom „Ende der Geschichte" wurde dahingehend verstanden, dass die liberale Demokratie ein Selbstläufer sei und dass die institutionellen Voraussetzungen der Marktwirtschaft sich im Wesentlichen in „wohldefinierten privaten Eigentumsrechten" erschöpften. Diese Sichtweise lag etwa der Privatisierung in den meisten postsowjetischen Nachfolgestaaten zugrunde (vgl. Sturn 1993 und Stiglitz 1999). Im Schatten dieses als alternativlos betrachteten Regimes konnten aber auch Privatisierung und Marktförmigkeit von Entscheidungsprozessen eine weithin unangetastete Hegemonie entwickeln, wenn es um übergreifende Fragen der Entwicklung, sozialen Einbettung und Regulierung von Technologien ging: Das dominierende Verständnis der Rolle des öffentlichen Sektors, dessen Leitmotiv neben einem allgemeinen Imperativ der Verschlankung die Korrektur einzelner Fälle von „Marktversagen" war, wurde den übergreifenden Herausforderungen der digitalen Transformation ebenso wenig gerecht wie jenen der postfossilen Transformation (vgl. JBNIGÖ 9). Das Spannungsverhältnis und die Kluft zwischen privatwirtschaftlichen Entscheidungen und den öffentlichen, sozialen Dimensionen und Implikationen der Technologieentwicklung mussten so immer größer werden. Aus dieser Perspektive sind die Fehlentwicklungen, die bspw. von Zuboff (2019) beschrieben werden, Konsequenz eines spezifischen historischen Kontextes, der in den letzten beiden Beiträgen aufgearbeitet wird.

Zweitens wird mit dem Begriff der Nachhaltigkeit verdeutlicht, dass gesellschaftliche Transformationsprozesse nicht nur eine besonders hohe ökonomische Dynamik, sondern auch eine besondere Reichweite aufweisen. Sie sind nicht nur ökonomisch, sondern ebenso sozial und ökologisch zu verstehen. Insbesondere betreffen sie unterschiedliche gesellschaftliche Teilsysteme und lösen diese für einen gewissen Zeitraum aus der ihnen sonst (und insbesondere in Zeiten der reinen Modernisierung) eigenen Selbstreferenz. Gerade im Hinblick auf technologisch dominierte Transformationen wie die Digitalisierung ist diese auf den ersten Blick offensichtliche Klarstellung von besonderer Bedeutung, da sie meist mit einer Tendenz der Loslösung instrumenteller Vernunft von praktischer

Vernunft im weiteren Sinn bzw. von materialen Zielen verbunden sind[7]. Die resultierende Verselbständigung, ja mitunter Fetischisierung instrumenteller Vernunft begünstigt auf fatale Weise den Irrtum, polit-ökonomische, institutionelle und kulturelle Probleme könnten technisch gelöst werden. Gerade Blockchain ist hierfür ein gutes Beispiel, wie der oben diskutierte Beitrag von Moritz Hütten zeigt. Die Technik verdankt seinen Erfolg nicht zuletzt einer Überdehnung der domänenspezifischen Expertise, indem alle gesellschaftlichen Probleme als Ingenieurprobleme betrachtet werden (Golumbia 2015, 125). Ökonomisch-technische Zuschreibungen wie „Vertrauensmaschine" spielen hierbei eine nicht zu unterschätzende Rolle.

Drittens ist Nachhaltigkeit explizit ein (oft zur Verschleierung des Politischen verwendeter) politischer Begriff (Fischer und Black 1995), der auf die dringliche Notwendigkeit einer Reflektion von Staatlichkeit verweist, gerade auch im Kontext der digitalen Transformationen. Entwicklungen wie die Herausbildung plattformbasierter Monopole oder die massenhafte Ausspähung von Bürgern müssen schleunigst wieder als das verstanden werden, was sie sind: als Politikum. Zwar erleben wir aktuell eine Renaissance der Regulierung, auch und gerade im Bereich der Digitalisierung. Diese spiegelt jedoch weitgehend eine Vorstellung von Staatlichkeit wider, wie sie der Mainstream-Ökonomie eigen ist. Der Staat wird auf seine Aufgaben als Feuerwehrmann reduziert, der die schlimmsten Fehlentwicklungen bereinigt und dabei stets reibungs- und voraussetzungslos funktioniert. Genau ein solcher Staat scheint jedoch technologisch leicht ersetzbar, wie wiederum nicht zuletzt ein Blick auf Vorstellungen weiter Teile der Blockchain Community zeigt. Diese betont immer wieder das Potenzial der neuen Technik zur Schaffung einer neuen institutionellen Architektur, von hierarchiefreien „Ökosystemen", in denen „Top-down-Organisationen und unser Verständnis davon, wie wir interagieren, komplett auf den Kopf" gestellt werden, wie Shermin Voshgmir (zitiert nach Krichmayr 2018) formuliert.

Die letzten beiden Artikel greifen diese Aspekte auf. Indem sie eine umfassende Kontextualisierung der Auseinandersetzung mit Digitalisie-

---

[7] Dass auch der ökonomische Effizienzbegriff dieser Gefahr unterliegt, wird im Einleitungsbeitrag und einigen anderen Beiträgen zum Jahrbuch für normative und institutionelle Grundlagen der Ökonomik 1 (2002) zum Schwerpunktthema „Gerechtigkeit als Voraussetzung effizienten Wirtschaftens" gezeigt.

rung vorantreiben suchen sie nach neuen normativen und die Logik der instrumentellen Vernunft überwindenden Leitbildern (Lisa Herzog) und nach einer problemadäquate Institutionalisierungen von Öffentlichkeit (Sturn). Konkret benennt Lisa Herzog drei programmatische Thesen zur Zukunft der digitalen Arbeitswelt. Erstens sei die Arbeitsteilung, die sich im Zuge der Digitalisierung herausbilde, durchaus vergleichbar mit denen seit Beginn der Industrialisierung vorherrschenden Verhältnissen. Zweitens sollte es sich die Gesellschaft nicht zum Ziel setzen, die im Zuge der Digitalisierung zu erwartenden Produktivitätsgewinne zu einer schrittweisen Abschaffung der Arbeit zu nutzen. Vielmehr müsse es darum gehen, „gute" Arbeit für alle Mitglieder der Gesellschaft zu gewährleisten. Damit dies gelinge sollten neue technologische Möglichkeiten vor allem dazu genutzt werden, die Arbeitswelt zu demokratisieren. Sturn fragt hingegen, (1.) wie der durch digitale Technologien potenziell befeuerte Teufelskreis zwischen Formen der politischen und ökonomischen Macht wenn schon nicht durchbrochen dann doch besser kontrolliert werden kann und (2.) welche Folgen die mit Techniken wie Blockchain einhergehenden Verteilungsprobleme für die Zukunft von Staatlichkeit haben könnten und wie mit diesen Folgen umzugehen ist. Er kommt zu dem Ergebnis, dass das Potenzial der Digitalisierung „ohne handlungsfähigen öffentlichen Sektor ... nicht nur suboptimal genutzt, sondern teilweise pervertiert" werden würde. Gleichzeitig warnt er vor Vereinfachung: Gerade die Unterscheidung zwischen „privat" und „öffentlich" wird immer neu verhandelt und ist in Zeiten der großen Transformation immer neu zu entwickeln. Es geht folglich darum, die Ebene der Wirtschafts-Politik auch explizit in die Analyse und Gestaltung der Digitalisierung aufzunehmen.

Literatur

Basu, K. (2019): *New Technology and Increasing Returns: The End of the Antitrust Century*. IZA Policy Paper No. 146.

Fischer, Frank, and Michael Black (1995): *Greening Environmental Policy: The Politics of a Sustainable Future*. New York: Palgrave Macmillan.

Golumbia, David (2015): Bitcoin as Politics: Distributed Right-Wing Extremism. In: Lovink, Geert, Tkacz, Nathaniel, und de Vries, Patricia (Hg.):

MoneyLab Reader: An Intervention in Digital Economy. Amsterdam: Institute of Network Cultures. pp. 117-131.

Grossman, Sanford J. and Hart, Oliver D. (1986): The Costs and Benefits of Ownership: A Theory of Vertical and Lateral Integration, *Journal of Political Economy* 94, S. 691-719.

Houben, Daniel und Prietl, Bianca (Hg.) (2018): *Datengesellschaft: Einsichten in die Datafizierung des Sozialen.* Bielefeld: transcript Verlag.

Kalmbach, Peter und Kurz, Heinz (1992): Chips and Jobs. Marburg: Metropolis.

Krichmayr, Karin (2018): Mit Blockchain das alte System sprengen, Der Standard (Wien): *Beilage Forschung Spezial*, F2 vom 9./10. Mai 2018.

Lange, Oskar (1967): The Computer and the Market. [www.calculemus.org/lect/L-I-MNS/12/ekon-i-modele/lange-comp-market.htm – Letzter Zugriff: 24.01.2020]

McCloskey, D. N. (2019): Fukuyama Was Correct: Liberalism Is the Telos of History. https://www.deirdremccloskey.com/docs/pdf/McCloskeyLippma nnJuly2019.pdf (letzte Überprüfung: 31.12.2019).

Rifkin, Jeremy (2014): *Die Null-Grenzkosten-Gesellschaft. Das Internet der Dinge, kollaboratives Gemeingut und der Rückzug des Kapitalismus.* Frankfurt am Main: Campus Verlag.

Solow, Robert (1987): "We'd better watch out", *New York Times Book Review*, July 12, 1987, page 36.

Stiglitz, J. (1999): "Whither Reform? Ten Years of the Transition," VOPROSY ECONOMIKI, N.P. Redaktsiya zhurnala "Voprosy Economiki", vol. 7.

Sturn, Richard (1993): Postsocialist privatization and agency-related property: from Coase to Locke, *The European Journal of the History of Economic Thought* 1, S. 63-86.

The Economist (2015): The trust machine. [https://www.economist.com/lea ders/2015/10/31/the-trust-machine – Letzter Zugriff: 09.08.2019]

Vigna, Paul and Casey, Michael J. (2018): *The Truth Machine: The Block-chain and the Future of Everything.* New York: St. Martin's Press.

Voshgmir, Shermin (2018): Mit Blockchain das alte System sprengen. *Der Standard (Wien): Beilage Forschung Spezial*, F2 vom 9./10. Mai 2018.

Zuboff, Shoshana (2015): Big other: surveillance capitalism and the prospects of an information civilization. *Journal of Information Technology* 30, S. 75-89.

Zuboff, Shoshana (2019): *The age of surveillance capitalism: The fight for a human future at the new frontier of power.* New York, NY: Public Affairs.

Digitale Technologien: Charakteristika, Chancen und Risiken

Michael Roos [*]

Abstract: This paper describes the consequences of the digital transformation of society. I argue that a purely economic perspective on the digital transformation is not adequate. What is currently taking place is not just another industrial revolution, but rather a major cultural revolution. Information and communications technology creates a virtual reality that more and more serves as substitute for the "true" reality. The virtual reality threatens societal cohesion through various channels. Since societal learning is much slower than the technological progress, it is unlikely that all risks of the digital transformation can be avoided by preemptive regulation.

Keywords: ICT, virtual reality, cultural transformation, technological progress, societal learning

JEL-Klassifikation: O33, Z10

---

[*] Prof. Dr. Michael Roos, Ruhr-Universität Bochum, Fakultät für Wirtschaftswissenschaft, Universitätsstraße 150, D-44801 Bochum • michael.roos@rub.de

1. Einleitung

Die Digitalisierung von Wirtschaft und Gesellschaft ist eine fundamentale Transformation unserer Lebenswelt, die alle Lebensbereiche umfasst und der sich niemand entziehen kann. Digitale Technologie verändert unsere persönliche Kommunikation, unsere Freizeitaktivitäten, das Einkaufsverhalten, die Partnersuche, wie wir lernen, wen wir als Freunde bezeichnen und wie wir mit diesen interagieren, wie wir politische Meinungen bilden und uns politisch engagieren und nicht zuletzt, was und wie wir arbeiten.

Wie bei vielen technologischen Entwicklungen sind die Debatten über die Folgen der Digitalisierung häufig sehr emotional und geprägt durch Enthusiasmus auf der einen und Angst auf der anderen Seite. Enthusiasmus ist dabei ein starker Antrieb, Neues zu entwickeln und auszuprobieren, wobei Chancen betont und Risiken vernachlässigt werden. Dadurch entsteht visionäre Kraft und mit ihr viel Potenzial für die Verbesserung von Lebensumständen. Angst hingegen hat ihre Ursache oft in Ungewissheit und dem Gefühl von fehlender Kontrolle. Sie warnt vor Gefahr und löst Abwehr oder Vermeidung aus. Durch die Betonung der Risiken ist Angst eine bewahrende Kraft, in der das Potenzial zum Erhalt von wertgeschätzten Gütern steckt. Zugleich verstellt sie aber auch den Blick auf Chancen, die zur Verbesserung einer Situation führen könnten.

Dieser Aufsatz beleuchtet die Chancen und Risiken der Digitalisierung. Dazu werden zunächst die Charakteristika digitaler Technologien dargestellt und die Anwendungsmöglichkeiten systematisiert. Das hier verwendete Systematisierungskriterium ist das Verhältnis, in dem die Anwendung einer digitalen Technologie zur objektiven Realität steht. Demnach können digitale Technologien zu folgenden Zwecken verwendet werden: zur Abbildung, Erweiterung und Veränderung der Realität sowie zur Erschaffung neuer Realitäten.

Die Hauptthese dieses Aufsatzes ist, dass durch Digitalisierung nicht nur eine industrielle oder wirtschaftliche Revolution, sondern vor allem eine kulturelle ausgelöst wurde. Durch die digitalen Technologien stellt sich die alte Frage nach der Wirklichkeit und unserem Verhältnis zu ihr wieder neu. Durch digitale Technologien kann die physische Welt nicht nur abgebildet, sondern auch erweitert und verändert werden. Auch können neue, virtuelle Welten geschaffen werden, die in der Wahrnehmung der Menschen und ihren Auswirkungen auf deren Verhalten nicht weniger real sein müssen als die „wirkliche Welt". Die Frage nach den Chancen und Risiken der Digitalisierung muss in diesem Kontext beantwortet werden. Eine enge Fokussierung auf rein ökonomische Themen, wie die Auswirkung auf die Beschäftigung, die gesamtwirtschaftliche Produktivität oder den Strukturwandel in einzelnen Branchen, greift zu kurz.

Im zweiten Abschnitt wird dargelegt, was in diesem Aufsatz unter Digitalisierung verstanden wird und wodurch digitale Technologien charakterisiert sind. Anschließend folgt eine Erläuterung der oben bereits genannten Systematisierung der Anwendungen der Digitalisierung. Im dritten Abschnitt findet eine kurze Erörterung statt, inwiefern die virtuelle Welt „wirklich" ist. Der vierte Abschnitt behandelt vor diesem Hintergrund mögliche Chancen und Risiken und wie die Gesellschaft mit diesen umgeht. Der Aufsatz schließt mit einem Fazit im fünften Abschnitt.

2. Digitalisierung

2.1. Charakteristika digitaler Technologien

Wenn man von Digitalisierung spricht, meint man im Allgemeinen die Erhebung, die Speicherung und den Austausch von digitalen Daten, häufig in großer Menge und in wenig strukturierter Form (*Big Data*). Diese Daten kann man mit statistischen Verfahren, Computeralgorithmen und Künstlicher Intelligenz auswerten und für verschiedene Arten von Anwendungen nutzen. In diesem Aufsatz wird eine alternative Beschreibung der Digitalisierung vorgeschlagen und für die weitere Erörterung verwendet.

Digitalisierung bedeutet, dass Informations- und Kommunikationstechnik (IKT) in Verbindung mit Algorithmen unsere erlebte Realität abbildet, erweitert, verändert oder neu erschafft. Zur Informations- und Kommunikationstechnik zählen Radio, Fernsehen, Telefon, Smartphone, Hardware und Software für Computer und Netzwerke, Satelliten usw. Auch Geräte zur Erfassung von Informationen, z.b. Sensoren, Mikrofone und Kameras, und zur Informationswiedergabe, z.b. Displays, Lautsprecher, gehören dazu. Im Wortsinn des englischen „technology" gehören zur IKT auch die informationsverarbeitenden Algorithmen und die damit möglichen Anwendungen. Durch IKT werden Informationen erfasst und in digitale Daten umgewandelt. Diese können dann gespeichert werden, was einer Vermittlung durch die Zeit entspricht. Sie können auch durch den Raum von einem Sender zu einem Empfänger vermittelt, also kommuniziert, werden. Schließlich können die Daten mit Hilfe von Computern und Algorithmen auch gezielt umgeformt werden.

Diese Definition von Digitalisierung geht weit über die ursprüngliche Wortbedeutung hinaus, die eigentlich nur die Umwandlung analoger Informationen in digitale Daten meint, was die Voraussetzung für die weitere informationstechnische Verarbeitung dieser Informationen ist. Ein besserer Begriff für den informations- und kommunikationstechnischen Umgang mit der Realität wäre eigentlich *Virtualisierung*.

2.2. Digitale Abbildung der Realität

Die unmittelbarste Anwendung der IKT ist, von der objektiven Wirklichkeit[1], in der die Menschen leben, ein digitales Abbild zu schaffen, dieses zu speichern und zu reproduzieren. Dabei werden immer nur einzelne Elemente dieser Wirklichkeit erfasst, niemals die vollständige Welt.

Jedem vertraut ist die Erfassung der visuellen und auditiven Dimension unserer Welt in Form von Bild- und Tondateien sowie Videos. Mit einem Smartphone können Fotos von Objekten gemacht werden. Diese werden gespeichert und entweder auf demselben Gerät wieder angeschaut oder auf andere Geräte übertragen. Dasselbe gilt für Tondateien, z.B. in Form von Sprachnachrichten. Interessanterweise nutzen Menschen die ursprüngliche Funktion des Smartphones – das Telefonieren – immer seltener und senden vermehrt Sprachnachrichten[2].

Im Internet gibt es viele Seiten mit Texten, die man nicht als Abbildung der Realität im hier verwendeten Sinn verstehen kann. Jedoch nimmt insbesondere in sozialen Medien die Verwendung von Ton-, Bild- und Videodateien zu. Vor allem die jüngeren Nutzer sozialer Medien

---

[1] Es wird hier nicht zur Debatte gestellt, ob es eine objektive Wirklichkeit überhaupt gibt.
[2] https://www.horizont.net/tech/nachrichten/bvdw-studie-sprachnachrichten-via-whatsapp-und-co-spalten-die-deutschen-173639 [Letzter Zugriff: 27.11.2019]

bevorzugen z.B. Instagram gegenüber Facebook[3], u.a. weil die Kommunikation mehr über Bilder, Audios und Videos als über Texte erfolgt. Es ist aber auch möglich, andere Parameter der physischen Realität digital zu erfassen. So kann man den Raum und die Position von Objekten im Raum messen und digital abbilden, z.B. in Form von Karten und Bauplänen. Land- und Straßenkarten sind die Voraussetzung von digital unterstützter Navigation von Menschen und Fahrzeugen. Mit digitalen Bauplänen kann die dreidimensionale Form von Objekten abgebildet werden. Mit Hilfe geeigneter Ausgabegeräte, wie einem 3D-Drucker, kann ein Abbild eines Objektes auf der Grundlage eines digitalen Bauplanes erzeugt werden. Je nach Beschaffenheit des Objektes kann es u.U. sogar kopiert werden, so dass nicht von einer Abbildung, sondern einer Reproduktion gesprochen werden sollte. Objekte haben nicht nur eine Abmessung und eine Position im Raum, sondern können diese Position auch verändern, also sich bewegen, was wiederum auch digital erfasst werden kann. Diese Bewegungsdaten sind eine Grundlage für Anwendungen wie Positionstracking in der Logistik oder Robotik.

Für industrielle Produktionsprozesse interessant ist die Digitalisierung physikalischer Zustände wie Druck, Temperatur, Stromspannung usw. So kann z.B. die Herstellung von Stahl überwacht, analysiert und am Computer simuliert und dadurch Qualitätsmanagement betrieben werden (vgl. Krumeich et al. 2016). Auch biochemische Informationen können digital erfasst und in Datenbanken abgespeichert werden. Dies können z.B. der genetische Fingerabdruck eines Menschen sein, aber auch Informationen über den physiologischen Zustand in Bezug auf den Blutdruck, die Hormonkonzentration im Blut oder den Mineralienhaushalt. Mit Hilfe solcher Daten können Menschen identifiziert oder ihr Gesundheitszustand beschrieben werden.

Schließlich können nicht nur die physiologischen Eigenschaften von Menschen, sondern auch ihre Psyche vermessen werden. Eine Vielzahl psychologischer Testverfahren zielt darauf ab, ein umfassendes Bild der psychischen Merkmale des Menschen zu erzeugen, z.B. im Hinblick auf zeitstabile Eigenschaften und Dispositionen, Interessen, Einstellungen oder auch affektive Zustände. Ein auf diese Weise gewonnenes Abbild eines Menschen kann ebenfalls digitalisiert werden.

---

[3] https://www.zeit.de/digital/internet/2019-06/soziale-medien-nachrichten-instagram-facebook-twitter-jugendliche [Letzter Zugriff: 27.11.2019]

2.3. Digitale Erweiterung der Realität

Die nächste Stufe der Digitalisierung bzw. Virtualisierung der Welt ist die digitale Erweiterung der Realität. Hierbei wird ein reines Abbild der Realität – oder die Realität selbst – durch andere Informationen überlagert oder ergänzt. Im Prinzip ist dies mit jeder Art der Abbildung möglich, jedoch sind Anwendungen der sogenannten *Augmented Reality* (AR) vor allem in der visuellen Dimension z.B. in Form von Augmented-Reality-Brillen bekannt und verbreitet. Mit einer solchen Brille bekommt ein Nutzer relevante Informationen in sein Sichtfeld projiziert, sodass seine Wahrnehmung um Informationen erweitert wird, die in einer Datenbank gespeichert sind und mit der wahrgenommenen Realität verknüpft werden. Dafür gibt es zahlreiche Anwendungen in verschiedenen Bereichen.

So kann man in der Medizin Chirurgen ein Röntgenbild oder ein künstlich erzeugtes Bild innerer Organe über eine AR-Brille auf die Körperoberfläche eines Patienten projizieren, wodurch minimalinvasive Eingriffe vereinfacht werden. Für eine erleichterte Navigation von Flug- und Fahrzeugen können Piloten oder Fahrzeugführern Lagekoordinaten, Geschwindigkeiten oder Richtungsanzeigen ins Sichtfeld eingeblendet werden. In der industriellen Instandhaltung gibt es Brillen, die Monteuren Baupläne und Reparaturanweisungen anzeigen, sodass der Monteur den Blick nicht von dem zu wartenden Objekt abwenden muss und zudem die Hände für die Benutzung von Werkzeugen frei hat. Schließlich werden Datenbrillen oder AR-Apps auch im Alltag eingesetzt. So hat beispielsweise IKEA eine App entwickelt, mit der Kunden sehen können, wie ein Möbelstück in ihrer Wohnung aussehen würde. Beim beliebten Spiel Pokémon Go können Nutzer virtuelle Figuren in der realen Umwelt auf ihrem Smartphone sehen. Die Deutsche Bahn hat die AR-App Companion[4] entwickelt, mit deren Hilfe Fahrgäste die Wagenreihung, die Auslastung der Züge oder den besten Weg zu ihrem reservierten Sitzplatz auf dem Smartphone sehen können.

Auch wenn diese Verbindung häufig nicht wahrgenommen wird, kann die datengestützte Prognose als Spezialfall der erweiterten Realität aufgefasst werden. Mit Hilfe von sogenannten „Predictive-Analytics-Verfah-

---

[4] https://www.dbsystel.de/dbsystel/digitalisierung/innovationen/skydeck-uebersicht/accelerator-programm/Companion-3709782 [Letzter Zugriff: 27.11.2019]

ren" wird versucht, Muster bzw. Gesetzmäßigkeiten in digitalen Daten zu entdecken und dies für statistische Prognosen über unbekannte Zustände zu verwenden (vgl. Siegel 2016). Solche Prognosen können sich entweder auf zukünftige oder auf bereits realisierte, aber unbekannte Ausprägungen von Variablen beziehen. Unsere Wahrnehmung der Realität und damit deren Abbildung bezieht sich immer nur auf einen Ausschnitt. Ein großer Teil der Realität ist uns zu einem gegebenen Zeitpunkt immer unbekannt, entweder weil die Realität in der Zukunft liegt und sich noch nicht realisiert hat oder weil sie außerhalb der Reichweite unserer Sinne oder der verwendeten Messinstrumente liegt. Einen Ausschnitt der Realität sehen wir, wenn wir nur eine Stichprobe einer Grundgesamtheit betrachten oder nur eine Auswahl aller Eigenschaften eines Objektes.

Durch das Auffinden statistischer Zusammenhänge in Daten kann man die Abbildung der Realität durch Prognosen über bisher Unbekanntes erweitern. Dafür gibt es zahlreiche Anwendungsbeispiele (vgl. Christl und Spiekermann 2016). Bei der Stahlerzeugung wird während des Herstellungsprozesses versucht, die Qualität des fertigen Stahls vorherzusagen, um die Produktion optimal zu steuern. In der Medizin können Prognosen über den gegenwärtigen und zukünftigen Gesundheitszustand eines Menschen gemacht werden, wenn man z.B. sein Ernährungsverhalten, seine Blutwerte oder sein Genom kennt. In Wirtschaft, Verwaltung und Politik ist es von Interesse, das Verhalten von Menschen vorherzusagen. So wollen Unternehmen wissen, ob Kunden ihr Produkt kaufen und wieviel Geld sie dafür ausgeben würden. Dies kann man anhand von Persönlichkeitsmerkmalen (vgl. Buettner 2017) und sozio-ökonomischen Merkmalen recht gut prognostizieren. Versicherungen möchten einschätzen, wie hoch das Risiko ist, dass eine zu versichernde Person Leistungen in Anspruch nehmen wird. Die Polizei versucht, durch sogenanntes „Predictive Policing" Straftaten vorherzusagen (vgl. Bachner 2013) und für Politiker sind die Prognosen über die Wahlentscheidungen von Bürgern wichtig. In der Technik müssten autonom fahrende Fahrzeuge prognostizieren können, wie sich menschliche Verkehrsteilnehmer wahrscheinlich verhalten werden, damit Unfälle vermieden werden können (vgl. Rasouli und Tsotsos 2019). Je genauer die Realität vermessen, d.h. je mehr Daten erhoben, digital gespeichert und verfügbar gemacht werden, desto größer ist das Potenzial, stabile statische Zusammenhänge in den Daten zu finden, die für Prognosen verwendbar sind. In diesem

Sinn erweitert die Digitalisierung ebenfalls unsere Realität, weil sie uns eine bessere Einschätzung nicht direkt beobachtbarer Umstände erlaubt.

2.4. Digitale Veränderung der Realität

Gesetzmäßigkeiten in Daten kann man nicht nur für Prognosen verwenden, sondern auch dazu, die Daten in einer plausiblen Form zu verändern. Die Ausgabe der veränderten Daten führt daher zu einer Veränderung der Realitätsabbildung.

Die sozialen Medien sind voll von veränderten Realitätsabbildungen. Bereits Kinder und Jugendliche passen Fotos von sich und ihren Freunden regelmäßig mit Smartphone-Apps an. Abbildungen von Prominenten und Fotomodellen in der Werbung, sozialen Medien oder Printmagazinen sind heute mit hoher Wahrscheinlichkeit bildtechnisch bearbeitet („gephotoshopt"). Ebenso wie bei Bildern ist es auch gängige Praxis, Tondateien zu verändern, beispielsweise in der Popmusik. Für die Modifikation der Stimmen finden sich für Smartphones unzählige Apps. Für industrielle und kommerzielle Anwendungen gibt es die Hoffnung, profitabel sehr kleine Stückzahlen von Produkten herstellen zu können, die spezielle individuelle Bedürfnisse befriedigen. In der Industrie spricht man bei effizienter Einzelstückfertigung von „Losgröße 1"[5], die durch eine virtuelle Abbildung und Modifikation von Produktmustern erreicht wird. Die Abbildung eines Produktes kann nach den Wünschen des Kunden in Form und Gestaltung verändert werden und ist dann die Grundlage für einen digitalisierten Produktionsprozess, z.B. mit Hilfe von additiver Fertigung (3D-Druck). Es gibt bereits erste Bestrebungen, dass Konsumenten zuhause über das Internet Produkte selbst individualisieren können, die dann speziell für sie nach ihren Vorgaben produziert werden[6].

Eine bemerkenswerte Entwicklung ist, dass durch die Digitalisierung nicht nur Abbilder der Realität, sondern auch die Realität selbst verändert werden kann. In der Medizin wurde der Begriff Snapchat-Dysmorphie für Menschen eingeführt (vgl. Rajanala et al. 2018, Ramphul und Mejias

---

[5] https://www.produktion.de/trends-innovationen/losgroesse-1-so-gehts-115.html [Letzter Zugriff: 27.11.2019]

[6] http://www.produktion-neu-denken.de/fachbeitraege/massenfertigung-in-los groesse-1-individuelle-produkte-profitabel-herstellen/ [Letzter Zugriff: 27.11.2019]

2018), die mithilfe einer Schönheitsoperation so aussehen wollen wie ihr bildtechnisch bearbeitetes Selfie[7]. Nach Aussagen von plastischen Chirurgen nimmt die Zahl von Patienten zu, die ihr tatsächliches Aussehen so modifizieren wollen, dass es dem digital gefilterten und retuschierten Foto von ihnen entspricht[8]. Dies legt nahe, dass für diese Menschen ihr digitales Abbild relevanter für ihre Identität ist als ihre reale Physis.

2.5. Digitale Erschaffung einer neuen Realität

Wenn man digitale Abbilder der Welt verändern kann, kann man auch eine virtuelle Welt neu erschaffen. Dies geschieht permanent in Computerspielen oder Spielfilmen. Computeranimierte Filme erschaffen perfekte visuelle Illusionen. Über diese offensichtlichen Schöpfungen virtueller Welten hinaus, die eigentlich nur eine Perfektionierung der Illusionen sind, die man schon immer in Theater und Film verwendet hat, bietet die Digitaltechnik viele weitere Möglichkeiten zur Erschaffung neuer Realitäten.

Moderne Märkte sind vielfach virtuell organisiert. Auf Online-Plattformen kommen Anbieter und Nachfrager virtuell zusammen und schließen einen Handel, der meist mit virtuellem Geld bezahlt wird. Auf internationalen Finanzmärkten sind sogar die Händler häufig virtuell, nämlich von Computern ausgeführte Algorithmen, die mit völlig virtuellen Gütern handeln. Obwohl ein großer Teil dieser Finanzmärkte rein virtuell ist, haben diese Märkte reale Auswirkungen, wie man während der globalen Finanz- und Wirtschaftskrise 2008/2009 beobachten konnte. In vielen Online-Computerspielen, den sogenannten „massively multiplayer online role-playing games" (MMORPGs), entstehen virtuelle Ökonomien, in denen virtuelle Güter gehandelt werden. Manchmal zahlen die Nutzer dieser Spiele für die virtuellen Güter auch reales Geld (vgl. Castranova 2005), auch wenn dies von den Spieleanbietern oft verboten wird. Auch wenn die Märkte in und um solche Computerspiele eine geringere ökonomische Bedeutung haben als die internationalen Finanz-

---

[7] https://psylex.de/stoerung/angst/dysmorphophobie/snapchat-dysmorphie.html [Letzter Zugriff: 27.11.2019]
[8] https://science.orf.at/stories/2928108/ [Letzter Zugriff: 27.11.2019]

märkte, lassen sich viele Parallelen feststellen, sodass man schwer behaupten kann, sie wären weniger real als jene.

Die virtuellen Schöpfungen betreffen nicht nur die Umwelt, sondern auch den Menschen direkt. Die Google-Mitarbeiter Eric Schmidt und Jared Cohen sprechen von unserer virtuellen Identität, die durch unsere Aktivitäten in der virtuellen Welt entsteht, wie folgt: „For citizens, coming online means coming into possession of multiples identities in the physical and virtual worlds. In many ways, their virtual identities will come to supersede all others, as the trails they leave remain engraved online in perpetuity" (Schmidt und Cohen 2013, S. 7). Virtuelle Identitäten entstehen dabei entweder als Nebeneffekt der eigenen Aktivitäten oder gezielt. Die von einer Person ungewollt erzeugte virtuelle Identität wird durch die Datenspuren erzeugt, die sie in der virtuellen Welt hinterlässt, z.b. durch den Besuch von Internetseiten, Online-Käufen, Telekommunikation, Postings in sozialen Medien etc. Diese Daten werden von Dritten gesammelt und ausgewertet (vgl. Roos 2019), z.B. von Unternehmen, die damit den *Customer Lifetime Value* oder die Kreditwürdigkeit bestimmen. Auf dieser Basis entscheiden Unternehmen dann über Marketingmaßnahmen oder die Vergabe von Krediten an die Person. Der Betroffene hat darauf keinen Einfluss, weil er weder die verwendeten Daten noch die Algorithmen, mit denen die Daten verarbeitet werden, kennt oder beeinflussen kann. Die so erschaffene virtuelle Identität kann von der Identität, die sich eine Person selbst zuschreibt, abweichen und ihr Leben in ungewollter Weise verändern.

Virtuelle Identitäten können aber auch losgelöst von real existierenden Menschen neu geschaffen werden. Bei Instagram und Twitter gibt es z.B. die virtuellen Influencer Bermuda[9] und Lil' Miquaela[10], von denen letztere bei Instagram 1,6 Millionen Abonnenten hat. Bei Bermuda und Lil' Miquaela kann man noch erkennen, dass es sich um künstlich generierte Figuren handelt, aber bei den von KI-Algorithmen erzeugten Gesichtern auf der Internetseite www.thispersondoesnotexist.com ist dies für den Laien kaum noch möglich. Das chinesische Tech-Unternehmen Baidu arbeitet an einem *Deep Voice* genannten KI-Algorithmus, der menschliche Stimmen realistisch klonen kann (vgl. Arik et al. 2017). Mit wenigen Beispielsätzen eines Menschen kann der Algorithmus trainiert wer-

---

[9] https://twitter.com/bermudaisbae [Letzter Zugriff: 27.11.2019]
[10] https://www.instagram.com/lilmiquela/ [Letzter Zugriff: 27.11.2019]

den. Danach kann die Software beliebig lange Sätze mit der Stimme und im Tonfall dieses Menschen erzeugen. Mit diesem Algorithmus kann aber auch der Akzent oder das Geschlecht geändert und somit ein neuer virtueller Sprecher geschaffen werden. In China wird beispielsweise von der Nachrichtenagentur Xhinua bereits ein virtueller Nachrichtensprecher eingesetzt, um eingespeiste Texte zu verlesen[11]. Er ist ein computergenerierter Avatar mit einer ebenfalls computergenerierten Stimme, der wie ein echter Mensch aussieht. Eine andere Anwendung, an der intensiv gearbeitet wird, ist die automatische Texterstellung durch KI-Algorithmen im Stil eines menschlichen Autors[12]. Solche Systeme werden im Journalismus bereits für das Verfassen von Routinetexten verwendet[13]. Schließlich werden intensiv auf Künstlicher Intelligenz basierende Chatbots entwickelt[14], die häufig im Online-Kundendienst von Unternehmen eingesetzt werden, um einfache Kundenanfragen automatisiert zu beantworten. Damit vergleichbar sind auch die digitalen Assistenten der großen Tech-Unternehmen wie *Alexa* (Amazon), *Siri* (Apple) oder der *Google Assistant*. Bei der Betrachtung dieser verschiedenen Beispiele wird deutlich, dass es bereits möglich ist, virtuelle Avatare zu schaffen, die realitätsgetreu aussehen und sprechen, eigene Nachrichten erzeugen und sinnvoll mit Menschen interagieren können.

Was Künstlicher Intelligenz bisher oft noch abgeschrieben wird, ist Kreativität und Innovationsfähigkeit. Aber auch auf diesem Gebiet gibt es Fortschritte. Im Oktober 2018 wurde vom Auktionshaus Christie's in New York das Gemälde „Edmond de Belamy" versteigert, das vom KI-Algorithmus „$\min G \max D \; Ex[\log(D(x))]+Ez[\log(1-D(G(z)))]$" geschaffen wurde. Mit Künstlicher Intelligenz wird auch bereits Musik komponiert[15], zum Beispiel mit der KI-Software AIVA („Artifical Intelligence

---

[11] https://www.spiegel.de/netzwelt/gadgets/xinhua-dieser-nachrichtensprecher-kommt-aus-dem-computer-a-1237685.html [Letzter Zugriff: 27.11.2019]

[12] https://www.heise.de/newsticker/meldung/Algorithmen-texten-Schriftstuecke-4403641.html [Letzter Zugriff: 27.11.2019]

[13] https://www.sueddeutsche.de/kultur/kuenstliche-intelligenz-robo-journalismus-1.3921660 [Letzter Zugriff: 27.11.2019]

[14] https://www.it-zoom.de/mobile-business/e/ki-und-chatbots-uebernehmen-kunden service-17942/ [Letzter Zugriff: 27.11.2019]

[15] https://www.gq-magazin.de/auto-technik/article/das-erste-ki-musikalbum-das-ueberzeugt [Letzter Zugriff: 27.11.2019]

Virtual Artist")[16]. Kompositionssoftware, die darauf trainiert wurde, den Stil bestimmter Komponisten wie Johann Sebastian Bach nachzuahmen, kann Musik komponieren, die von Experten nicht von Originalkompositionen unterschieden werden kann[17].

3. Virtuelle Realität

Die neuen technischen Mittel ermöglichen es, eine immer bessere virtuelle Realität zu schaffen. Es ist durchaus angemessen, von einer virtuellen *Realität* und nicht nur von einer virtuellen *Welt* zu sprechen. Zwar wird der größte Teil dieser virtuellen Realität medial vermittelt und damit durch Geräte wie Computer und Smartphones erlebt. Das bedeutet aber nicht, dass dieses Erleben nicht real wäre.

Aus der Sozialpsychologie und der Soziologie ist das sogenannte Thomas-Theorem bekannt (Thomas 1928), wonach Situationen in ihren Konsequenzen wirklich sind, wenn Menschen diese Situationen als wirklich definieren. Das Thomas-Theorem bezieht sich zunächst auf subjektive Vorstellungen von der Wirklichkeit, aber es ist naheliegend, es auf die virtuell erzeugten Wahrnehmungen zu übertragen. Wenn Menschen nicht mehr unterscheiden können, ob ein Bild oder ein Video einen echten Menschen oder einen von einem KI-Algorithmus erzeugten Avatar zeigt, ist das eine subjektiv so wirklich wie das andere.

Ein Großteil unseres Wissens über die Welt stammt nicht aus unserer eigenen direkten Erfahrung, sondern ist durch andere Personen oder Medien vermittelt. Dabei ist die mit Medien verbrachte Zeit größer als die Zeit, die für soziales Leben und Unterhaltung aufgewendet wird (vgl. StatBa 2015). Nach der letzten Zeitverwendungsstudie des Statistischen Bundesamtes nahm die durchschnittliche Zeit aller Befragten für „soziales Leben und Unterhaltung" von 2:00 Stunden im Befragungszeitraum 2001/2002 auf 1:50 Stunden im Jahr 2012/2013 ab. Hingegen nahm die durchschnittliche Zeit für „Mediennutzung" von 2:48 Stunden auf 3:03 Stunden zu. Seit 2013 ist in Deutschland die Verbreitung von Smart-

---

[16] https://www.pcwelt.de/a/aiva-die-kuenstliche-intelligenz-komponiert-die-musik-der-zukunft,3450745 [Letzter Zugriff: 27.11.2019]

[17] https://ereignishorizont-digitalisierung.de/intelligente-maschinen/kunst/ [Letzter Zugriff: 27.11.2019]

phones stark angestiegen. Während 2013 noch 41 Prozent der Deutschen angaben, zumindest hin und wieder ein Smartphone zu nutzen, waren es 2017 bereits 78 Prozent[18]. Dabei wird das Smartphone zunehmend und vor allem von jüngeren Personen für Internetanwendungen genutzt[19]. Nach einer Studie von Andrews et al. (2015) wird das Smartphone fünf Stunden pro Tag verwendet, wobei die Nutzer die Dauer und auch die Häufigkeit der Nutzung in Befragungen deutlich unterschätzen, was darauf hinweist, dass sie häufig habituell, unbewusst und unkritisch erfolgt, was wiederum einen Einfluss auf das Denken der Nutzer hat[20].

Aus der sozialpsychologischen Forschung ist der *Sleeper-Effekt* bekannt (vgl. Kumkale und Albarracín 2004). Demnach nimmt im Zeitverlauf der negative Effekt ab, den eine geringe Glaubwürdigkeit des Senders einer Mitteilung auf die Einstellung des Empfängers hat. Das bedeutet, dass ein Empfänger zunächst von der Botschaft eines unglaubwürdigen Senders nicht überzeugt wird, die mangelnde Glaubwürdigkeit mit der Zeit aber in Vergessenheit gerät, der Inhalt der Botschaft hingegen nicht. Dieser Effekt wird in der Werbung genutzt. Bezogen auf die virtuelle Realität legt der *Sleeper-Effekt* nahe, dass, selbst wenn Menschen während des Ansehens feststellen können, dass ein Bild, eine Stimme oder ein Video virtuell erzeugt wurde und damit nicht real oder „echt" ist, diese Unterscheidung mit der Zeit vergessen wird. Die virtuelle erhält im Gedächtnis denselben Stellenwert wie die „echte" Realität. In Bezug auf das Fernsehen wurde in der sozialpsychologischen Forschung die sogenannte *Kultivationshypothese* entwickelt (Gerbner und Gross 1976), die besagt, dass Personen mit hohem Fernsehkonsum ein durch das Fernsehen geprägtes Weltbild haben, das von der gesellschaftlichen Realität abweicht. Dies äußert sich z.B. in der Überschätzung der Häufigkeit von Gewaltverbrechen.

Das Thomas-Theorem behauptet aber, dass als wirklich wahrgenommene Situationen wirkliche Konsequenzen haben, d.h. sich auch im Ver-

---

[18] https://www.bitkom.org/sites/default/files/file/import/Bitkom-Pressekonferenz-Smartphone-Markt-Konjunktur-und-Trends-22-02-2017-Praesentation.pdf [Letzter Zugriff: 27.11.2019]
[19] https://www.bvdw.org/fileadmin/user_upload/BVDW_Marktforschung_Digitale_ Nutzung_in_Deutschland_2018.pdf [Letzter Zugriff: 27.11.2019]
[20] https://www.huffpost.com/entry/smartphone-usage-estimates_n_5637687de 4b063179912dc96 [Letzter Zugriff: 27.11.2019]

halten der Menschen äußern. Es gibt verschiedene psychologische Mechanismen, wie sich eine Wahrnehmung in eine Konsequenz übertragen kann. Kardas und O'Brian (2018) zeigen, dass Personen glauben, eine Handlung zu lernen, wenn sie wiederholt Youtube-Videos ansehen, in denen andere Menschen diese Handlung ausführen. Die Teilnahme an der virtuellen Welt wirkt sich also auf die Vorstellungen der Personen aus, insbesondere auf ihre Vorstellung von sich selbst und ihren eigenen Fähigkeiten. Das Eintauchen in eine virtuelle Welt ist wie eine mentale Simulation, mit der ein Ereignis oder eine Handlung in Gedanken durchgespielt wird. Kappes und Morewedge (2016) argumentieren, dass mentale Simulationen vier Arten von Substitutionseffekten mit unterschiedlichen Effekten auf nachfolgende Handlungen bewirken. Erstens erhöhen mentale Simulationen die vermutete Wahrscheinlichkeit von Ereignissen, was im positiven Fall zu verstärkten Handlungsabsichten führen kann, bei negativ bewerteten Ereignissen aber auch zu verringerter Handlungsabsicht. Zweitens kann mentale Praxis tatsächlich zu einer Verbesserung von Fertigkeiten führen, v.a. wenn die mentale mit physischer Praxis kombiniert wird. Drittens kann ein Sättigungseffekt eintreten. Die mentale Simulation einer Konsumhandlung hat ähnliche Auswirkungen wie echter Konsum. So aßen Teilnehmer in Experimenten weniger eines Lebensmittels als eine Kontrollgruppe, wenn sie sich zuvor das Essen vorstellten (vgl. Morewedge et al. 2010). Schließlich kann die Vorstellung davon, etwas bereits erreicht zu haben, die Motivation verringern, an der tatsächlichen Erreichung des Ziels zu arbeiten. Ähnlich wie beim Sättigungseffekt kann die Vorstellung eines positiven Erlebnisses so wirken, als hätte das Erlebnis tatsächlich bereits stattgefunden.

Alles in allem bedeuten diese Befunde, dass man tatsächlich von einer virtuellen Realität sprechen kann, die sich kaum von der Wahrnehmung und dem Erleben der „echten" Realität unterscheidet.

4. Chancen und Risiken

4.1. Chancen und Risiken der digitalen Realitätsabbildung

Die Informations- und Kommunikationstechnik bietet fast unbegrenzten Zugang zu Informationen und Wissen für alle, die sich (mobile) Endgeräte bzw. einen Internetzugang leisten können. Einem Großteil der Menschen steht heute mehr Wissen jeder Art zur Verfügung als bis vor wenigen Jahren den am besten ausgebildeten Wissenschaftlern. Diese technischen Möglichkeiten bieten die Chance, den Zugang zu Wissen und Informationen zu demokratisieren und durch Wissensmonopole gegebene Macht zu brechen. Ganz im Sinne der Aufklärung und des klassischen Humanismus kann man sich durch den universellen Zugang zu Wissen erhoffen, dass Menschen ihre Lebensverhältnisse in vielfältiger Hinsicht selbst verbessern können und nicht anderen ausgeliefert sind. So können Menschen mit Hilfe von IKT auch in abgelegenen Regionen Schul- und sogar Hochschulbildung erhalten. Jeder kann aufgrund der technischen Möglichkeiten die Empfehlungen seines Arztes zu vorgeschlagenen Therapien mit anderen Meinungen vergleichen, sich über gesunde Ernährung informieren oder die Behauptungen von Politikern auf ihren Wahrheitsgehalt überprüfen.

Diese Hoffnung auf die universelle Emanzipation der Menschen durch Wissen ist jedoch unrealistisch. Zum einen ist in vielen Ländern das Internet zensiert bzw. der Zugang beschränkt. Zum anderen gibt es den sogenannten *Digital Divide*, d.h. die unterschiedliche Nutzung des Internets durch verschiedene Bevölkerungsgruppen. Während sich frühe Studien zunächst auf die Unterschiede im Zugang zum Internet konzentrierten, gibt es mittlerweile umfangreiche Forschung zur unterschiedlichen Nutzung und den unterschiedlichen Fähigkeiten des Umgangs mit den Möglichkeiten (vgl. Scheerder et al. 2017). Es zeigt sich, dass es systematische Unterschiede gibt, wie verschiedene gesellschaftliche Gruppen das Internet nutzen und davon profitieren. Wenig überraschend hängt vor allem die Informationsbeschaffung stark vom Bildungsgrad ab, sodass Menschen mit geringer formaler Bildung nicht von der Bereitstellung von Wissen und Information profitieren (vgl. Sarkar et al. 2011, Büchi et al. 2016). Es besteht die Gefahr, dass die Digitalisierung von Wissen soziale Ungleichheiten eher befördert als abbaut.

Ein weiteres Risiko der digitalen Realitätsabbildung ist, dass nur bestimmte Aspekte abgebildet werden, nämlich solche, die gemessen und mit den Mitteln der IKT auch wieder ausgegeben werden können. Die menschliche Wahrnehmung erfolgt nicht nur über Seh- und Hörorgane, sondern auch über den Geruchs-, Geschmacks- und Tastsinn und die Empfindung von Temperatur und Bewegung. Ein virtueller Spaziergang durch eine Stadt oder einen Wald ist mit der gegenwärtigen Technik noch nicht dasselbe wie ein tatsächlicher Spaziergang, weil nicht alle Sinne angesprochen werden können. Das gilt in noch stärkerem Maße für die Interaktion mit anderen Menschen, bei der z.B. auch der Geruch und Berührungen eine wichtige Rolle für Sympathie und Bindung spielen. Das Risiko besteht also in der Verarmung von Erlebnisdimensionen und im Verlust der Fähigkeiten, diese zu nutzen.

4.2. Chancen und Risiken digitaler Realitätserweiterung

Die digitale Realitätserweiterung verspricht die Vereinfachung vieler Handlungen, die Ausweitung von Handlungsmöglichkeiten und mehr Sicherheit. Dies gilt sowohl für AR-Anwendungen als auch für die Ergebnisse von prognostischen Datenanalysen.

Die Chancen dieser Ausweitung der Handlungsmöglichkeiten sind neben der erhöhten Sicherheit vor allem Effizienzsteigerungen. So arbeitet die Aufzugssparte von thyssenkrupp mit der AR-Technik HoloLens von Microsoft, um die Effizienz von Aufzugsmonteuren zu erhöhen. Dabei wird damit gerechnet, dass die Techniker durch die AR-Brille vor Ort bis zu viermal schneller arbeiten können[21]. Andere Untersuchungen gehen für Wartungs- oder Kommissionierungsarbeiten von Produktivitätssteigerungen zwischen 25 Prozent und 46 Prozent aus[22]. Solche Produktivitätssteigerungen sind volkswirtschaftlich bedeutsam, insbesondere vor dem Hintergrund des demographischen Wandels und eines drohenden Fachkräftemangels.

Die Chancen hinsichtlich mehr Sicherheit, größerer Handlungsmöglichkeiten und höherer Effizienz gehen einher mit Risiken in Bezug auf Privatheit, Autonomie und Kompetenz. Als Google 2013 die AR-Brille Google Glass auf den Markt brachte, gab es weltweit Kritik von Datenschützern, da die Brille sowohl Objekte und Personen identifizieren als auch aufzeichnen kann. Selbst wenn Dritte nicht involviert sind, wie bei AR-Brillen, die von Wartungstechnikern benutzt werden, kann mit dieser Technik das Verhalten des Technikers überwacht werden. Hinzu kommt, dass die Entscheidungsunterstützung im Arbeitskontext durch AR und

---

[21] https://mixed.de/hololens-servicetechniker-erledigen-aufraege-bis-zu-viermal-schneller/ [Letzter Zugriff: 27.11.2019]

[22] https://hbr.org/2017/03/augmented-reality-is-already-improving-worker-performance [Letzter Zugriff: 27.11.2019]

Künstliche Intelligenz die Handlungs- und Entscheidungsautononomie des Mitarbeiters bedroht. Ein Techniker, der entweder von einer Zentrale oder einer Künstlichen Intelligenz angeleitet wird, wie er eine Reparatur durchführen soll, verliert Autonomie. Ähnlich ist es, wenn hochqualifizierte Mitarbeiter wie Ärzte oder Juristen von KI-basierten Systemen zur Entscheidungsunterstützung Handlungsempfehlungen bekommen. Theoretisch wird der Mitarbeiter eine Entscheidung treffen können, die von der KI-Empfehlung abweicht, aber praktisch wird er dies oft aufgrund intrinsischer und extrinsischer Motivation nicht tun. Beschäftigte, die weitgehend Anweisungen von menschlichen oder computerisierten Dritten verfolgen, verlieren eigene Handlungskompetenz. Aus ökonomischer Sicht ist es jedoch ein Vorteil, wenn statt eines gut ausgebildeten Technikers auch ein angelernter Monteur mit AR-Unterstützung komplizierte Reparaturen nach Anweisung durchführen kann. Dadurch wird nicht nur die Produktivität gesteigert, sondern es werden auch Kosten reduziert.

Der Verlust von Autonomie und Kompetenzen schafft Abhängigkeit und die Möglichkeit zur Manipulation durch Dritte. Menschen zu einem bestimmten Verhalten zu veranlassen, ist gerade das Ziel vieler Einsatzmöglichkeiten digitaler Technik. Ein Großteil der Geschäftsmodelle der sogenannten Tech-Unternehmen beruht auf Werbung und der Analyse und Vorhersage von Verhalten. Die Verbindung von Verhaltensvorhersage und AR-Anwendungen im Konsumentenbereich verstärkt die Möglichkeiten der Verhaltenssteuerung durch die Unternehmen.

4.3. Chancen und Risiken virtueller Realität

Wie oben bereits erläutert, ist die virtuelle Realität bereits heute teilweise ein Substitut für reale Erlebnisse. Bei einer weiteren Verbesserung der technischen Möglichkeiten rückt die Qualität des Erlebens der virtuellen Realität immer näher an reale Erlebnisse heran.

In der Ersetzung realer durch virtuelle Erlebnisse kann man Chancen sehen. So könnte es in Zukunft immer leichter für Menschen werden, kostengünstigen Zugang zu Erlebniswelten zu bekommen, die ihnen sonst verschlossen wären. Dies könnten zum Beispiel Reisen an exotische Orte (einschließlich des Weltalls) oder aufwendige Freizeitaktivitäten wie Segelfliegen oder Höhlentauchen sein. Außerdem könnten soziale Interaktionsbedürfnisse zukünftig noch stärker virtuell befriedigt werden, z.B. für einsame Menschen oder Menschen mit besonderen Interessen, für die sie nur schwer Partner in der „echten" Realität finden. Bereits heute interagieren viele Menschen virtuell in den sozialen Medien mit anderen. Zukünftig kann auch die Unterscheidung, ob der Interaktionspartner ein Mensch oder eine Künstliche Intelligenz ist, weniger wichtig werden.

Vor dem Hintergrund des ökologisch nicht nachhaltigen westlichen Lebensstils kann man auch die Chance sehen, durch das Leben in der virtuellen Realität Ressourcen zu schonen. Wenn man virtuell sehr echt an exotische Orte reisen kann, werden umweltbelastende Fernreisen mit dem Flugzeug überflüssig.

Schließlich gibt es den Traum von der Vergöttlichung des Menschen durch die neue Technik, die Yuval Harari in seinem Buch *Homo Deus* (2017) beschreibt. Tech-Visionäre, vor allem aus dem Silicon Valley, träumen davon, dass der Mensch durch Digitalisierung verbessert und vielleicht sogar unsterblich werden könnte. Durch Algorithmen und Fortschritte in der Gentechnik sei nicht nur die Entschlüsselung des Erbguts, sondern auch die gezielte Veränderung des Menschen möglich. Harari bezeichnet den Glauben daran, durch neue Datenerfassungs- und Analysemethoden den Menschen letztlich vollständig zu verstehen und ihn damit auch verbessern zu können als *Dataismus*. Auch die Entwicklungen im Bereich der Mensch-Maschine-Interaktion gehen in diese Richtung. So wird daran gearbeitet, Flugzeuge[23] oder Autos[24] direkt durch Gedankenkraft steuern zu können. Auch wird an Industrie- oder Arbeitsanwendungen für sogenannte *Full-Immersion-Technologie* mit Hilfe von neuronal gesteuerten Interfaces gearbeitet, durch die das menschliche Gehirn mit Maschinen vernetzt wird[25]. Während bei solchen Anwendungsideen das menschliche Gehirn in Form eines Steuerungsbefehls einen Input für die Maschine erzeugt, ist auch vorstellbar, dass die Maschine einen Input für das Gehirn liefert. So könnte eine echte oder künstliche Wahrnehmung durch eine Maschine direkt im Gehirn ausge-

---

[23] https://www.wiwo.de/technologie/forschung/wissenschaft-wenn-die-gedanken-maschinen-steuern/10064752.html [Letzter Zugriff: 27.11.2019]

[24] https://www.forschung-und-wissen.de/nachrichten/technik/nissan-b2v-faehrt-durch-gedankenuebertragung-13372500 [Letzter Zugriff: 27.11.2019]

[25] https://www.ingenieur.de/technik/fachbereiche/ittk/wie-die-maschinensteuerung-von-morgen-aussehen-koennte/ [Letzter Zugriff: 27.11.2019]

löst werden, wodurch der Mensch vermutlich nicht mehr unterscheiden könnte, ob ein Erlebnis nur in seinem Gehirn stattfindet oder auch eine physische Basis hat. Dasselbe, was Technikenthusiasten für eine erstrebenswerte Utopie halten, ist für Technikskeptiker eine Dystopie, die verhindert werden sollte. Die immer stärkere Vermischung von „echter" und virtueller Realität stellt in Frage, was überhaupt „echt" und „wahr" ist und kann existenzielle Angst auslösen. Einen Vorgeschmack darauf, was der Verlust eines gesellschaftlichen Konsenses über die Wahrheit auslösen kann, geben die Debatten um *Fake News* und Verschwörungstheorien, die in den sozialen Medien populär sind[26]. Auch sogenannte *Deep Fakes*, bei denen Videos von Politikern und Prominenten wie Donald Trump, Nancy Pelosi, Mark Zuckerberg oder Kim Kardeshian mit Hilfe von KI-Algorithmen manipuliert werden[27], zeigen, was bereits heute mit einfachen Mitteln technisch möglich ist. Es liegt auf der Hand, dass *Deep Fakes* für kriminelle Zwecke missbraucht werden können, z.b. für Rufschädigung und Erpressung, Wahl- und Börsenmanipulation oder Desinformationskampagnen.

Neben einem Vertrauensverlust gegenüber gesellschaftlichen Institutionen wie Politik, Wissenschaft oder Medien kann die individualisierte Wahrnehmung von Realität zu einem Verlust von gemeinsamer Identität und geteilten Einstellungen, Überzeugungen und Vorstellungen führen. In Kombination mit materiellen Ungleichheiten könnte dies ein Auseinanderfallen der Gesellschaft zur Folge haben.

4.4. Gesellschaftlicher Umgang mit den Chancen und Risiken

Die dargestellten Chancen und Risiken der Digitalisierung erfordern ohne Zweifel eine gesellschaftliche Debatte und Positionierung. Es sollte gesellschaftlich abgewogen werden, welche möglichen Vorteile die damit verbundenen Risiken und Nachteile überwiegen, aber auch welche Risiken man lieber nicht eingehen möchte. Die Forderung nach einer

---

[26] http://www.bpb.de/politik/extremismus/rechtsextremismus/210327/juedische-weltverschwoerung-ufos-und-das-nsu-phantom [Letzter Zugriff: 27.11.2019]
[27] https://www.spiegel.de/netzwelt/web/manipuliertes-instagram-video-deepfake-mit-mark-zuckerberg-a-1271990.html [Letzter Zugriff: 27.11.2019]

solchen Abwägung ist schnell gestellt, aber die Umsetzung stellt einen langwierigen und komplexen Vorgang dar. Gesellschaftliche Debatten finden nicht an einem Ort zu einer Zeit statt, sondern in verschiedenen Foren und mit zeitlicher Staffelung. Zunächst muss ein Thema als relevant identifiziert und beschrieben werden. Das ist häufig der frühe Beitrag von Intellektuellen und Wissenschaftlern. Insbesondere Fachwissenschaftler, die die Technik verstehen, leisten dabei wichtige Beiträge, ebenso wie Datenschützer im Fall der Digitalisierung. Ein weiteres Forum sind Internet-Communities und die sozialen und traditionellen Medien. Die Digitalisierung wird auch von der Wirtschaft und ihren Interessenverbänden diskutiert, da hier einerseits das Effizienzpotenzial gesehen wird, andererseits aber auch die Bedrohung bestehender Geschäftsmodelle. Die Gewerkschaften hingegen legen ihren Fokus darauf, dass die Digitalisierung die Arbeit verändern wird und bestehende Arbeitsplätze bedroht sind. Die Parteien und politischen Institutionen nehmen viele der von den anderen gesellschaftlichen Akteuren gesetzten Themen auf und versuchen, daraus politische Strategien und Maßnahmen zu entwickeln. Zunächst durch die analoge Anwendung bestehenden Rechts auf neue Fragen und später durch neue Gesetze reagiert das Rechtssystem auf die technischen Entwicklungen. Schließlich wird in Bildungseinrichtungen darüber nachgedacht, welche Auswirkungen die Digitalisierung auf die Bildung hat und welche neuen Anforderungen sich für die Ausbildung ergeben.

Von all diesen Akteuren wird seit Jahren über die Digitalisierung mit ihren Chancen und Risiken diskutiert. Es ist jedoch ein Problem, dass die Geschwindigkeiten des technischen Fortschritts und der gesellschaftlichen Auseinandersetzung damit weit auseinanderdriften. Dies dürfte schon immer der Fall gewesen sein, zeigt sich im Fall der Digitalisierung aber besonders drastisch. Bereits im Jahr 1990 veröffentlichte Ray Kurzweil, der seit 2012 Director of Engineering bei Google ist, sein Buch *The Age of Intelligent Machines*, in dem er sich grundsätzlich mit den Möglichkeiten Künstlicher Intelligenz auseinandersetzte. Zudem machte er bereits damals Prognosen über das Internet und Anwendungen Künstlicher Intelligenz, von denen viele aus heutiger Sicht zutreffend waren[28]. Ein Symbol für die Langsamkeit, mit der die Politik solche Entwicklun-

---

[28] https://www.kurzweilai.net/images/How-My-Predictions-Are-Faring.pdf [Letzter Zugriff: 27.11.2019]

gen aufgreift, ist der berühmte Satz Angela Merkels im Juni 2013[29]: „Das Internet ist für uns alle Neuland", mit dem sie viel Spott in den (sozialen) Medien erntete[30]. Die CDU konstituierte zwar 2015 ein Netzwerk Digitalisierung[31], hatte jedoch noch 2019 im Kontext der Europawahl Probleme, angemessen auf den Aufruf des Youtubers Rezo, nicht CDU, SPD oder AfD zu wählen, zu reagieren. Bundesverteidigungsministerin Ursula von der Leyen forderte im Juni 2019, dass die Digitalisierung in Politik und Unternehmen zur Chefsache werden und es in der nächsten Legislaturperiode ein Digitalministerium geben müsste[32]. Der Deutsche Bundestag setzte 2018 die Enquete-Kommission „Künstliche Intelligenz – Gesellschaftliche Verantwortung und wirtschaftliche, soziale und ökologische Potenziale" ein, die 2020 ihre Ergebnisse und Handlungsempfehlungen vorlegen soll. Zwischen einer frühen intellektuellen Auseinandersetzung mit der Künstlichen Intelligenz und den Handlungsempfehlungen der Enquete-Kommission des Deutschen Bundestages liegen also 30 Jahre oder eine Generation. Bis diese Handlungsempfehlungen in Gesetze und umfassende Maßnahmen umgesetzt werden, dürften weitere Jahre vergehen.

Demgegenüber steht eine immense Geschwindigkeit in der technischen Entwicklung. Bekannt ist das sogenannte *Mooresche Gesetz*, nach welchem sich seit den 1960er-Jahren die Leistung von Computerchips im Durchschnitt alle 18 Monate verdoppelt. Während dies allgemein als rasanter technischer Fortschritt betrachtet wird, ist der Leistungszuwachs im Bereich der Künstlichen Intelligenz um Größenordnungen höher. Nach einer Analyse von Amodei und Hernandez (2018) hat sich die Leistung von KI-Systemen zwischen 2012 und 2017 alle 3,5 Monate verdoppelt, was einer Leistungssteigerung in diesem Zeitraum um den Faktor 300.000 entspricht. Nach dem *Mooreschen Gesetz* wäre es in die-

---

[29] https://www.tagesspiegel.de/politik/die-kanzlerin-und-das-internet-merkels-neuland-wird-zur-lachnummer-im-netz/8375974.html [Letzter Zugriff: 27.11.2019]
[30] https://www.spiegel.de/netzwelt/netzpolitik/kanzlerin-merkel-nennt-bei-obama-besuch-das-internet-neuland-a-906673.html [Letzter Zugriff: 27.11.2019]
[31] https://www.cdu.de/artikel/netzwerk-digitalisierung-nimmt-arbeit-auf [Letzter Zugriff: 27.11.2019]
[32] https://www.t-online.de/nachrichten/deutschland/militaer-verteidigung/id_8591 6004/ursula-von-der-leyen-im-interview-digitalisierung-muss-chefsache-sein-.html [Letzter Zugriff: 27.11.2019]

ser Zeit zu einer Steigerung um den Faktor 12 gekommen. Was durch diese Entwicklung möglich ist, wird an Alltagsgeräten wie Smartphones oder Tabletcomputern ersichtlich, die in den letzten Jahren überdurchschnittliche Fortschritte bei Sprach- und Bilderkennung gemacht haben. Auch das selbstfahrende Auto von Google ist bereits seit 2012 nahezu unfallfrei auf US-amerikanischen Straßen unterwegs. Es ist bemerkenswert, dass zumindest beim Smartphone eine sehr schnelle Gewöhnung an dessen technischen Möglichkeiten stattgefunden hat. Dies legt nahe, dass die gesellschaftliche Realität die Diskussion über die Chancen und Risiken längst überholt hat.

Vor diesem Hintergrund kann man skeptisch sein, ob es überhaupt möglich ist, etwaige ungewollte Risiken zu verhindern, bevor sie eintreten. Im Prinzip müsste entweder der Digitalisierungsprozess verlangsamt[33] oder das gesellschaftliche Lernen und die gesellschaftlichen Diskussionsprozesse beschleunigt werden[34], um die unterschiedlichen Geschwindigkeiten aneinander anzugleichen. Beides erscheint unrealistisch. Die Verlangsamung des Digitalisierungsprozesses könnte nur durch eine Selbstbeschränkung der handelnden Akteure oder durch staatliche Interventionen geschehen. Letztere setzen jedoch vorgelagerte Meinungsbildungs- und Entscheidungsprozesse voraus, die nur langsam passieren. Da die Digitalisierung vor allem durch Unternehmen mit ökonomischen Interessen vorangetrieben wird – von denen die wichtigsten noch nicht einmal in Deutschland ansässig sind –, ist eine freiwillige Selbstbeschränkung nicht vorstellbar. Für Demokratien sind dezentrale Meinungsbildungsprozesse und nachgelagert das Aushandeln von Kompromissen, die die Interessen verschiedener gesellschaftlicher Gruppen austarieren, konstitutiv. Ideen, die gesellschaftliche Willensbildung und Entscheidungsprozesse beschleunigen, bergen die Gefahr in sich, Wegbereiter für eine Technokratie oder gar Autokratie zu sein. Sowohl Politiker, wie Franz Müntefering[35] oder Angela Merkel[36], als auch Sozialwis-

---

[33] https://www.tagesspiegel.de/wirtschaft/chancen-und-risiken-der-digitalisierung-runter-von-der-ueberholspur/21875606.html [Letzter Zugriff: 27.11.2019]

[34] https://netzpolitik.org/2018/smarte-gruene-welt-darf-die-digitalisierung-gesellschaftliche-probleme-noch-verschaerfen/ [Letzter Zugriff: 27.11.2019]

[35] https://www.vocer.org/demokratie-braucht-zeit/ [Letzter Zugriff: 27.11.2019]

[36] https://www.zeit.de/politik/ausland/2015-02/merkel-rede-muenchen-demokratie-geduld [Letzter Zugriff: 27.11.2019]

senschaftler, wie Armin Nassehi[37] oder Fritz Reheis[38], sind sich einig: Demokratie braucht Zeit. Wenn sich weder die Digitalisierung verlangsamen noch die gesellschaftliche Auseinandersetzung mit ihren Chancen und Risiken beschleunigen lässt, muss man erwarten, dass sich einige der befürchteten Risiken nicht vermeiden lassen und bestenfalls nachträglich auf sie reagiert werden kann. Es bleibt dann nur zu hoffen, dass die dadurch entstandenen gesellschaftlichen Probleme und Schäden nicht zu schwerwiegend sind.

5. Fazit

Die Digitalisierung wird oft aus einer ökonomischen Perspektive betrachtet, insbesondere, um zu diskutieren, was geschehen muss, damit die deutsche Wirtschaft wettbewerbsfähig bleiben kann, wie viele alte Beschäftigungsverhältnisse wegfallen und wie viele neue entstehen werden oder wie erfolgreiche Geschäftsmodelle in der digitalen Welt aussehen. Diese Diskussionen werden flankiert von ethischen und rechtlichen Diskussionen um Datenschutz, Haftung und Selbstbestimmung oder darüber, welchen Beitrag die Digitalisierung für die sozial-ökologische Nachhaltigkeit leisten kann. All dies ist wichtig, erfasst aber die potenzielle Tragweite der Entwicklung nicht. In diesem Beitrag wird die These vertreten, dass die Digitalisierung, die eigentlich besser *Virtualisierung* genannt werden sollte, unsere gesamte Lebenswelt verändern wird und bereits verändert hat.

Der Kern der These ist, dass durch den technischen Fortschritt eine virtuelle Realität geschaffen wird, die das Leben der Menschen in vielfältiger Weise bestimmt. In dieser virtuellen Realität gibt es viele praktische Anwendungen, die von Menschen gern und freiwillig genutzt werden. Dadurch entstehen Märkte und Profitmöglichkeiten, die die ohnehin schon rasante Entwicklung weiter beschleunigen. Zugleich hat die neu entstehende virtuelle Realität das Potenzial, das soziale Zusammenleben und die gesellschaftlichen Machtverhältnisse grundlegend zu transformieren. Die Virtualisierung der Welt wirkt sich über verschiedene

---

[37] http://www.fluter.de/demokratie-braucht-zeit [Letzter Zugriff: 27.11.2019]
[38] http://www.zeitpolitik.de/pdfs/jt13_VortragReheis.pdf [Letzter Zugriff: 27.11.2019]

Mechanismen auf das Zusammenleben aus. Erstens ist die virtuelle Realität noch individueller als die reale Lebenswelt der Menschen. Dadurch kann sie es weiter erschweren, einen gesellschaftlichen Konsens darüber zu finden, was wahr ist. Wenn es aber keine Möglichkeit gibt, eine gemeinsame Wahrheit zu finden, kann dies allgemeines Misstrauen und die Angst vor Manipulation schüren. Zweitens ist es wahrscheinlich, dass die technische Entwicklung reale soziale Ungleichheiten vergrößert. Am Arbeitsmarkt wird es auf jeden Fall Gewinner und Verlierer geben. Außerdem wird es für politische, geistige und ökonomische Eliten einfacher sein, die technischen Möglichkeiten zu ihrem Vorteil zu nutzen als für die übrige Bevölkerung. Drittens kann die virtuelle Realität ein Substitut für die „echte" Realität sein. So kann es für manche Menschen attraktiver sein, ihr Leben stärker virtuell zu leben als real und eher mit virtuellen Avataren zu interagieren als mit echten Menschen. Die virtuelle Realität verheißt, sauberer, sicherer, einfacher, kontrollierbarer, interessanter, schöner etc. zu sein als das „echte" Leben. Wenn das Interesse an anderen Menschen und die Bereitschaft, sich mit ihnen real auseinanderzusetzen, verschwindet, gehen auch die Fähigkeit und der Wille zum Interessensausgleich verloren. Diese drei Mechanismen greifen offensichtlich ineinander und verstärken sich gegenseitig.

Die Chancen und Risiken gesellschaftlich zu diskutieren und zu bewerten, ist notwendig. Jedoch ist zweifelhaft, ob es gesellschaftlich möglich ist, potenzielle Risiken im Vorfeld durch Gesetzgebung und Regulierung zu vermeiden. Der technische Fortschritt läuft um Größenordnungen schneller ab als die Fähigkeit demokratischer Gesellschaften, neue Regeln und Institutionen für den Umgang mit der Digitalisierung zu schaffen. Die gesellschaftliche Diskussion sollte ihren Schwerpunkt deswegen eher darauf legen, wie man mit den durch die Digitalisierung geschaffenen Problemen umgeht als darauf, wie man sie vermeiden kann.

Literatur

Amodei, Dario und Hernandez, Danny (2018): AI and Compute. https://openai.com/blog/ai-and-compute/, zuletzt aufgerufen am 14.6.2019.

Andrews, Sally, Ellis, David A., Shaw, Heather und Piwek, Likasz (2015): Beyond Self-Report: Tools to Compare Estimated and Real-World Smartphone Use. *PLOS ONE 10: e0139004* https://doi.org/10.1371/journal.pone.0139004

Arik, Sercan, Chrzanowski, Mike, Coates, Adam, Diamos, Gregory, Gibiansky, Andrew, Kang, Yongguo, Li, Xian, Miller, John, Ng, Andrew, Raiman, Jonathan, Sengupta, Shubho, Shoeybi, Mohammad (2017): Deep voice: real-time neural text-to-speech. *IMCL'17 Proceedings of the 34th International Conference on Machine Learning* 70, S. 195-204.

Bachner, Jennifer (2013): Predictive policing: preventing crime with data and analytics. *IBM Center for the Business of Government*.

Buettner, Ricardo (2017): Predicting user behavior in electronic markets based on personality-mining in large online social networks. *Electronic Markets* 27, S. 247-265.

Büchi, Moritz, Just, Natascha und Latzer, Michael (2016): Modeling the second-level digital divide: A five-country study of social differences in Internet use. *New Media & Society* 18, S. 2.703-2.722.

Castranova, Edward (2005): *Synthetic Worlds: The Business and Culture of Online Games.* Chicago: The University of Chicago Press.

Christl, Wolfie und Spiekermann, Sarah (2016): *Networks of Control – A Report on Corporate Surveillance, Digital Tracking, Big Data & Privacy.* Wien: facultas.

Gerbner, George und Gross, Larry (1976): Living with Television: The Violence Profile. *Journal of Communication* 26, S. 172-199.

Harari, Yuval Noah (2017): *Homo Deus – Eine Geschichte von Morgen.* München: C.H. Beck.

Kappes, Heather Barry und Morewedge, Carey K. (2016): Mental Simulation as Substitute for Experience. *Social and Personality Psychology Compass* 10, S. 405-420.

Kardas, Michael und O'Brien, Ed (2018): Easier Seen Than Done: Merely Watching Others Perfom Can Foster an Illusion of Skill Acquisition. *Psychological Science* https://doi.org/10.1177/0956797617740646

Krumeich, Julian, Werth, Dirk und Loos, Peter (2016): Prescriptive Control of Business Processes – New Potentials Through Predictive Analytics of Big Data in the Process Manufacturing Industry. *Business & Information Systems Engineering* 58, S. 261-280.

Kumkale, G. Tarkan und Albarracín, Dolores (2004): The Sleeper Effect in Persuasion: A Meta-Analytic Review. *Psychological Bulletin* 130, S. 143-172.

Kurzweil, Ray (1990): *The Age of Intelligent Machines*. Cambridge, MA: The MIT Press.

Morewedge, Carey K., Huh, Young Eun und Vosgerau, Joachim (2010): Thought for Food: Imagined Consumption Reduces Actual Consumption. *Science* 330, S. 1.530-1.533.

Rajanala, Susruthi, Maymone, Mayra B. C. und Vashi, Neelam A. (2018): Selfies – Living in the Era of Filtered Photographs. *JAMA Facia Plastic Surgery* 20, S. 443-444.

Ramphul, Kamleshun und Mejias, Stephanie G. (2018): Is "Snapchat Dysmorphia" a Real Issue? *Cureus* 10, e2263

Rasouli, Amir und Tsotsos, John K. (2019): Autonomous Vehicles That Interact With Pedestrians: A Survey of Theory and Practice. *IEEE Transactions on Intelligent Transportation Systems* (im Erscheinen), DOI: 10.1109/TITS.2019.2901817

Roos, Michael (2019): Informationsgenossenschaften zur Bewahrung persönlicher Autonomie im Informationskapitalismus. In: Sturn, Richard, Hirschbrunn, Katharina und Klüh, Ulrich (Hg.): *Kapitalismus und Freiheit – Jahrbuch Normative und institutionelle Grundfragen der Ökonomik* Band 17.

Sarkar, Urmimala, Karter, Andrew J., Liu, Jennifer Y., Adler, Nancy E., Nguyen, Robert, López, Andreas und Schillinger, Dean (2011): Social disparities in internet patient portal use in diabetes: evidence that the digital divide extends beyond access. *Journal of the American Medical Informatics Association* 18, S. 318-321.

Scheerder, Anique, van Deursen, Alexander und van Dijk, Jan (2017): Determinants of Internet skills, uses and outcomes. A systematic review of the second- and third-level digital divide. *Telematics and Informatics* 34, S. 1.607-1.624.

Schmidt, Eric und Cohen, Jared (2013): *The New Digital Age. Transforming Nations, Businesses, and our Lives.* New York: Vintage Books.

Siegel, Eric (2016): *Predictive Analytics – The Power to Predict Who Will Click, Buy, Lie, or Die.* Hoboken, New Jersey: John Wiley & Sons.

Statistisches Bundesamt (2015): *Zeitverwendungserhebung - Zeitverwendung 2012/2013*. Wiesbaden: Statistisches Bundesamt.

Thomas, William I. (1928): The Methodology of Behavior Study. In: Thomas, William I. und Thomas, Dorothy S. (Hg.): *The Child in America: Behavior Problems and Programs*. New York: Alfred A Knopf, S. 553-576.

Blockchain-Technologie und hierarchische Koordination

Wie verschieben sich die „Boundaries of the firm?

Tobias Eibinger[*]

Abstract: This article discusses how the blockchain technology can help to mitigate opportunism in situations characterized by asset-specific investment decisions. The technology might thus directly as well as indirectly effect the institutional efficiency of existing governance structures to coordinate transactions. Ultimately, the boundaries of the firm are revisited, and it is argued that the Williamsonian conjecture that increased contractibility leads to less vertical integration, need not always hold.

Keywords: blockchain, smart contracts, decentralized consensus, theory of the firm, opportunism, transaction costs

---

[*] Tobias Eibinger, BA, Universität Graz, Universitätsstraße 15, A-8010 Graz • [tobias.eibinger@uni-graz.at]

1. Einleitung und Motivation

Das Konzept der Blockchain-Technologie wurde erstmals von Satoshi Nakamoto in seinem Whitepaper im Jahr 2008 popularisiert. Die Beobachtung, dass fast alle digitalen Transaktionen von zentralisierten Institutionen (z.b. Banken) überprüft und abgewickelt wurden, veranlasste ihn, ein alternatives, dezentrales Zahlungssystem zu entwickeln, das es AkteurInnen ermöglichen sollte, Zahlungsflüsse abzuwickeln, ohne dabei auf eine Drittpartei angewiesen zu sein. So entstand 2009 das Bitcoin-Netzwerk – und damit die erste Blockchain.

Obwohl die ursprüngliche Motivation der Blockchain-Technologie vor allem durch die Idee eines dezentralen und sicheren Zahlungssystems (Bitcoin) geprägt war, ist dies keineswegs der einzige Anwendungsbereich der Blockchain. Im Besonderen bieten die Institutionenökonomik – und zwar nicht nur die Transaktionskostentheorie – vielversprechende Ansätze, um weitergehende Auswirkungen der Blockchain-Technologie zu untersuchen. Dabei ergibt sich die Perspektive, dass durch die Senkung von Transaktionskosten für Markttransaktionen bzw. Dis-Intermediation hierarchische Organisationen (private Firmen, Bürokratien im öffentlichen Sektor) zurückgedrängt werden. In diesem Beitrag wird gezeigt, dass und weshalb dies im Bereich privater Firmen nicht notwendigerweise zutrifft – und zwar nicht nur deshalb, weil bestehende hierarchische Organisationen private Blockchains bzw. permissioned Blockchains nutzen können, um ihre Ziele besser zu erreichen.[1]

Um die Logik der Transaktionskostensenkung durch Blockchain und in weiterer Folge die spezifische Argumentation des vorliegenden Beitrags zu verstehen, ist es zweckmäßig, die Funktionalität von Blockchains in zwei Bereiche zu unterteilen. Die technisch-ökonomische Funktionalität der Blockchain ist durch eine Kombination aus Kryptographie und ökonomischen Anreizsystemen charakterisiert. Insofern kann

---

[1] Private und permissioned Blockchains beschränken im Gegensatz zu öffentlichen Blockchains das Partizipationsrecht am Validierungsprozess. Während dieses Recht bei permissioned Blockchains einem zuvor definierten Konsortium zugesprochen wird, ist dieses bei privaten Blockchains einer einzigen zentralisierten Organisation vorbehalten. Leseberechtigungen können in beiden Fällen beschränkt werden oder unbeschränkt bleiben. Vorteile von privaten bzw. permissioned Blockchains sind unter anderem die Steuerung von Datenzugriffsrechten und eine höhere Flexibilität, um Änderungen in der Blockchain vorzunehmen (Buterin 2015).

die Blockchain als eine Art öffentliche, dezentrale Datenbank verstanden werden, die alle in ihrem Netzwerk ausgeführten Transaktionen aufzeichnet. Dezentrale Konsensmechanismen gewährleisten dabei die korrekte Reihenfolge der Transaktionen und deren Validierung. Darüber hinaus ist die Blockchain kryptografisch gesichert und unveränderlich (vgl. Buterin 2014). Die institutionelle Funktionalität ergibt sich aus den Auswirkungen der Blockchain-Technologie auf die Vorteilhaftigkeit von Institutionen bei der Koordination von Transaktionen. Insbesondere entfällt dabei die Notwendigkeit zentralisierter Institutionen, um Transaktionen abzuwickeln.

Es ist jedoch letztlich die Kombination der spezifischen Merkmale der Blockchain-Technologie (verteiltes Datenbanksystem, dezentraler Konsens und Unveränderlichkeit) in Verbindung mit sogenannten Smart Contracts – intelligenten Verträgen, die bei Erfüllung bestimmter Voraussetzungen automatisch bestimmte Vertragsinhalte in Kraft setzen –, die es der Technologie ermöglichen, Verträge effizienter zu gestalten. Dies steht in direktem Zusammenhang mit der Transaktionskostentheorie, die auf Ronald Coase zurückgeht. Dieser stellte sich 1937 die Frage, weshalb Transaktionen häufig von Firmen anstatt von Märkten koordiniert werden. Coase argumentierte, dass Unternehmen die Märkte ablösen könnten, sofern letztere bei der Koordinierung Transaktionskosten verursachen. Hierzu zählen beispielsweise Vertragsverhandlungen und -neuverhandlungen, Preisermittlung, Informationsasymmetrien, nicht überprüfbare Informationen, unspezifizierte Eventualitäten, Vertragsdurchsetzung und Opportunismus. Die Unternehmen hätten dann einen komparativen institutionellen Vorteil gegenüber den Märkten, wenn sie einen Teil dieser Kosten vermeiden.

Oliver Williamson (z.B. 1971, 1979) erweiterte die Coasesche Idee und wies darauf hin, dass Marktkoordination durch opportunistisches Verhalten besonders ineffizient werden kann. Ein solches Verhalten kann in Situationen auftreten, die durch beziehungsspezifische Investitionen gekennzeichnet sind. Dabei handelt es sich um Investitionen mit geringem Wert außerhalb der jeweiligen Vertragspartnerschaft. Sobald eine solche Investition von einer Partei getätigt wurde, hat die andere einen Anreiz, opportunistisch zu handeln: Sie kann strategisch mit der Kündigung der Vertragsbeziehung drohen, um eine Neuaushandlung der Vertragsbedingungen zu erreichen, welche auf eine Änderung der Aufteilung der Investitionsgewinne zu ihren Gunsten abzielt. Dies wiederum wird ex ante die Anreize, derartige spezifische Investitionen zu tätigen, beeinträchtigen. Williamson argumentierte, dass diese Problematik durch die vertikale Integration, also einen Unternehmenszusammenschluss, abgemildert werden könnte, indem Anreize unter einer einheitlichen Organisationsstruktur besser in Einklang gebracht werden. Firmen könnten somit bessere Anreizstrukturen gegenüber Märkten erreichen.

Die Blockchain-Technologie in Kombination mit Smart Contracts bietet einige vielversprechende Möglichkeiten zur Senkung der Transaktionskosten einschließlich der Adressierung von Opportunismus. Blockchain könnte somit die institutionelle Effizienz wiederum zugunsten von Märkten verschieben. Dieser Frage wurde bis dato jedoch nur wenig Aufmerksamkeit geschenkt. Catilini und Gans (2016) argumentieren beispielsweise in ihrem Artikel „Some Simple Economics of the Blockchain", dass die Technologie dazu beitragen kann, Transaktionskosten durch verbesserte Verifizierungsprozesse zu senken, Intermediäre überflüssig zu machen („Disintermediation") und den Wettbewerb zu stärken. Davidson, De Filippi und Potts (2018) gehen einen Schritt weiter und vertreten den Standpunkt, dass die Blockchain-Technologie eine völlig neue, eigenständige Organisationsform der Koordination schafft. Damit sind nicht die direkten Auswirkungen auf die institutionelle Effizienz von Märkten und Unternehmen im Blick, sondern Blockchain als Konkurrenz zu diesen. Darüber hinaus diskutieren Holden und Malani (2019), wie die Blockchain-Technologie eingesetzt werden kann, um jene Transaktionskosten zu senken, die durch Opportunismus entstehen. Insbesondere wird argumentiert, wie die Blockchain-Technologie dazu beitragen kann, vorhandene Mechanismen, die opportunistisches Verhalten verhindern sollen, zu verbessern. In diesem Zusammenhang zielen sie auf eine komplementäre Nutzung der Blockchain-Technologie in Verbindung mit den bestehenden Koordinationsmechanismen in Firmen und Märkten ab.

Auch wenn diese AutorInnen unterschiedliche Zugänge wählen, um zu diskutieren, in welcher Form die Blockchain-Technologie Transaktionskosten senken kann, so sind sie sich doch im Kern einig, dass Firmen als Koordinationsinstanz gegenüber anderen Institutionen letztlich an Bedeutung verlieren werden. Dies ist im Einklang mit der Argumentation von Coase und Williamson über die institutionelle Effizienz von Koordination in Firmen und Märkten: Wenn Transaktionskosten der Grund dafür sind, warum Firmen existieren, sollten niedrigere Transaktionskosten zu weniger (oder zumindest kleineren) Firmen führen. Der folgende Beitrag knüpft hier an und soll die Literatur zu unvollständigen Verträgen in dieser Hinsicht ergänzen. Dabei steht eine komplementäre Nutzung der Blockchain-Technologie in Verbindung mit Firmen und Märkten in Situationen, in denen opportunistisches Verhalten auftritt, im Vordergrund.

Der Rest dieses Beitrags ist wie folgt strukturiert. Der zweite Abschnitt gibt zunächst eine Einführung zu unvollständigen Verträgen und der Transaktionskostentheorie. Der dritte Abschnitt diskutiert die ökonomischen Grundlagen der Blockchain-Technologie. Im vierten Abschnitt wird ein Modell skizziert, um die Auswirkungen opportunistischen Verhaltens in Situationen zu analysieren, die durch beziehungsspezifische Investitionen gekennzeichnet sind. Der fünfte Abschnitt baut auf diesen Erkenntnissen auf und diskutiert, wie die Blockchain-Technologie dazu beitragen kann, einige der Transaktionskosten im Zusammenhang mit Opportunismus zu vermeiden. Im sechsten Abschnitt wird untersucht, wie sich eine Reduzierung/Eliminierung dieser Transaktionskosten auf die institutionelle Effizienz zwischen Firmen und Märkten auswirkt. Der siebte Abschnitt fasst die wichtigsten Ergebnisse zusammen und bietet eine abschließende Diskussion.

2. Unvollständige Verträge: Eine Einführung

Dieser Abschnitt soll eine kurze Einführung in die Thematik rund um unvollständige Verträge und die damit verbundene Transaktionskostentheorie geben. Zu diesem Zweck werden Transaktionskosten in drei Kategorien unterteilt: Kosten für das Erstellen von Verträgen, begrenzte Rationalität und Vertragsdurchsetzung.

Die Kosten für die Vertragserstellung können zu vertraglichen Unvollständigkeiten führen. Ein vollständiger Vertrag setzt voraus, dass alle möglichen künftigen Eventualitäten darin berücksichtigt sind. In der Praxis erweist sich dies jedoch meist als zu kostspielig. Zudem sind Individuen üblicherweise durch begrenzte Rationalität charakterisiert, das heißt sie haben nur eine eingeschränkte Informationsfindungs- und -sammelfähigkeit. Nach dieser Logik scheint es für Vertragsparteien unmöglich, alle zukünftigen Eventualitäten eines Vertragsverhältnisses zu spezifizieren. Aufgrund der begrenzten Rationalität ist es außerdem möglich, dass die beteiligten Parteien nicht einmal in der Lage sind, einen Konsens darüber zu finden, welche Informationen den wahren Zustand der Welt widerspiegeln. Die Durchsetzung von Verträgen durch Dritte setzt voraus, dass Informationen, die hierfür essenziell sind, nicht nur für die beteiligten Vertragsparteien beobachtbar sein müssen. Darüber hinaus muss es auch für Dritte (etwa Gerichte) möglich sein, diese nachzuvollziehen und zu verifizieren. Die Annahme der Verifizierbarkeit („Verifiability") muss nicht immer zutreffen. Außerdem muss noch immer die Bedingung erfüllt sein, dass es einen starken Rechtsapparat gibt, um Verträge unter Berücksichtigung verifizierter Informationen auch tatsächlich korrekt durchzusetzen. Gerichte können beispielsweise nicht vertrauenswürdig (z. B. korrupt) sein.

Oliver Williamson (1971, 1979) argumentierte, dass Transaktionskosten aufgrund opportunistischen Verhaltens besonders hoch sein können. Seit er die Logik des Opportunismus als Investitionshemmnis formulierte, hat die Annahmen-Kombination, die im Hintergrund der von ihm analysierten Vertragsprobleme steht, in der Literatur zunehmend Beachtung gefunden. Williamson nutzt diese Idee, um die Vorteilhaftigkeit von Märkten und Hierarchien als alternative Koordinationsmechanismen zu vergleichen. Dabei erweisen sich Hierarchien als spezifisch geeignet, schädliche Effekte von Opportunismus zu vermeiden.

3. Die Blockchain-Technologie: Ökonomische Grundlagen

Für die effiziente Abwicklung von Transaktionen ist Vertrauen unerlässlich. Dies betonte auch Oliver Williamson, der argumentierte, dass Transaktionen besonders kostspielig werden können, wenn den Vertragsparteien das gegenseitige Vertrauen, in beziehungsspezifischen Situationen nicht opportunistisch zu handeln, fehlt. Traditionell wird Vertrauen von zentralisierten Institutionen gestützt. So setzen etwa Gerichte Verträge durch und Unternehmen vereinen Anreize unter einer gemeinsamen Organisationsstruktur. Informelle Institutionen wie soziale Normen und Reputation können zwar dazu beitragen, Vertrauen auch dezentral zu unterstützen, jedoch sind entsprechende Mechanismen nicht unter allen Umständen robust. Die Blockchain-Technologie hat das Potential, Vertrauen in einer dezentralen, robusten und transparenten Weise zu stützen. Um zu zeigen, wie die Blockchain dies ermöglicht, ist es sinnvoll, auf die technisch-ökonomische im Unterschied zur institutionellen Funktionalität zurückzukommen. Letztere umfasst die Auswirkungen einer Stärkung des Vertrauens auf die Vorteilhaftigkeit unterschiedlicher Institutionen, um Transaktionen zu koordinieren. Die technisch-ökonomische Funktionalität beschreibt jene Eigenschaften der Blockchain-Technologie, die Vertrauen zwischen Vertragsparteien gewährleisten.

Im Folgenden wird zunächst die grundlegende technische sowie ökonomische Funktionsweise der Blockchain erläutert. Dabei wird Bezug auf das Ethereum-Whitepaper von Vitalik Buterin (2014) genommen.[2] Grundsätzlich kann die Blockchain-Technologie als eine dezentrale Datenbanktechnologie verstanden werden, die Transaktionen registriert. Transaktionen werden jeweils zu Blöcken gebündelt, validiert und anschließend zum System hinzugefügt. Jeder Block verfügt über einen eindeutigen Zeitstempel und einen Verweis auf den vorherigen Block. So entsteht im Laufe der Zeit eine Kette von Blöcken, die sogenannte Blockchain. Die Blockchain-Technologie weist einige Charakteristika auf, die das Vertrauen zwischen Vertragsparteien unterstützen. Erstens validiert das System Transaktionen dezentral. Zweitens werden Informationen über eine Vielzahl von NetzwerkteilnehmerInnen (Nodes) verteilt und können öffentlich abgerufen werden. Drittens sind validierte Transaktionen unveränderlich. Diese Eigenschaften ergeben sich durch eine Kombination aus Kryptographie (technische Komponente) und ökonomischen Anreizsystemen.

Die Kryptographie stellt sicher, dass alle Transaktionen, die in der Vergangenheit durchgeführt wurden, gesichert und unveränderlich sind. Ökonomische Anreizsysteme garantieren, dass Transaktionen durch dezentrale Konsensmechanismen validiert werden und somit ein Konsens über den tatsächlichen Stand der Datenbank sowie die darin enthaltenen Informationen erzielt wird. Diese Kombination hat es einem digitalen Zahlungssystem (Bitcoin) erstmals ermöglicht, das sogenannte Double-Spending-Problem dezentral zu lösen. Dabei handelt es sich um die Problematik, dass dieselbe digitale Geldeinheit von dem gleichen Individuum mehrfach ausgegeben wird. Um dies zu verhindern, ist es notwen-

---

[2] Die Ethereum-Blockchain ist die zweitgrößte Blockchain nach Bitcoin und bietet ein hohes Potential für die Anwendung von Smart Contracts.

dig, über alle bisher getätigten Transaktionen Buch zu führen. Dadurch lässt sich nachvollziehen, ob die gleiche digitale Geldeinheit von demselben Individuum mehrfach ausgegeben wurde. Digitale Zahlungssysteme waren traditionell auf zentralisierte Institutionen angewiesen, um Doppelausgaben zu vermeiden. Dezentrale Konsensmechanismen in der Blockchain beruhen auf einer Kombination aus ökonomischen Belohnungen und Bestrafungen, um die NetzwerkteilnehmerInnen zu motivieren, diese Aufgabe zu übernehmen.

Der zurzeit populärste Konsensmechanismus ist der sogenannte Arbeitsnachweis (Proof-of-work), bei dem Nodes Rechenleistung aufwenden, um Transaktionen zu validieren und in die Blockchain einzuschreiben. Um sicherzustellen, dass eine Geldeinheit nicht bereits in einer früheren Transaktion von demselben Individuum verwendet wurde, wird auf die längste Kette von Blöcken, für die die größte Menge an Rechenleistung aufgewendet wurde, Bezug genommen. Dadurch entsteht ein Konsens über alle bisher durchgeführten Transaktionen und die Doppelausgabenproblematik kann dezentral gelöst werden (Nakamoto 2008). Dieses Verfahren weist jedoch mehrere Schwächen auf: Einerseits besteht ein Risiko der Zentralisierung (die Kontrolle über mehr als 50 Prozent der Rechenleistung in dem Netzwerk), wodurch die Blockchain nachträglich verändert werden kann. Andererseits wird das Verfahren für seine Umweltschädlichkeit kritisiert, da die Aufbringung der erforderten, stetig steigenden Rechenleistung enorme Mengen an elektrischer Energie verschlingt (Buterin 2016). Der sogenannte Anteilsnachweis (Proof-of-stake), der zu einer neueren Generation von Konsensmechanismen gehört, versucht diese Problematiken zu umgehen. Der folgende Abschnitt bezieht sich daher auf dieses Verfahren, um die ökonomischen Hintergründe eines dezentralen Konsensmechanismus aufzuzeigen und nimmt dabei Bezug auf Buterin (2019).

Bei diesem Mechanismus können Nodes einen Teil ihrer nativen Kryptowährung hinterlegen und damit sperren, um das Recht zu erhalten, über den nächsten Block, der in die Blockchain aufgenommen wird, abzustimmen. Das Gewicht einer einzelnen Stimme hängt von der Höhe des hinterlegten Kapitals ab. Ökonomische Anreize zur korrekten Validierung von Transaktionen in einem solchen System kombinieren Belohnungen und Bestrafungen. Die Belohnungen umfassen eine Art Zins, den die ValidatorInnen verdienen, um sie für das hinterlegte Kapital und den damit einhergehenden Verzicht auf andersartige produktive Investitionsmöglichkeiten zu entschädigen. Zusätzlich erhalten ValidatorInnen einen Teil der Transaktionsgebühren, die in jede Transaktion einbezogen werden müssen. Die Strafen umfassen den Verlust zukünftiger Prämien (Zinsen und Transaktionsgebühren) und den viel größeren Verlust des gesamten eingezahlten Kapitals. Das Ausmaß dieses potentiellen Verlusts in Verbindung mit den Belohnungen für gutes Verhalten schaffen starke Anreize für ValidatorInnen, nicht eigennützig zu handeln und das Netzwerk zu stärken. Darüber hinaus haben NetzwerkteilnehmerInnen wenig Anreize, ein System anzugreifen, in das sie selbst erheblich investiert sind.

Wir haben bisher festgestellt, dass die Blockchain-Technologie als dezentrale Datenbanktechnologie verstanden werden kann. Die technisch-ökonomische Funktionalität der Blockchain gewährleistet, dass gespeicherte Informationen sicher, dezentral und unveränderlich sind. Der dezentrale Konsensmechanismus, das Grundgerüst der Blockchain-Technologie, verhindert jedoch, dass die Blockchain mit der Off-Chain-Welt kommunizieren kann. Dies bedeutet, dass Daten von Dritten bereitgestellt werden müssen, wenn externe Informationen benötigt werden, Diesen Dritten muss wiederum bezüglich der korrekten Darstellung der Daten vertraut werden. Dies widerspricht grundsätzlich der Blockchain-Philosophie, wonach vertrauensstützende Mechanismen dezentral generiert werden sollten. An dieser Stelle kommen sogenannte Oracles ins Spiel. Diese verbinden die Blockchain-Welt mit der Off-Chain-Welt und versorgen sie mit Daten aus externen Quellen. Diese Daten können dezentral bereitgestellt und validiert werden, um den oben genannten Konflikt zu vermeiden.

Darüber hinaus ermöglichen Oracles die praktische Anwendbarkeit von sogenannten Smart Contracts. Dabei handelt es sich um autonome Verträge, die in Form von Codes und als Teil von Transaktionen in die Blockchain eingeschrieben werden können. Sie können in Abhängigkeit von zuvor definierten Ereignissen automatisch weitere Transaktionen und Smart Contracts auslösen. Diese Verträge übernehmen alle oben beschriebenen Eigenschaften der Blockchain-Technologie. Insbesondere sind sie kryptographisch gesichert und unveränderlich. Werden diese autonomen Verträge in die Blockchain eingeschrieben, ist dieser Eintrag unwiderruflich und damit der Vertrag unveränderlich und nicht nachverhandelbar. Die Technologie hat somit das Potential, die Durchsetzung von Verträgen zu perfektionieren, wie es zentralisierten Institutionen (etwa Gerichten) sowie informellen Institutionen (etwa Normen) nicht möglich ist. Dies beschreibt die institutionelle Funktionalität der Blockchain-Technologie. Aus dieser Perspektive betrachtet kann die Blockchain Verträge vollständiger machen und Transaktionskosten senken.

4. Opportunismus und die Verfügungsrechtstheorie

Oliver Williamson argumentierte, dass Hierarchien (Firmen) in Situationen, in denen opportunistisches Handeln vermehrt auftritt, die effizientere Form einer Organisationsstruktur darstellen. Grossman und Hart (1986) betonen jedoch, dass ein Unternehmenszusammenschluss nicht nur Vorteile, sondern auch Nachteile mit sich bringt. Die Autoren fragen sich, warum sich das Verhalten einer eigennützigen Akteurin ändern sollte, wenn sie von der eigennützigen Eigentümerin zur Angestellten wird. Um diese Argumentation besser zu verstehen, wird im folgenden Abschnitt ein simples Modell skizziert.

Die folgende Analyse soll untersuchen, welche Auswirkungen opportunistisches Verhalten auf Investitionsentscheidungen hat und wie sich eine Verschiebung der Eigentumsrechte, welche im Modell als Kontrollrechte an Kapitalgütern definiert sind, auf diese auswirken kann. Dabei stützt sich dieser Abschnitt in seinen Grundzügen auf das Modell nach Grossman und Hart (1986). Zu Beginn wird die Logik des Opportunismus à la Williamson (bekannt geworden als das „Hold-Up-Problem") genauer erläutert. Stellen wir uns hierfür zwei Individuen vor, Manager 1 (M1) und Managerin 2 (M2). Manager 1 ist Eigentümer von Firma 1, Managerin 2 Eigentümerin der Firma 2. Ein Unternehmen besteht dabei aus der Menge an Kapitalgütern, über welche die jeweiligen Individuen Verfügungsrechte besitzen. Firma 2 produziert ein beliebiges Endprodukt.[3] Für die Herstellung dieses Gutes ist ein Zwischenprodukt erforderlich. Dieses wird von Firma 1 bereitgestellt. Sobald sich die beiden, M1 und M2, einigen, einen Vertrag miteinander abzuschließen, wird eine Partnerschaft zwischen deren Unternehmen hergestellt. Während dieser Beziehung haben beide Vertragsparteien die Möglichkeit, beziehungsspezifische Investitionen zu tätigen, um die Effizienz ihrer jeweiligen Produktionsprozesse zu erhöhen. Unternehmen 1 könnte sich beispiels-

---

[3] Die Begriffe Firma und Unternehmen werden im Beitrag synonym verwendet.

weise durch eine Umstellung des Produktionsprozesses auf die Erzeugung des Zwischenprodukts für Unternehmen 2 spezialisieren. Andererseits könnte Firma 2 ihren Fertigungsprozess so auf das Zwischenprodukt abstimmen, dass sich der Wert des Endprodukts für M2 erhöht. Im Falle einer Auflösung der Partnerschaft weisen die jeweiligen beziehungsspezifischen Investitionen nur noch einen geringen Wert auf.

Basiert eine solche Partnerschaft auf unvollständigen Verträgen, können beziehungsspezifische Investitionen einen Anreiz für opportunistisches Verhalten schaffen. Verträge sind in dieser Hinsicht insofern unvollständig, als eventuelle zukünftige Investitionen nicht vorab festgeschrieben werden können, getätigte Investitionen von Dritten (z.b. Gerichten) nicht überprüfbar sind oder die Entwicklung der Produktionskosten bzw. die Wertsteigerung eines Gutes für einen Endproduzenten durch Dritte nicht nachvollziehbar ist. Um diese Argumentation zu verstehen, ist zu berücksichtigen, dass M1 und M2 ex ante (bevor Investitionen getätigt wurden) einer Vielzahl potentieller Vertragsparteien gegenüberstehen. Nachdem jedoch beziehungsspezifische Investitionen getätigt wurden, erzielen diese außerhalb der Partnerschaft einen deutlich geringeren Wert. Die beiden Vertragsparteien (M1 und M2) befinden sich somit in einer bilateralen Monopolstellung. Der Wert, den die beiden aus den bereits getätigten Investitionen aus einer Kooperation mit einer anderen Partei ziehen, kann als Outside-Option verstanden werden. Nehmen wir nun an, M1 investiert und befindet sich zusammen mit M2 in einer bilateralen Monopolstellung. Managerin 2 hat nun einen Anreiz, diese Situation auszunutzen. Sie könnte ex post (nach der Investition von M1) drohen, den Vertrag zu kündigen (nicht zu kooperieren), es sei denn, der Vertrag wird so nachverhandelt, dass die zusätzlichen Gewinne aus der Investition von M1 unter den beiden aufgeteilt werden. Die Möglichkeit eines solchen opportunistischen Verhaltens wird wiederum von M1 bei der Maximierung seiner Investitionsentscheidung berücksichtigt. Ähnlich der Logik im Gefangenendilemma untergräbt das mangelnde Vertrauen eines Individuums in das andere die effiziente Zusammenarbeit.

Um zu analysieren, wie stark M1 und M2 in einer solchen Situation das optimale Investitionslevel unterschreiten, wird im Folgenden ein simples Modell entwickelt. Zunächst erscheint es sinnvoll, ein ideales Vergleichsszenario zu beschreiben, in dem M1 und M2 nicht opportunistisch agieren, sondern sich in wechselseitig vorteilhafter Weise aufeinander abstimmen (kooperieren). Die Investitionsentscheidungen bei opportunistischem Verhalten können dann mit diesem First-Best Szenario verglichen werden. In einer Idealwelt stimmen M1 und M2 ihr Verhalten im Sinn gemeinsamer Gewinnmaximierung ab, ohne opportunistisches Verhalten zu befürchten. Beide investieren, solange eine weitere Investitionseinheit einen positiven Zusatznutzen (einschließlich Kosten) generiert und damit den Gesamtgewinn erhöht. In einem Second-Best (nichtkooperativen) Szenario berücksichtigt jedes Individuum nur den eigenen Vorteil. Darüber hinaus ist dieses Szenario von mangelndem Vertrauen charakterisiert. M1 und M2 nehmen deshalb opportunistisches Verhalten ihres Gegenübers als Grundlage ihres Kalküls. Der zusätzliche Grenzgewinn aus den jeweiligen beziehungsspezifischen Investitionen ergibt sich dann wie folgt:

(1) $\pi_i^{NC} = b_i + 0.5[b_{i,c} - b_i]$

Dabei steht i = 1,2 für M1 und M2 und NC für nichtkooperatives Verhalten. Der erste Term auf der rechten Seite der Gleichung gibt die Outside-Option von Individuum i an. Der zweite Ausdruck auf der rechten Seite gibt die Grenzgewinne aus der Zusammenarbeit, die mit ½ multipliziert werden. Es wird unterstellt, dass Manager 1 und Managerin 2 diese Gewinne 50:50 aufteilen. Die Grenzgewinne setzen sich aus der Differenz zwischen dem First-Best-Vorteil im Rahmen der Zusammenarbeit, $b_{i,c}$, und dem Gewinn im Rahmen der Nicht-Zusammenarbeit (der Outside-Option), b_i, zusammen. M1 und M2 investieren, solange eine weitere Investitionseinheit positive zusätzliche Gewinne erzielt. Die zusätzlichen Gewinne im kooperativen Szenario ergeben sich aus:

(2) $\pi_i^C = b_{i,c}$

Dabei steht C für kooperatives Verhalten. Nun werden die Investitionsentscheidungen in einem nichtkooperativen Szenario im Vergleich zu einem kooperativen Szenario analysiert. Der Wert der zusätzlichen Gewinne aus einer weiteren Investitionseinheit in einem nichtkooperativen Szenario hängt entscheidend von den Outside-Optionen der Individuen ab (b_i). Um dies zu verdeutlichen, kann Gleichung (1) wie folgt umgestellt werden:

(3) $\pi_i^{NC} = 0.5 b_i + 0.5 b_{i,c}$

Aus Gleichung (3) folgt, dass die zusätzlichen Grenzgewinne bei Nicht-Zusammenarbeit (π_i^{NC}) niedriger sind als jene im Falle einer Zusammenarbeit (π_i^C), solange $b_{i,c} > b_i$ gilt. Die Intuition hinter diesem Ergebnis ist, dass jedes Individuum den Zusatzgewinn aus dessen Investition bei Nicht-Zusammenarbeit nur mit 50 Prozent gewichtet und einen potentiellen Nutzengewinn aus Investitionen des Gegenübers nicht berücksichtigt.

Man beachte, dass der Wert der jeweiligen Outside-Optionen von den Eigentumsrechten abhängt. Nehmen wir an, M1 hätte die Eigentumsrechte an den Kapitalgütern von M2 vorab erworben. Manager 1 ist somit nicht nur Eigentümer seiner eigenen Firma, sondern besitzt auch Kontrollrechte über die Kapitalgüter von Firma 2. Dies impliziert, dass das Kooperationsverhalten von M2 nun unabhängig von den Gewinnen aus den Investitionen von M1 ist. Die Outside-Option von M1 ist somit nicht länger von M2 beeinflussbar, da sie nicht mehr über die Verwendung der Kapitalgüter von Firma 2 entscheiden kann.[4] Dies impliziert auch, dass die Outside-Option für M1 nun dem First-Best entspricht. Daraus folgt, dass die Outside-Option des jeweiligen Individuums am höchsten ist, wenn es die Eigentumsrechte beider Unternehmen besitzt. In einem solchen Szenario ist b_i gleich $b_{i,c}$. Besitzt ein Individuum die Eigentumsrechte beider Unternehmen, wird angenommen, dass die Outside-Option des anderen Individuums gleich Null ist. Wenn beide nur die Eigentumsrechte über ihre jeweiligen Unternehmen besitzen, wird $b_{i,c}$ (ihre Outside-Option) signifikant niedriger als $b_{i,c}$ (First-Best), jedoch als strikt positiv (>0) angenommen.

Um die Investitionsentscheidungen bei Nicht-Zusammenarbeit mit dem First-Best-Szenario zu vergleichen, müssen drei Organisationsstrukturen unterschieden werden. Nicht-Integration bedeutet, dass M1 und M2 die Eigentumsrechte an ihren jeweiligen Unternehmen besitzen. Unter der Kontrolle von Unternehmen 1 verfügt M1 über die Eigentumsrechte an beiden Unternehmen. Ebenso hat M2 unter der Kontrolle von Unternehmen 2 die Verfügungsrechte über die Kapitalgüter beider Unternehmen. Beginnen wir mit dem Nicht-Integrationsszenario. Wird M1 optimal investieren? Um dies zu beantworten, vergleichen wir den zusätzlichen Nutzen einer weiteren Investitionseinheit im Rahmen der

---

[4] Dies gilt, solange das Humankapital von M2 für den Wert der von M1 getätigten Investitionen nicht wesentlich ist.

Zusammenarbeit ($b_{1,c}$) mit der Outside-Option im Falle einer Nicht-Zusammenarbeit für M1. Hierbei ist zu berücksichtigen, dass bei Nicht-Integration unterstellt wird, dass die Outside-Optionen von M1 und M2 geringer sind als ihr (First-Best) Nutzen aus einer Zusammenarbeit. Folglich wird M1 zu wenig investieren. Eine ähnliche Logik und Analyse kann auf M2 angewendet werden. Auch ihre Investitionen werden in diesem Szenario zu gering ausfallen.

Unter der Kontrolle von Unternehmen 1 lässt sich ein ähnliches Verfahren anwenden, um die individuellen Investitionsentscheidungen zu analysieren. Vergleichen wir hierfür noch einmal den zusätzlichen Nutzen aus einer weiteren Investitionseinheit im Rahmen der Zusammenarbeit ($b_{1,c}$) mit jenem im Falle einer Nicht-Zusammenarbeit für M1 (π_1^{NC}). In Anbetracht der Tatsache, dass die Outside-Option für M1 dem First-Best-Nutzen aus der Zusammenarbeit entspricht, wenn er die Eigentumsrechte beider Unternehmen besitzt, wird M1 optimal investieren. Die Intuition dahinter ist, dass M1 kein opportunistisches Verhalten von M2 zu befürchten hat, da er die Kontrolle über die Kapitalgüter beider Unternehmen besitzt.[5] Betrachten wir nun das Maximierungsproblem von M2. Da Manager 1 bereits über die Eigentumsrechte an beiden Unternehmen verfügt, kann Managerin 2 nicht zugleich dieselben Verfügungsrechte besitzen. Ihre Outside-Option (b_2) ist folglich gleich Null. Daraus folgt, dass M2 zu wenig investiert. Darüber hinaus lässt sich ableiten, dass der Grenznutzen von Investitionen, die M2 unter der Kontrolle von Unternehmen 1 tätigt, sogar noch geringer ist als bei Nicht-Integration, sofern ein positiver, aber abnehmender Grenznutzen der Investitionen unterstellt wird. Der Grad der Unterinvestition hängt dann von der Größe der Differenz zwischen der kooperativen ($b_{i,c}$) und der nichtkooperativen Lösung (b_i) ab. Dieser Unterschied wird größer, umso mehr sich die Outside-Option verschlechtert. Da M2s Outside-Option unter der Kontrolle von Firma 1 gleich Null ist – und damit noch geringer als im Nicht-Integrationsszenario – wird sie noch weiter unter dem sozial effizienten Investitionsniveau bleiben. Ähnliche Resultate ergeben sich unter der Kontrolle von Firma 2. Unter Annahme dieser Organisationsstruktur wird Manager 1 das sozial effiziente Investitionsniveau weit unterschreiten. Managerin 2 hingegen wird optimal investieren.

---

[5] Beachten Sie, dass M1 nicht auf das Humankapital von M2 angewiesen ist, um die Investition zu tätigen.

Die Investitionsentscheidungen in den drei unterschiedlichen Organisationsstrukturen sind in Tabelle 1 zusammengefasst.[6] Bei Nicht-Integration tätigen beide Unternehmen zwar Investitionen, diese sind jedoch zu niedrig und damit ineffizient, da sie nicht zu einer Maximierung des Gesamtnutzens führen. Unter der Kontrolle von Firma 1 (Firma 2) investiert Manager 1 (Managerin 2) zwar auf einem optimalen Level, Managerin 2 (Manager 1) hingegen noch weniger als unter Nicht-Integration. Dies impliziert, dass bei einem nichtkooperativen Szenario die Nicht-Integration zur höchsten Gesamtinvestition führt, sofern die Investitionen beider Unternehmen ungefähr gleich gewichtet sind. Die Intuition hinter diesem Ergebnis ist, dass das jeweils andere Individuum unter der Kontrolle von Firma 1 oder Firma 2 einer sehr ungünstigen Outside-Option gegenübersteht. Folglich wird dessen Bereitschaft zu investieren stark vermindert und er/sie wird deutlich unterinvestieren. Um mehr Anreize für höhere Investitionen zu schaffen, ist eine Verbesserung der jeweiligen Outside-Option notwendig. Dies kann geschehen, indem M1 bzw. M2 Eigentumsrechte an ihren jeweiligen Unternehmen eingeräumt werden. Sind die Investitionen von Manager 1 für den Gesamtnutzen von weitaus größerer Bedeutung als jene von Managerin 2, so ist die Kontrolle von Unternehmen 1 vorzuziehen. In ähnlicher Weise ist die Kontrolle durch Unternehmen 2 vorzuziehen, sofern dessen Investitionen viel wichtiger sind als jene von Unternehmen 1. Optimale Investitionen beider Individuen können in einem nichtkooperativen Szenario von den drei Organisationsstrukturen jedoch grundsätzlich nicht erreicht werden.

Tabelle 1: Investitionsentscheidungen in unterschiedlichen Organisationsstrukturen

Organisationsstruktur	Firma 1	Firma 2
Nicht-Integration	Investiert zu wenig	Investiert zu wenig
Kontrolle durch Firma 1	Investiert optimal	Investiert viel zu wenig
Kontrolle durch Firma 2	Investiert viel zu wenig	Investiert optimal

Quelle: Eigene Darstellung

---

[6] Dies stimmt mit den Ergebnissen von Grossman und Hart (1986) überein.

5. Wie die Blockchain-Technologie Opportunismus entgegenwirken kann

Einer ineffizienten Investition in beziehungsspezifischen Partnerschaften liegt häufig mangelndes Vertrauen zugrunde. Dieser Abschnitt bezieht sich auf das dritte Kapitel, in dem die ökonomischen Grundlagen der Blockchain-Technologie umrissen und argumentiert wurde, dass die Blockchain das Vertrauen in Dritte überflüssig macht und das Potential hat, Vertrauen durch dezentralen Konsens zu gewährleisten. Die Blockchain-Technologie könnte Vertrauen in von Opportunismus geplagten Situationen aus verschiedenen Blickwinkeln sicherstellen.

Ein Grund für opportunistisches Verhalten in beziehungsspezifischen Partnerschaften ist beobachtbare, aber nicht überprüfbare Information. Das heißt, diese ist den Vertragsparteien bekannt (gemeinsames Wissen), aber von Dritten (z.b. einem Gericht) nicht überprüfbar und kann daher nicht in den Vertrag einfließen. Sogenannte Revelationsmechanismen sollen die wahrheitsgemäße Offenlegung nicht überprüfbarer Informationen sicherstellen, so dass diese in Verträge integriert werden können (z. B. Moore und Repullo 1988 und Aghion et al. 2018). Solche Mechanismen werden in der Praxis jedoch kaum beobachtet. Ein Grund dafür könnte sein, dass diese ein hohes Maß an glaubwürdiger Verpflichtung erfordern. Insbesondere ist es schwierig, sicherzustellen, dass ineffiziente Resultate infolge irrationalen Verhaltens nicht nachverhandelt werden. Holden und Malani (2018) argumentieren, dass Smart Contracts glaubwürdige Verpflichtungen gewährleisten können. Smart Contracts sind von Natur aus unveränderlich und können daher nicht neu verhandelt werden. Ein Revelationsmechanismus, der in einen Smart Contract eingebettet ist und Strafzahlungen autonom und irreversibel vornimmt, könnte so eine glaubwürdige Verpflichtung sicherstellen. Aghion et al. (2018) betonen jedoch, dass selbst geringe Abweichungen von gemeinsamem Wissen zu einem Zusammenbruch des Mechanismus führen können.

Zudem könnte die Blockchain-Technologie opportunistisches Verhalten in einer weiteren Form umgehen, und zwar indem sie die Transparenz der Entwicklung von Produktionskosten erhöht. Ein Smart Contract könnte etwa so kodiert werden, dass er diese Kostenbewegungen anhand der Änderungsrate bestimmter Variablen genau verfolgt und damit die Produktpreise in Abhängigkeit dieser Schwankungen stetig variieren lässt. Für einen solchen Smart Contract spielen Oracles, die die Welt außerhalb der Blockchain mit der On-Chain-Welt verbinden, eine entscheidende Rolle. Erst so könnten stetige Preisanpassungen als Reaktion auf erhöhte Produktionskosten vorgenommen werden. Der Smart Contract könnte dabei autonom feststellen, ob eine Preiserhöhung aufgrund von gestiegenen Produktionskosten gerechtfertigt ist und die Preise entsprechend anpassen. Entscheidend ist, dass dies das einzige Szenario ist, in dem solche Preisanpassungen möglich sind. Das bedeutet, dass letztlich Preiserhöhungen, die durch opportunistisches Verhalten vorgenommen wurden, ausgeschlossen werden können. Eine weniger restriktive Vorgehensweise wäre, die Kostenbewegungen mithilfe der Blockchain schlicht zu verfolgen und aufzuzeichnen, um so die Transparenz zu erhöhen. Somit wäre opportunistisches Verhalten (ungerechtfertigte Preiserhöhungen) leichter festzustellen.

6. Die Blockchain-Technologie und die Verfügungsrechtstheorie

Der folgende Abschnitt knüpft an das vierte Kapitel an und erweitert dieses um die Erkenntnis, dass die Blockchain-Technologie opportunistisches Handeln durch erhöhte Transparenz sichtbar machen kann bzw. Investitionstätigkeiten, Produktionskosten und Wertsteigerungen überprüfbar werden und somit in Verträge eingeschrieben werden können. Zunächst ist es hilfreich, sich daran zu erinnern, was passiert, wenn der zusätzliche Gewinn aus Investitionen nicht vertraglich gesichert ist und M1 und M2 opportunistisch handeln. Gehen wir dazu von einem Nicht-Integrations-Szenario aus. Beide Individuen werden zu wenig investieren, da sie befürchten, dass ihr Gegenüber eine Nachverhandlung der Preise verlangt, um von dem zusätzlichen Nutzen, den sie aus ihren jeweiligen Investitionen ziehen, zu profitieren. Wie im vierten Kapitel dargelegt, ergibt sich dieser zusätzliche Nutzen aus der Differenz zwischen dem First-Best im Rahmen eines kooperativen Szenarios und der Outside-Option. Sobald der zusätzliche Nutzen aus den Investitionen eines Individuums vertraglich gesichert wird, kann es diesen ex post voll ausschöpfen. Dies impliziert, dass dessen Outside-Option dem First-Best-Szenario gleichgesetzt werden kann.

Gehen wir nun davon aus, dass die Investitionen von M2 in dieser Weise ex ante vertraglich gesichert werden. Welche Investitionsentscheidungen werden M1 und M2 nun treffen? Beide Individuen vergleichen zunächst ihren zusätzlichen Grenznutzen aus einer weiteren Investitionseinheit in einem kooperativen und einem nichtkooperativen Szenario. Für den Fall, dass eine Investition ex ante nicht gesichert werden kann, wird das opportunistische Verhalten der anderen Partei in den Investitionsentscheidungen berücksichtigt. Für M2 haben sich die Gewinnberechnungen nun geändert. Sie wird ihre Outside-Option ihrem First-Best-Nutzen gleichsetzen und damit optimal investieren. Für M1 ändert sich die Outside-Option jedoch nicht, da seine Investitionen nicht vorab vertraglich festgeschrieben werden können. M1 vergleicht nun den zusätzlichen Gewinn aus einer weiteren Investitionseinheit in einem kooperativen Szenario, $b_{1,c}$ (First-Best), mit jenem in einem nichtkooperativen Szenario, b_1. Da unter Nicht-Integration $b_{1,c} > b_1$ gilt, folgt daraus, dass M1 immer noch zu wenig investiert. Die Änderung der Outside-Option von M2 hat keinen Einfluss auf die Investitionsentscheidung von M1, da er den zusätzlichen Nutzen von M2 in seinen Berechnungen nicht berücksichtigt.

Als nächstes betrachten wir, was unter der Kontrolle von Firma 1 geschieht. Dabei ist zu beachten, dass nur die Investitionen von M2 gesichert werden und dass M1 diese bei seinen Berechnungen nicht berücksichtigt. Er erzielt damit den gleichen marginalen Zusatznutzen wie im nichtkooperativen Szenario mit nichtverifizierbaren Investitionen. Somit wird M1 optimal investieren. Die Intuition dahinter ist, dass er über Eigentumsrechte an beiden Unternehmen verfügt und somit vollen Anspruch auf die Gewinne aus seinen Investitionen erhebt. M2 hat folglich keine dieser Verfügungsrechte mehr, kann aber nichtsdestotrotz vollen Anspruch auf ihre Investitionsgewinne erheben, wenn diese vorab vertraglich gesichert wurden. M2 setzt daher ihre Outside-Option gleich dem First-Best-Szenario und investiert optimal.

Die Investitionsentscheidungen unter den verschiedenen Eigentumsstrukturen sind in Abbildung 2 dargestellt. Das Investitionsniveau von M1 ist auf der Abszisse, das Investitionsniveau von M2 auf der Ordinate abgetragen. Die bestmöglichen Investitionsniveaus der beiden Individuen werden durch den Punkt (i^*_1, i^*_2) dargestellt. Die Investitionsniveaus bei Nicht-Integration liegen im Südwesten des Optimums und werden durch den Punkt ($i_{1,0}$, $i_{2,0}$) angegeben. Die Kontrolle von Unternehmen 1 bzw. Unternehmen 2 ist durch die Investitionsentscheidungen ($i_{1,1}$, $i_{2,1}$) bzw. ($i_{1,2}$, $i_{2,2}$), gekennzeichnet. Die bereits bekannten Ergebnisse, dass M1 (M2) unter der Kontrolle von Firma 2 (Firma 1) viel zu wenig investiert, sind klar erkennbar. Die Änderung der Investitionsentscheidungen in einem Szenario, in dem die Investition von M2 (M1) verifizierbar (gesichert) wird, ist durch jenen Pfeil gekennzeichnet, der vom Nicht-Integrationsszenario ausgehend nach Norden (Osten) deutet. Dies führt in einem ersten Schritt zu einer optimalen Investitionsentscheidung jenes Individuums, dessen Investition verifizierbar geworden ist. Diese Szenarien werden durch die Punkte ($i_{1,0}$, $i^v_{2,0}$) bzw. ($i^v_{1,0}$, $i_{2,0}$) dargestellt. Der hochgestellte Index v zeigt dabei an, dass die Investition verifizierbar ist. In einem zweiten Schritt integriert jenes Individuum, dessen Investition nicht vertraglich gesichert ist, die andere Firma, um ebenfalls den Zusatznutzen der Investition in vollem Ausmaß ausschöpfen zu können. Letztlich können beide, M1 und M2, vollen Anspruch auf ihre Investitionen erheben. Dies führt zu optimalen Investitionsniveaus von M1 und M2 und wird durch jene Pfeile angezeigt, die auf die First-Best-Investitionsniveaus bei Zusammenarbeit, also in Richtung des Punkts (i^*_1, i^*_2), zeigen.

Abb. 2: Investitionsentscheidungen unter verschiedenen Eigentumsstrukturen

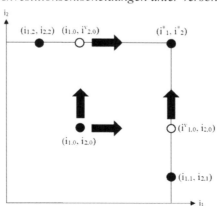

Quelle: Eigene Darstellung

7. Conclusio und abschließende Diskussion

Im vorliegenden Beitrag wurde untersucht, inwiefern die Blockchain-Technologie Transaktionskosten – insbesondere aufgrund von Opportunismus – senken und Verträge vollständiger gestalten kann. Darüber hinaus wurden die sich daraus ergebenden Auswirkungen auf die institutionelle Effizienz von Firmen und Märkten diskutiert. Traditionell werden Firmen als effiziente Institutionen angesehen, um Opportunismus zu vermeiden. Der Großteil der relevanten Literatur geht dabei davon aus, dass die Technologie die Tendenz hat, Firmen zurückzudrängen. Es wurde argumentiert, dass dies nicht notwendigerweise zutreffen muss und vollständigere Verträge auch zu verstärkter vertikaler Integration, also zu mehr Unternehmenszusammenschlüssen, führen können.

Dieses Ergebnis beruht jedoch auf einigen restriktiven Annahmen. So wird etwa davon ausgegangen, dass die zusätzlichen Gewinne von Manager 1 und Managerin 2 nicht von den Investitionen des jeweils anderen Individuums abhängig sind. Weiters wird in einem Nicht-Integrations-Szenario unterstellt, dass beide Parteien beziehungsspezifische Investitionen tätigen, jedoch nur der Zusatznutzen von einem der beiden Individuen vorab vertraglich gesichert werden kann. Trifft dies zu, so hat jenes Individuum, dessen zusätzlicher Gewinn nicht gesichert ist, den Anreiz die Eigentumsrechte des anderen Unternehmens zu erwerben, um so den eigenen Zusatznutzen ebenfalls voll ausschöpfen zu können. Letztlich führen in diesem Szenario vollständigere Verträge vermehrt zu vertikaler Integration.

Dieses simple Modell kann in mehrfacher Hinsicht erweitert und Restriktionen gelockert werden. Beispielsweise könnten die zusätzlichen Grenzgewinne abhängig von den Investitionsentscheidungen beider Individuen kalkuliert werden. Berücksichtigen M1 und M2 auch die Investitionen der jeweils anderen Vertragspartei, ergeben sich dadurch neue Anreizstrukturen. Es besteht nun ein ökonomischer Anreiz, die jeweils andere Partei dazu zu motivieren, möglichst effiziente Investitionen zu tätigen, da diese auch den eigenen zusätzlichen Gewinn erhöhen. So würde Kontrolle durch Unternehmen 1 (Unternehmen 2) die Investitionen von M2 (M1) schwächen und eine Nicht-Integration wäre als Organisationsstruktur vorzuziehen, sofern der zusätzliche Gewinn aus der Investition von M2 (M1) den entgangenen Zusatznutzen aufgrund der geringeren eigenen Investitionen übersteigt.

Zudem wäre, ausgehend von einem Nicht-Integrations-Szenario, eine Situation vorstellbar, in der beispielsweise M1 das andere Unternehmen gerne integrieren würde, um sich einen Wettbewerbsvorteil zu verschaffen, dies jedoch unterlässt, da die Investitionen von M2 einen erheblichen Zusatznutzen für ihn generieren. Werden M2s zusätzliche Gewinne aus ihren Investitionen durch die Blockchain-Technologie vertraglich gesichert, so schwindet der Anreiz für M1 das Unternehmen 2 nicht zu integrieren. Folglich können vollständigere Verträge wiederum zu erhöhter Integration führen.

Zusammenfassend lässt sich sagen, dass die von der bestehenden Literatur (z.B. Catilini und Gans 2016, Davidson et al. 2018, Holden und Malani 2019, Voshmgir 2019) prima facie vermuteten Effekte der Blockchain – das Zurückdrängen von Firmen als effiziente Institutionen zur Koordination von Transaktionen – nicht notwendigerweise zutreffen. Die Blockchain verursacht darüber hinaus auch indirekte Effekte, die es zu berücksichtigen gilt. So kann die Nicht-Integration von Firmen Anreize für effizientere Investitionsentscheidungen bieten, was wiederum zu einem höheren Gesamtnutzen führt. Die Blockchain-Technologie verfügt über das Potential, die Notwendigkeit dieser Anreize durch vollständigere Verträge zu umgehen. Schließlich kann die Blockchain Firmen als effiziente Organisationsstruktur zur Koordination von Transaktionen sowohl zurückdrängen als auch stärken. In welchem Ausmaß diese Effekte gegeneinander wirken, hängt von zahlreichen Faktoren ab, wovon einige in diesem Beitrag diskutiert wurden. Dies kann zum aktuellen Stand der Technologie nur schwer beurteilt werden und bedarf vor allem fundierter empirischer Forschung in diesem Bereich.

Literatur

Aghion, Philippe, Fehr, Ernst, Holden, Richard, and Wilkening, Tom (2018): The Role of Bounded Rationality and Imperfect Information in Subgame Perfect Implementation – An Empirical Investigation, *Journal of the European Economic Association* 16, S. 232-274.

Buterin, Vitalik (2014): Ethereum Whitepaper: A next generation smart contract and decentralized application platform. [https://github.com/ethereum/wiki/wiki/White-Paper – Letzter Zugriff: 09.11.2019]

Buterin, Vitalik (2015): On Public and Private Blockchains. [https://blog.ethereum.org/2015/08/07/on-public-and-private-blockchains/ – Letzter Zugriff: 09.11.2019]

Buterin, Vitalik (2019): Proof of Stake FAQ. [https://github.com/ethereum/wiki/wiki/Proof-of-Stake-FAQ#that-sounds-like-a-lot-of-reliance-on-out-of-band-social-coordination-is-that-not-dangerous – Letzter Zugriff: 09.11.2019]

Catilini, Christian and Gans, Joshua S. (2016): Some Simple Economics of the Blockchain. [https://papers.ssrn.com/sol3/papers.cfm?abstract_id=2874598 – Letzter Zugriff: 09.11.2019]

Coase, Ronald H. (1937): The Nature of the Firm, *Econometrica*, 4, S.386-405.

Davidson, Sinclair, De Filippi, Primavera, and Potts, Jason (2018): Blockchains and the economic institutions of capitalism, *Journal of Institutional Economics* 14, S. 1-20.

Grossman, Sanford J. and Hart, Oliver D. (1986): The Costs and Benefits of Ownership: A Theory of Vertical and Lateral Integration, *Journal of Political Economy* 94, S. 691-719.

Holden, Richard and Malani, Anup (2018): Can Blockchains Solve the Holdup Problem in Contracts?, *Working Paper No 25833*, National Bureau of Economic Research, Cambridge, MA. [http://www.nber.org/papers/w25833 – Letzter Zugriff: 09.11.2019]

Moore, John and Repullo, Rafael (1988): Subgame Perfect Implementation, *Econometrica* 56, S. 1.191-1.220.

Nakamoto, Satoshi (2008): Bitcoin: *A peer-to-peer electronic cash system.* [https://bitcoin.org/bitcoin.pdf – Letzter Zugriff: 09.11.2019]

Voshmgir, Shermin (2019): *Token Economy: How Blockchains and Smart Contracts Revolutionize the Economy.* Berlin: BlockchainHub Berlin.

Williamson, Oliver E. (1971): The Vertical Integration of Production: Market Failure Considerations, *American Economic Review* 61, S. 112-123.

Williamson, Oliver E. (1979): Transaction Cost Economics: The Governance of Contractual Relations, *Journal of Law and Economics*, 22, S. 233-61.

Activism made durable?

Blockchains and the limits of technology-centered activism

Moritz Hütten[*]

Abstract: In this article, blockchains are understood to have originated as a form of technology-centered activism. I argue that the prospects of relying on technology to promote social and political change are limited. Based on empirical evidence gathered in conferences and meetups on blockchain, I explore how narratives surrounding blockchains evolved with their increasing popularity. In doing so, I show how changes in technology narratives are crucial in popularizing a technology. However, many of these changes foreshadow blockchain implementations which will be at odds with many of the hopes and dreams of more activist leaning blockchain enthusiasts.

Keywords: blockchain, distributed ledger technology, networks, activism, disruption, disintermediation

JEL-Klassifikation: O33, O35, Z13

---

[*] Moritz Hütten, Zentrum für Nachhaltige Unternehmens- und Wirtschaftspolitik, Darmstadt Business School, Darmstadt University of Applied Sciences, D-64283 Darmstadt • moritz.huetten@h-da.de

1. Introduction

Blockchains gathered global recognition over recent years, by governments, corporate entities, and many other official bodies. Contrasting these more *incorporated* blockchain visions (Swartz 2017), others envision blockchains to bring about radical change that is often at odds with these entities. Blockchain advocates with more activist and often radical leanings hope to inject change in the current organizational and institutional landscape by either transforming existing organizations and institutions, or by circumventing them entirely. In doing so, they pursue various causes ranging from the libertarian visions close to the heart of the first instance of blockchain use, Bitcoin, to other issues concerning climate, gender, etc. Activism conventionally describes collective action taken to bring about social and political change. Blockchain activism is often somewhat different. Instead of pursuing change collectively, blockchain activists pursue change by allowing people to cooperate through technology while remaining highly individualized.

Various contemporary issues fuel the discontent of these activists, ranging from bailouts during the last financial crisis to the growing surveillance by governments and digital platforms alike (Zuboff 2019). To some degree, these issues have sparked more conventional political responses. After a decade of near undisturbed growth, regulators have become increasingly eager to curb the downsides of platforms, especially in the EU (Economist 2019). Extensive surveillance by intelligence agencies fueled conventional protests (Kelly 2013), exploitation in Amazon warehouses lead workers to strike (Thomas 2019), and Google employees demanded change in open letters (Conger and Wakabayashi 2018). Some attempt to challenge problematic digital platforms by creating more privacy oriented alternatives, like DuckDuckGo for online searches or Openbook as an alternative to Facebook.

Blockchains developed in a similar fashion. By combining consensus algorithms, cryptography and other previously existing technologies, they form the basis for creating distributed platforms. While the coverage on blockchains frequently emphasized their novelty, they also fit within preexisting registers of digital activism, or more specifically "hacktivism". I argue that blockchains can be linked back to what Tim Jordan and Paul Taylor (2004) call "digitally correct hacktivism" (DCH). They describe DCH as the attempt to inject digital tools with particular politics concerning the free flow of information. Bitcoin, the first instance of blockchain, similarly was meant to ensure the free flow of payments beyond censorship by centralized entities. Since then, advocates promoted blockchains for different social and political causes. In presentations and publications, they often even created the impression that blockchains can bring about fundamental societal change on their own. At first glance, the broad reception of blockchain over recent years almost seems to prove these activists right.

However, such a take on the matter fails to account for the considerable gap between technological artefacts and technology in practice, as well as the open-endedness of technology development and implementation (Feldman and Orlikowski 2011). Technology, while robust in some ways, is very malleable in others. Attempts to depend on technologies like blockchain for change too much are flawed, because they fail to fully account for this fact. I argue that blockchains are not only subject to change based on reinterpretation and modification, but also that such changes drove the broad recognition of blockchains in the first place. To investigate this point further, I attended various conferences and meetups in the blockchain space to gather data on respective narratives. Drawing on my experience from these events and conversations on the ground and on an analyses of white papers and similar documents, I describe four changes in blockchain narratives that drove their popularization yet undermined activists hope for radical change.

The rest of this chapter proceeds as follows: first, I historicize blockchains by placing them within the lineage of digital correct hacktivism; second, I spell out how blockchains constitute such a form of activism; third, I explain how technology can be subject to reinterpretation as expectations and narratives manifest; fourth, I describe – based on my own field studies – how expectations and narratives formed; and last, I link back this debate to my original claims about activism, digital tools, and prospects of change.

2. Digitally Correct Hacktivism and Blockchains

What drives people looking for inspiring change in norms and morals to turn to technology as primary means? This section situates blockchain technologies within previous attempts of digital activism to harness technology for enforcing particular politics. Attempts to inject digital tools with such goals have been dubbed Digitally Correct Hacktivism (DCH) (Jordan and Taylor 2004).[1] The term describes a form of activism focused on ensuring the free, uncensored flow of information by deploying digital tools that allow online users to protect their privacy and circumvent censorship. In practice, such tools largely facilitate the free and secure access to the internet (Jordan and Taylor 2004: 97). In doing so, DCH stays close to early visions of the internet as a space for social freedoms and experimentation. The internet has always been a highly ambivalent space shaped by politics from the very beginning. Its predecessor ARPANET/DARPANET was developed to maintain military communication in the event of a nuclear strike (Hassen 2008). Yet, despite its military origins and continuous efforts by intelligence agencies such as the National Security Agency (NSA) to assert control (Levy 2001), many saw it as opportunity to enable more lasting civil liberties. In some cases, the internet did allow for the emergence of new and strange subcultures (Papadimitriou 2007). DCH faces up to the tensions that arise from the internet enabling both, global communication and unprecedented surveillance:

> "Digitally correct hacktivists know that the Internet is censorable, they know that it is a battle over the nature of technological objects and the values those objects are created with. It is a battle over the technical infrastructure of the Internet and the social values that can be embedded within this infrastructure. To enable free flow of information in the Internet, digitally correct hacktivists seek to imbue the Internet's technological infrastructure with the values of freedom of information." (Jordan and Taylor 2004: 102)

DCH shares many affinities with activism more generally but, due to its very technological nature, it is often not fully appreciated as activism. Activism has a long and varied history marked by social movements collectively pressing for social and political change (Jordan 2002). Since the emergence of the internet, conventional forms of "analog" activism have

---

[1] The term "Hacktivism" consists of the words hacking and activism. Hacking is used in the original sense of describing the tinkering with technology in new ways, rather than mere criminal activity.

become accompanied by novel digital practices. From a technical perspective, much of what activists do online is rather simplistic; the email probably constitutes the most common form of activism online. During the 1990ies, some more sophisticated practices emerged. These enabled activists to access digital information or take down websites of adversaries (Auty 2004, Jordan 2002, Sauter 2014).[2] Nonetheless, just how much activism gained from digital practices remains contested. Despite tropes like "Facebook revolution," the usefulness of digital technologies for activism is often overstated (Nielsen 2010). For one, using digital tools often requires specific knowledge and skillsets (Sauter 2014), or even worse, digital traces left by communication devices can become the grounds for prosecution in oppressive regimes (Glaysier 2010). This has been the core problem of the internet since its inception: the very infrastructure enabling certain emancipative activities can equally be used for extensive surveillance (Shane 2004). Growing surveillance and censorship are not confined to autocratic regimes, but have been growing more generally (Deibert et al. 2008). Still, recent developments leave room for ambivalence. Governments do not pursue uniform agendas of surveillance. Instead, some of them repeatedly attempt to curb opportunities for commercial surveillance through regulation or for public sector surveillance by closing loopholes, for example after the Snowden leaks (West 2019).

DCH follows a more individualistic approach to challenging surveillance and exploitation by providing tools enabling individuals to circumvent them. In some way, this means "delegating" conventionally activist work to digital tools. Blockchains initially followed a similar pattern. Especially Bitcoin, its first application, sought to emulate commodity moneys like gold, but also treated transactions similar to communication in DCH by focusing on their free and unhampered flow. Through a mixture of technological ingenuity and mystification, many acted as if Bitcoin was in itself an agent of change, following a long history of techno-utopian hopes about political transformation through novel technologies (Barassis 2015, p. 5). Many in the blockchain scene have since succumbed to the idea that technologies can be infused with politics extending the initially narrow politics of DCH to a broader spectrum of activist

---

[2] For example the creation of spoof websites, cyber-squattings, DDoS, and e-graffiti in the form of the defacement of websites.

goals. Bitcoin itself has been linked to various interconnected underpinning ideologies such as Austrian economics (Weber 2014), market radicalism (Golumbia 2015), or the techno-utopian communities of the Silicon Valley (Brunton 2019). Political ideology plays such a prevalent role in Bitcoin that David Golumbia called it "politics masquerading as technology" (Golumbia 2015, 119). Countless projects since followed, envisioning a society defined by decentralization, autonomy and privacy (Swartz 2017). Some blockchain projects more narrowly followed Bitcoin, seeking to allow for more private transactions, while others strayed further, attempting to address issues like climate change. Echoing Bruno Latour, who famously described technology as "*society made durable*" (1990), in such cases people involved turned to blockchain as "*activism made durable.*" While sharing affinities with hacktivism in its reliance on technology, this "activism made durable" differs insofar as it not just supports ongoing activist campaigns by disrupting websites or accessing information, but instead attempts to more thoroughly imbue technology with political goals.

In a strange turn of events, many of the organizations and institutions blockchain activists sought to overcome became interested in blockchain as well. Consortia working on blockchain applications now include BP, Deutsche Bank, Commerzbank, Banco Santander, Facebook, Bosch, Daimler, central banks and governments. What does this turn say about attempts to position blockchain as activism made durable and how does it speak to the prospects of delegating activist tasks to these digital tools? Harking back to the gap between technological artifacts and technology in use, we have to look for the changes in expectations and narratives that drove this strange turn of events.

3. Between "Durable Activism" and "Malleable Technology"

How did blockchain technology gain the favor of the organizations and institutions it was meant to overcome? Contrasting conventional accounts of technology as fixed objects, for some time social scientists have pointed to how technologies are subject to social (re)interpretation, translations and change in unforeseen ways (Bijker and Pinch 1993). Looking beyond the gap between artifact and practice, this also highlights how the process of developing a technology is multidirectional and open-ended. Insofar, hopes to make activism durable have to be put into perspective. How technology eventually is implemented is subject to changes and alterations strongly affected by the expectations and narratives surrounding the technology. This process is not purely abstract. Effects often can be quite concrete, as expectations do not just exist in the abstract but frequently guide funding and mobilize interest by talented and influential people (Borup et al. 2006). Expectations and narratives precede implementations because they mobilize actors and resources that decide how the multidirectional development process plays out. Prior to actual implementation, actors begin to develop "fictional expectations" in which they embrace hypothetical states of a future yet to come into existence (Beckert 2016). "Fictional" here is not a poor man's rationality; it is a necessary fact of life because we cannot have all the information about the future beforehand. Some facts are simply not available because they depend on the actions of others, and we cannot tell for sure if a plan or a design works out, or how a particular material will react under certain conditions. Some uncertainty remains despite our best efforts to predict the future through models and calculations. Expectations and narratives about the future contain all kinds of "placeholders" that fill the gaps to form a more coherent vision of the future. However, these placeholders not only compensate for unavailable knowledge, but also shape the narratives that inform expectations.

In economic practice, expectations take a narrative form, meaning they become articulated as stories that tell how the future will look and how it comes about (Beckert 2016, 10). To understand how blockchain grew popular, we must explore how narratives changed so that the organizations and institutions once meant to be replaced could embrace them. Narratives about the economy and society more generally have been studied by social scientists for some time. Only recently, economists became more vested in studying narratives. Most famously, Shiller (2017) argued that narratives play a crucial role in explaining substantial economic changes. He approaches narratives pragmatically by adopting a model originally designed by Kermack and McKendrick (1927) to predict epidemics. He argues that narratives could be imagined similarly. In the original models, three groups interact: "susceptibles", "infectives", and "recovereds" (SIR). The spread of epidemics occurs through the contact between "infectives" and "susceptibles". The basic assumption is simple: "susceptibles" are exposed to a narrative when it is shared by someone already "infected" by it. Subsequently they may become "infectives" themselves. Sticking to the analogy, Shiller prompts us to ask how narratives become "contagious," or even "go viral," spreading rapidly among a sizable population. He highlights how a change in pace of the spread of the narrative might be due to "mutations" turning them more or less contagious.

Based on these concepts, I explore how blockchain narratives became "contagious" or even turned "viral" to allow for the rapid spread of interest in a technology originally attributed to a niche political ideology. In doing so, I look for "mutations" of the "original" Bitcoin narrative that allowed a few early "infectives" to affect such a huge population. By analyzing respective documents and attending a series of industry events and meetups, I was able to listen in on how actors develop blockchain narratives and cause "mutations" often favorable to their own positions. Most of these events I attended between 2017 and 2018. However, a caveat is in order. The analysis of key-mutations in the next section will seem rather monolithic. Of course, narratives surrounding blockchain are more diverse than those presented in this text. However, since the goal of this chapter is predominantly to explain how a niche technology "went viral" with a general global audience and what that implies for the original attempt to delegate activism to digital tools, I focus on this "virality" in particular. The following narratives are thus not a comprehensive representation of the ongoing discourses involving blockchain.

4. Blockchain Narratives going "Viral"

Blockchains gained global recognition over recent years. Looking back at the modest beginning of Bitcoin, this was anything but certain. Over the course of less than a few years blockchain went from an obscure internet niche phenomenon to an issue that speakers around the world claimed would change just about every aspect of the global economy. During my field studies, especially in the time from late 2017 to early 2018, people would proclaim how "socialism could have worked on the blockchain," or how blockchain could "turn the world vegan". Early coverage of Bitcoin described it as radical, esoteric, driven by libertarian ideology and prone to facilitate criminal activities. Based on this description, it should have appealed to some, but the group should have been limited. Yet, blockchain narratives became contagious and "went viral", infecting large and diverse groups. How did this happen?

I identify five crucial aspects for explaining this turn of events: one informing us about how blockchain narratives are grounded in preexisting narratives, and four essential mutations that turned blockchain contagious. First, we must look at how these narratives are historically grounded, as novelty is not always emphasized. Despite the constant focus on future oriented terms like "disruption" or "potential," an interesting feature of blockchain communications is that the past matters. Not all elements are speculative or futuristic. Instead, narratives about the future draw on preexisting elements (which can be described as props) to develop believable expectations about the future (Beckert 2016). Claims of Bitcoin advocates may seem alien in isolation, but their appeal becomes more plausible if we consider how they are grounded in preexisting narratives. Contrasting the superficial novelty, most claims feed on long established discourses. Blockchain advocates use a vast array of existing props for rendering their claims plausible. Many of these have been cultivated since the early days of the Silicon Valley, including ideas about the power of the lone inventor or the capacity of start-ups to topple sclerotic incumbents. Other established props include belief in the importance of entrepreneurship, digitization as an unstoppable historical current, and the merit of market-based coordination, as well as tales about the humble beginnings of the giants of the contemporary platform economy. Because these props already exist, they don't put the burden of proof on blockchain advocates and can be used to stabilize some of the more daring claims.

Previous research discussed similar effects for the *dotcom* boom during which newly found firms could draw on broadly shared narratives about a sweeping digitization to come to topple incumbents (Leonardi 2003). Props currently in use often are themselves the outcome of contingent historical processes. For example, "innovation," – a now ubiquitous term- was once shunned as the reckless and irresponsible counterpart to careful, bureaucratic planning (du Gay 2017). Unsurprisingly, some people were susceptible to the radical vision of Bitcoin in particular, but wider contagion was possible because blockchain advocates could draw on preexisting props that already littered the discursive landscape. Going beyond the futurist orientation of blockchain narratives, emphasizing untapped potential, blockchain narratives could become contagious because of past developments. People were susceptible because other narratives previously set the foundations.

Second, presentations and publications on blockchain notably caused mutations of the original narratives by overextending domain specific terminology. In doing so, many not intrigued by Bitcoin became susceptible to downstream inventions building on it. Blockchain narratives constantly evoke terminology like "consensus" or "trustless." Claims about how blockchains enable us to facilitate interaction without trusting or knowing each other have been central for popularizing this technology. These terms have more domain specific usages in the IT context. Consensus most notably refers to protocols that nodes in a distributed network are kept in sync. However, blockchain advocates frequently blur the line between domain specific uses and the broader, socially charged meanings of terms like "consensus," fueling the impression that blockchains provide magical solutions for messy social problems. Similarly, ideas of "trustless" interaction spring from overextending how Bitcoin uses protocological control (Galloway 2004) and gamification to hinder defectors from disturbing operations. "Trustless" describes the defensive stance of Bitcoin and similar blockchain applications enabling the continuation of operations even if some malicious actors are present, yet this property does not necessarily extend to broader social contexts. Blockchains became "contagious" through mobilizing what Golumbia (2015) describes as a problem of the engineering profession more generally: the overextensions of domain specific expertise by envisioning all societal problems as engineering problems (Golumbia 2015, 125). Even mainstream publications echoed the blurring of domains by coining terms like "trust machine" (Economist 2015), or "truth machine" (Vigna and Casey 2018). In a mix of using preexisting props and overextending specific properties into general societal fixes, blockchain narratives mutated to become more contagious for a group previously not susceptible to it. What was once developed as a specific solution to a specific problem began to look like a silver bullet for many problems, especially by touching on topics in crisis in an increasingly polarized society: namely trust, truth and consensus.

Third, and similar to the point before, a crucial mutation of blockchain narratives was the integration with contemporary norms and morals be-

Activism made durable? 87

yond the libertarian underpinning of Bitcoin. By extending moralities present in DCH, many projects sought to integrate other norms and moralities with blockchain applications, such as issues of national and regional identity (e.g. Scotcoin, Croatcoin, The Sovereing), gender (e.g. PROUD, Woman's coin), environmentalism (e.g. Vegan Nation, EverGreenCoin, SolarDAO), or faith and religion (Christcoin, BitCoen). Projects like these, if they were not just malicious scams, sought to use blockchain for different activist causes, supporting the idea of blockchain as "activism made durable."

In practice, this turns out to be difficult. Projects often remained unclear on how exactly they plan to inject their agendas into technology. Many projects displayed vague assumptions about how a shared token would rally a community committed to the cause. Some projects toyed around with reward schemes to achieve particular goals, other just collected funds hoping solutions would come about once they got money to spend. In the presentations I attended, presenters often touted their blockchain projects with vague, rarely scrutinized social claims, allowing even mundane savings apps to pass as tool for some sort of empowerment. Nonetheless, mutating narratives to fit with contemporary moralities and activist causes furthered the contagiousness of these narratives. Similar to the previous mechanism based on an overextension of domain specific concepts, linkages with other causes drew in new groups. Newly combined, they spread the idea that technology can be injected with contemporary moralities and somehow "produce" trust and consensus in the process. Often this led to the coexistence of two highly different mindsets in various blockchain events; an overwhelmingly threat-oriented cybersecurity mindset on one side, and an enthusiastic social change-orientated mindset on the other. These "mutations" furthered "contagion" by integrating those susceptible to "social causes" but not to other blockchain narratives. Contrasting the cybersecurity mindset, many of the latter group seemingly got caught up in overestimating the wonders the technology can do for them. Both presentations and whitepapers, if taken seriously, suggested blockchains could somehow replace the messy and exhausting work that usually accompanies activism.

Fourth, a major factor in rendering blockchain narratives contagious have been mutations of narratives about disintermediation. Starting from claims about fully removing currently existing intermediaries, blockchain narratives shifted to become more inclusive by promising the emergence of new roles of what could be called *intermediaries of disintermediation*. Some sort of disintermediation is central to just about any blockchain project. Direct interaction between peers without costly or corruptible human agency has been a core idea of blockchain since Bitcoin. Originally, disintermediation certainly was formulated as a threat to established organizations. If unchanged, this narrative would have given organizations no reason to embrace a technology aimed at harming them. Full disintermediation envisioned by early Bitcoin advocates, however, is likely to have been a pipedream. Instead, even Bitcoin saw some reintermediation in the form of exchanges, mining pools, etc. The threat of *full* disintermediation mutated into a threat of *some* disintermediation. The apparent limits to disintermediation turned the original threat into an opportunity (nonetheless maintaining some level of threat). Only those unwilling or incapable of acting now would be left behind. In this way, blockchain narratives created both pressure and opportunity for organizations to embrace them. Blockchain narratives came full circle by including the very organizations they once claimed to overcome.

Fifth and lastly, the mutation that rendered blockchain narratives more contagious than anything else have been the rapid price movements of Bitcoin and other crypto currencies, as well as the enormous funding rounds conducted in so called Initial Coin Offerings (ICOs). Bitcoin was originally introduced as a payment system (Nakamoto 2008). Since then, and predominantly since the opening of the first exchanges, cryptocurrencies and crypto tokens have turned into a highly speculative investment. Mutating earlier narratives centered on activist causes of Bitcoin and such, this wave of speculation separated usability and profit. Instead, narratives mutated into tales of a digital gold rush. Countless articles and blog posts recounted tales about someone turning minuscule amounts of money into fortunes. The "Bitcoin gold rush" became a prop of its own, and some ICO investors saw returns of thousands of percent on their investments. This mutation massively drove contagion. Previously, appeal was limited to those interested in a new payment technology, or underpinning causes; now anyone interested in being rich was potentially susceptible. This development also detached the present from a highly speculative future, because it allowed those involved to profit long before projects are finalized or have proven that they can gather users. Financial gains can be realized much earlier, as long there is someone else willing to buy.

6. Conclusion

Despite originating from a niche ideology, blockchain narratives became widely popular. In Shiller's terms, they "went viral". Drawn in by the original application of Bitcoin, early advocates became enrolled in hopes that blockchains could operate as some form of "activism made durable," enabling them to delegate activist work to digital tools. From a superficial perspective, it looks like this approach was successful, as interest in blockchains spread rapidly among various groups. However, such a perspective overlooks crucial differences between technological artifacts and technology in practice, as well as the open-ended nature of technology development. Concepts previously present in DCH have extended to hopes for mobilizing digital tools to realize wider social change and to activist goals previously not present in the moralities of DCH. Studying narratives surrounding blockchains exposes these gaps between the original vision and what allowed blockchain narratives to "go viral." Of course, narratives in practice are not as monolithic as suggested in my analysis, yet my analysis points to five aspects that are crucial in explaining wider contagion to varying degrees: the grounding in preexisting narratives, the overextension of key-concepts, the linkage with contemporary norms and moralities including existing organizations as *intermediaries of disintermediation*, and opportunities to profit without committing to the proclaimed causes.

The heavy, ideologically charged narratives of the beginning turned into more lightweight narratives with a higher potential to "go viral." The new narratives could reach much larger groups. At the same time, what many considered to be a serious infection turned out to be a mere cold.

Still, this "virality" mobilized resources and interest. While corporate applications gain prominence and governments begin to explore blockchain, much of what comes out of this will be to the disappointment of many of the more radical enthusiasts. At the same time, as blockchains "went viral", they also shaped subsequent expectations of how digital structures could take shape. For example, blockchain advocates could catch the upside of having raised expectations for privacy and autonomy in digital environments.

Further research should be vigilant about the gap between technological artifacts and concrete changes they might bring about in practice. Researchers often continue to become overly involved in asserting the impact of blockchains based on taking largely speculative properties at face value. Instead, they should more thoroughly consider the malleability of blockchains and similar techniques as a concept and expose gaps between proclaimed properties and actual implementations. Based on this insight, further research should continue to explore how "mutations" in narratives surrounding blockchain shape expectations and create appeal for different groups with different interests and unequal resources.

References

Auty, Caroline (2004): Political Hacktivism: tool of the underdog or scourge of cyberspace? *New Information Perspective* 56, pp. 212-221.

Barassi, Veronica (2015): *Activism on the web: Everyday struggles against digital capitalism*. New York: Routledge.

Beckert, Jens (2016): *Imagined futures*. Cambridge, Massachusetts: Harvard University Press.

Bijker, Wiebe E. and Pinch, Trevor J (1993): The Social Construction of Facts and Artifacts: Or How the Sociology of Science and the Sociology of Technology Might Benefit Each Other. In: Bijker, Wiebe E., Hughes, Thomas P., and Pinch, Trevor J. (Ed.): *The Social Construction of Technological Systems*. Cambridge, Massachusetts: The MIT Press. pp. 17-50.

Borup, Mads, Brown, Nik, Konrad, Kornelia, and Van Lente, Harro (2006): The sociology of expectations in science and technology. *Technology analysis & strategic management 18*, pp. 285-298.

Brunton, Finn (2019): *Digital Cash: The Unknown History of the Anarchists, Utopians, and Technologists Who Created Cryptocurrency*. Princeton: Princeton University Press.

Conger, Kate and Wakabayashi, Daisuke (2018): Google Employees Protest Secret Work on Censored Search Engine for China. The New York Times [https://www.nytimes.com/2018/08/16/technology/google-employees-protest-search-censored-china.html – last visited: 08.12.2019]

Deibert, Ronald, Palfrey, John, Rohozinski, Rafal, and Zittrain, Jonathan (2008): *Access Denied – The Practice and Policy of Global Internet Filtering*. Cambridge, Massachusetts: The MIT Press.

du Gay, Paul (2017): "A Pause in the Impatience of Things": Notes On Formal Organization, the Bureaucratic Ethos, and Speed. In: Wajcman, Judy, und Dodd, Nigel (Ed.): *The Sociology of Speed*. Oxford: Oxford University Press, pp. 86-103.

Economist (2015): The trust machine. The Economist. [https://www.economist.com/leaders/2015/10/31/the-trust-machine – last visited: 09.08.2019]

Economist (2019): Why big tech should fear Europe. The Economist. [https://www.economist.com/leaders/2019/03/23/why-big-tech-should-fear-europe – last visited: 09.08.2019]

Feldman, Martha S., and Orlikowski, Wanda J. (2011): Theorizing practice and practicing theory. *Organization Science* 22 (5), pp. 1240-1253.

Galloway, Alexander R. (2004): *Protocol: How control exists after decentralization.* MIT press, 2004.

Glaisyer, Tom (2010): Political Factors: Digital Activism in Closed and Open Societies. In: Joyce, Mary (Ed.): *Digital Activism Decoded – The New Mechanics of Change.* New York: IDEBATE Press, pp. 85-98.

Golumbia, David (2015): Bitcoin as Politics: Distributed Right-Wing Extremism. In: Lovink, Geert, Tkacz, Nathaniel, and de Vries, Patricia (Ed.): *MoneyLab Reader: An Intervention in Digital Economy.* Amsterdam: Institute of Network Cultures. pp. 117-131.

Hassen, Robert (2008): *The Information Society: Cyber Dreams and Digital Nightmares.* Cambridge: Polity Press.

Hütten, Moritz, and Thiemann, Matthias (2017): Moneys at the margins: From political experiment to cashless societies. In: Campbell-Verduyn, Malcolm (Ed.): *Bitcoin and Beyond.* London: Routledge, pp. 25-47.

Jordan, Tim (2002): *Activism! Direct Action, Hacktivism, and the Future of Society.* London: Reaktion Books.

Jordan, Tim, and Taylor, Paul (2004): *Hacktivism and Cyberwars: Rebels with a cause?* London: Routledge.

Kelly, Heather (2013): Protests against the NSA spring up across U.S. CN: [https://edition.cnn.com/2013/07/04/tech/web/restore-nsa-protests/index.html – last visited: 08.12.2019]

Kermack, William O., and McKendrick, Anderson G. (1927): A contribution to the mathematical theory of epidemics. *Proceedings of the Royal Society of London Series A 115*, pp. 700-721.

Latour, Bruno (1990): Technology is society made durable. *The Sociological Review* 38, pp. 103-131.

Leonardi, Paul M. (2003): Technological determinism and discursive closure in organizational mergers. *Journal of Organizational Change* 17, pp. 615-631.

Levy, Steven (2001): *Crypto.* New York: Penguin.

Nakamoto, Satoshi (2008). Bitcoin: A peer-to-peer electronic cash system. Whitepaper. [https://tinyurl.com/yxo6zevs – last visited: 09.08.2019]

Nielsen, Rasmus K. (2010): Digital Politics as Usual. In: Joyce, Mary (Ed.): *Digital Activism Decoded – The New Mechanics of Change.* New York: IDEBATE Press, pp. 181-196.

Papadimitriou, Fivos (2006): A Geography of Notopia: Hackers et al., hacktivism, urban cybergoups/cybercultures and digital social movements. *City* 10, pp. 317-326.

Sauter, Molly (2014): *The Coming Swarm – DDoS Actions, Hacktivism, and Civil Disobedience on the Internet.* New York: Bloomsbury.

Shane, Peter M. (2004): Introduction: The Prospects for Electronic Democracy. In: Shane, Peter M. (Ed.): *Democracy Online – The Prospects for Political Renewal Through the Internet.* New York: Routledge. pp. XI-XX.

Shiller, Robert J. (2017): Narrative Economics. *American Economic Review* 107. pp. 967-1004.

Srnicek, Nick (2017): *Platform Capitalism.* Cambridge: Polity Press.

Swartz, Lana (2017): Blockchain Dreams: Imagining Techno-Economic Alternatives after Bitcoin. In: Castells, Manuel (Ed.): Another Economy is Possible. Cambridge: Polity Press. pp. 82-105.

Thomas, Lauren (2019): Amazon workers are planning a Prime Day protest. CNBC. [https://www.cnbc.com/2019/07/08/amazon-workers-are-reportedly-planning-a-prime-day-protest.html – last visited: 08.12.2019]

Vigna, Paul, and Casey, Michael J. (2018): The Truth Machine: The Blockchain and the Future of Everything. New York: St. Martin's Press.

Weber, Beat (2014): Bitcoin and the legitimacy crisis of money. *Cambridge Journal of Economics 40*, pp. 17-41.

West, Sarah M. (2019): Data capitalism: Redefining the logics of surveillance and privacy. *Business & society 58*, pp. 20-41.

Zuboff, Shoshana (2015): Big other: surveillance capitalism and the prospects of an information civilization. *Journal of Information Technology* 30, pp. 75-89.

Zuboff, Shoshana (2019): *The Age of Surveillance Capitalism: The Fight for a Human Future at the New Frontier of Power.* New York: Hachette Book Group.

Marktmacht, Wettbewerb und Digitalisierung

Viktoria H.S.E. Robertson[*]

Abstract: Many of the basic assumptions underlying European competition law are being questioned in the light of digital, data-driven markets: The applicability of price-centric tests to "free" markets, the delineation of relevant markets in highly dynamic market environments, the meaning of market power in a data-driven economy, and the theories of harm upon which the finding of anti-competitive conduct is premised. This contribution provides an overview of these challenges, attempts to navigate the status quo on these issues in European competition law, and discusses possible solutions. It finds that there is a growing awareness at the European level that the changing competition dynamics in digital markets requires a reinvigorated approach to competition law. At the same time, the current rules may be flexible enough to meet the challenges that digital markets pose for competition law.

Keywords: antitrust law, competition law, data concentration, digital economy, market power, multi-sided markets, privacy

JEL-Klassifikation: D42, D43, K21, K42, L41, O30

---

[*] Assoz. Prof. Dr. Viktoria H.S.E. Robertson, MJur (Oxon), Karl-Franzens-Universität Graz, Institut für Unternehmensrecht und Internationales Wirtschaftsrecht, Universitätsstraße 15/C4, A-8010 Graz • [viktoria.robertson@uni-graz.at]

1. Einleitung

Die Digitalisierung der Wirtschaft kommt einer industriellen Revolution der Neuzeit gleich. Sie hat die Art und Weise, wie wir interagieren, wie Unternehmen funktionieren und wie Waren und Dienstleistungen produziert, vermarktet und gekauft werden, grundlegend verändert. Die Europäische Kommission unter Präsident Jean-Claude Juncker betrachtete die Schaffung eines europäischen digitalen Binnenmarkts ganz bewusst als eine ihrer Prioritäten (Europäische Kommission 2010b; Europäische Kommission 2015a; unter Präsident José Manuel Durão Barroso vgl. bereits Europäische Kommission 2010a). Die neue Kommission unter Präsidentin Ursula von der Leyen wird diese Arbeit noch verstärkt fortsetzen, übernimmt die bisherige Wettbewerbskommissarin Margrethe Vestager doch zusätzlich die Agenden einer Vizepräsidentin für Digitales (von der Leyen 2019).

Die weitreichenden Veränderungen auf den Märkten haben auch tiefgreifende Auswirkungen auf das europäische Kartellrecht. Das Kartellrecht zielt darauf ab, die Wettbewerbsfähigkeit der Märkte zu erhalten bzw. wiederherzustellen. Darüber hinaus ist das Kartellrecht bestrebt, sicherzustellen, dass VerbraucherInnen vom Wettbewerb zwischen den Unternehmen profitieren. In der heutigen digitalen, datengesteuerten Wirtschaft stellt sich zunehmend die Frage, ob die Grundannahmen des europäischen Kartellrechts vor diesen neuen Gegebenheiten überdacht werden müssen. Dabei geht es etwa um Fragen der Anwendbarkeit preiszentrierter Tests auf „kostenlose" Märkte, um die Abgrenzung relevanter Märkte in hochdynamischen Marktumfeldern, um die Bedeutung der Marktmacht in einer datengesteuerten Wirtschaft, und um die Schadenstheorien, auf die bei der Feststellung wettbewerbswidrigen Verhaltens zurückgegriffen wird. Im Folgenden werden einige dieser wichtigen Herausforderungen skizziert und mögliche Lösungsansätze für das digitale Zeitalter diskutiert.

Eine ganze Reihe von Wettbewerbsbehörden und Forschungseinrichtungen haben Studien in Auftrag gegeben, in denen die Anwendung des aktuellen Kartellrechts auf digitale Märkte thematisiert wird und welche einen möglichen Anpassungsbedarf herausarbeiten sollten (vgl. etwa Federal Trade Commission 2018-2019; Crémer, de Montjoye und Schweitzer 2019; Furman et al. 2019; Stigler Committee on Digital Platforms 2019). Die folgenden Ausführungen zeigen auf, inwiefern sich das

Kartellrecht bereits mit den Gegebenheiten digitaler Märkte auseinandersetzen konnte, und zwar sowohl bei der Feststellung von Marktmacht als auch bei der kartellrechtlichen Beurteilung von Wettbewerbsverhalten auf digitalen Märkten. Auch werden Bereiche des Kartellrechts angesprochen, in denen es vor allem auf Ebene der Mitgliedstaaten der Europäischen Union zu rechtlichen Anpassungen an digitale Märkte gekommen ist. Allerdings ist es nicht unbedingt erforderlich, innerhalb des europäischen Kartellrechts einen neuen rechtlichen Rahmen zu schaffen, um den Herausforderungen des digitalen Zeitalters erfolgreich zu begegnen. Vielmehr ist gemeinsam mit Marc Jaeger, der bis September 2019 dem Europäischen Gericht (früher: Gericht Erster Instanz) als Präsident vorstand, davon auszugehen, dass die derzeitigen Regeln grundsätzlich flexibel genug sind, um auch in datengesteuerten digitalen Märkten zum Einsatz zu gelangen und dabei auf die sich verändernde Wettbewerbsdynamik in diesen Märkten einzugehen (Jaeger 2017). Ein Umdenken seitens der Wettbewerbsbehörden und Kartellgerichte wird hier dennoch erforderlich sein.

2. Marktmacht in digitalen Märkten

Die Abgrenzung des relevanten Marktes und die Beurteilung einer marktbeherrschenden Stellung eines Unternehmens zählen zu den grundlegenden Instrumenten des europäischen Kartellrechts (vgl. Europäische Kommission 1997). Dabei erlaubt es die Abgrenzung eines relevanten Produkt- und geografischen Marktes dem Kartellrecht, das fragliche Marktverhalten eines Unternehmens auf realen Märkten zu verorten. Die Beurteilung einer marktbeherrschenden Stellung wiederum hinterfragt, ob ein Unternehmen über Marktmacht verfügt oder ob ein geplanter Zusammenschluss zu einer solchen Marktstellung führen könnte. Die spezifischen Merkmale digitaler Märkte – insbesondere die Bedeutung von Big Data, das Bestehen von „kostenlosen" Marktseiten und das Geschäftsmodell der Plattformmärkte – führen dazu, dass sowohl die Marktabgrenzung als auch die Beurteilung von Marktmacht in dieser Marktumgebung besonders anspruchsvoll sind (vgl. OECD 2014, Abs. 141-147; zum Spannungsverhältnis zwischen Big Data und Kartellrecht vgl. bereits Stucke und Grunes 2016).

2.1. Marktabgrenzung

Digitale Märkte unterscheiden sich in einigen zentralen Charakteristika von traditionellen Märkten. Dies ist auch bei der Abgrenzung des relevanten Marktes zu Kartellrechtszwecken zu berücksichtigen (vgl. Baye 2008, S. 640; Robertson 2017; Robertson 2020a). Zweiseitige Märkte oder Plattformen sind das am häufigsten erwähnte Geschäftsmodell im digitalen Umfeld. Dabei handelt es sich um Märkte, in denen eine Plattform eine zentrale Vermittlerrolle zwischen mehreren Marktseiten einnimmt. So ist beispielsweise die Internetsuchmaschine Google eine wichtige Schnittstelle für eine Reihe von Marktseiten: NutzerInnen, die im Internet nach Inhalten suchen, Webseiten, die Informationen bereitstellen und ihrerseits NutzerInnen anziehen wollen, und Werbende, die einer bestimmten Zielgruppe Anzeigen zeigen möchten. Bei der Berücksichtigung all dieser Marktseiten taucht rasch die Frage auf, worin der für Kartellrechtszwecke relevante Markt in einem solchen Szenario besteht: ist es die Plattform selbst, jede Marktseite für sich genommen, oder eine Kombination aus diesen Möglichkeiten? Gerichte schlossen sich zunächst einer engeren Sichtweise an und nahmen „kostenlose" Marktseiten von der kartellrechtlichen Analyse aus (dazu siehe gleich unten). Mittlerweile hat sich allerdings ein Bewusstsein für die ökonomische Literatur entwickelt, welche belegt, dass es kurzsichtig wäre, die Marktseiten jeweils isoliert zu betrachten oder kostenlose Marktseiten aus der Analyse auszuschließen (vgl. Caillaud und Jullien 2003; Evans 2003; Rochet und Tirole 2003; Armstrong 2006).

Obwohl es Plattformmärkte bereits lange vor der Digitalisierung der Märkte gab – man denke nur an Zeitungen oder Kreditkarten –,[1] so hat die Digitalisierung doch zu einer wichtigen Anpassung dieser Plattformmärkte geführt. Dank großer Datenmengen und deren Analyse ist es heute in einem noch nie zuvor dagewesenen Ausmaß möglich, auf digitalen Plattformen zielgerichtete Werbung zu schalten, Dienste zu personalisieren, Preisdiskriminierung zu betreiben oder umfassende Datensätze über NutzerInnen zu sammeln, die sodann weiterverkauft werden können (Budzinski 2017, S. 228-230). Zahlreiche Geschäftsmodelle in digitalen Plattformmärkten drehen sich um solche Nutzerdaten. Werden

---

[1] Die US-amerikanische Leitentscheidung zu Plattformmärkten erging zu Kreditkarten; vgl. *Ohio v. American Express*, 585 US ___ (2018), 138 S Ct 2274 (2018).

Datensätze weiterverkauft (Daten-Brokerage), so erachtet das Kartellrecht diese Geschäftsbeziehung als relevanten Produktmarkt. Sammelt und analysiert ein digitales Unternehmen Nutzerdaten allerdings ausschließlich für seine eigenen Zwecke (in-house), etwa um zielgerichtete Werbung an Werbetreibende zu verkaufen oder um die eigenen Dienste zu personalisieren, dann handelt es sich dabei aus Sicht des europäischen Kartellrechtes regelmäßig nicht um einen relevanten Markt im klassischen Sinn (Tucker und Wellford 2014, S. 4-6; Graef 2015, S. 490). Dies sah die Europäische Kommission auch im Fall des Zusammenschlusses von *Facebook/WhatsApp* (2014) so: In diesem Fall nahm sie von der Abgrenzung eines Datenmarktes Abstand, da die beiden Unternehmen keine eigenständigen Datenprodukte verkauften.[2] Das europäische Kartellrecht bezieht sich jedoch mitunter auch auf potenzielle Märkte (vgl. Korah 2006, S. 147; Temple Lang 2011), wodurch sich Möglichkeiten in dieser Hinsicht auftun.

Ein weitverbreiteter Aspekt des digitalen Ökosystems ist, dass NutzerInnen Dienstleistungen „kostenlos" zur Verfügung gestellt bekommen. Beispielhaft seien hier Emaildienste, Onlinesuche, Vergleichsplattformen, soziales Netzwerken oder Videostreaming genannt. Allerdings sind diese Dienstleistungen nur scheinbar kostenlos. Statt einen monetären Preis zu bezahlen, zahlen NutzerInnen mit ihren persönlichen Daten: Daten, welche sie dem Diensteanbieter freiwillig preisgeben, Inhalte, die sie auf den jeweiligen Plattformen posten, und Daten, die der Diensteanbieter im Zuge des Drittanbieter-Trackings (sogenanntes „third-party tracking") sammelt. Die Nutzung von „kostenlosen" Onlinediensten wird regelmäßig davon abhängig gemacht, dass NutzerInnen dem Drittanbieter-Tracking zustimmen. Stand im Kartellrecht zunächst noch die Frage im Raum, ob „kostenlose" Märkte überhaupt einen relevanten Markt darstellen könnten,[3] so besteht mittlerweile weitgehend Einigkeit darüber, dass Onlinedienste auch ohne monetäre Vergütung eine wirtschaftliche Tätigkeit darstellen, die kartellrechtlich relevant ist. In Deutschland hat der Gesetzgeber im Jahr 2017 eine entsprechende Änderung des Gesetzes gegen Wettbewerbsbeschränkungen verabschiedet und klargestellt, dass

---

[2] *Facebook/WhatsApp* (COMP/M.7217) Entscheidung der Europäischen Kommission v. 3.10.2014, Abs. 70, 72.

[3] *KinderStart.com v. Google*, Rs C 06-2057 JF (RS) (ND Cal 16.3.2007) § III.1.a.i; Oberlandesgericht Düsseldorf, Rs VI – Kart 1/14 (V) *HRS* (9.1.2015), Abs. 43.

es der Annahme eines Marktes nicht entgegensteht, dass eine Leistung unentgeltlich erbracht wird (vgl. dazu Budzinski und Stöhr 2019, S. 33 ff.).[4] Auch auf Ebene der Europäischen Union besteht eine entsprechende Sensibilisierung für Daten als geldwerte Gegenleistung der NutzerInnen (vgl. etwa Europäische Kommission 2015b, Art. 3(1)).

Das Kartellrecht ist häufig preiszentriert, da dadurch eine gewisse Vergleichbarkeit erreicht wird. Dies trifft auch auf die Marktabgrenzung zu. WettbewerbsökonomInnen haben den sogenannten SSNIP-Test entwickelt, der anhand der Reaktion von KundInnen auf einen kleinen, aber signifikanten Preisanstieg in der Höhe von 5 bis 10% die Substituierbarkeit von Produkten misst, und darauf aufbauend deren Zugehörigkeit zu einem relevanten Markt feststellt (vgl. Europäische Kommission 1997, Abs. 15 ff.). In digitalen Märkten führt diese anerkannte Methode insofern zu Schwierigkeiten, als der Preis in diesen Märkten häufig nicht mehr den wichtigsten Wettbewerbsparameter darstellt. Außerdem kann der SSNIP-Test weder auf die oben skizzierten „kostenlosen" Marktseiten noch auf mehrseitige Plattformmärkte ohne weiteres angewandt werden. In Märkten, in denen Qualität oder Leistung entscheidende Wettbewerbsparameter darstellen (vgl. Ezrachi und Stucke 2015), kann der SSNIP-Test diesen Gegebenheiten angepasst werden (vgl. Newman 2015, S. 66-71). In Nullpreismärkten, in denen NutzerInnen mit ihren Daten bezahlen, besteht die Möglichkeit, diesen Daten einen monetären Wert zuzuordnen und den SSNIP-Test somit dennoch anzuwenden (vgl. OECD 2013). Eine Gleichsetzung von personenbezogenen Daten mit einem monetären Preis sollte allerdings nur vorsichtig angedacht werden. Zwar würde dies der Wettbewerbsökonomie ermöglichen, ihre erprobten Modelle auf Daten umzulegen; der grundrechtliche Bezug, der personenbezogenen Daten innewohnt, würde aber durch die Zuweisung einer rein monetären Größe womöglich übersehen werden (Kerber 2016, S. 857, 860).

Freemium-Modelle stellen ein weiteres Geschäftsmodell in digitalen Märkten dar, welche es kartellrechtlich einzuordnen gilt. In diesem Geschäftsmodell stehen Onlinedienste kostenlos zur Verfügung, sofern die NutzerInnen entweder eine eingeschränkte Funktionalität oder die konstante Bespielung mit Werbung akzeptieren. Wünschen NutzerInnen einen voll funktionsfähigen Dienst oder gar Werbefreiheit, so kann dies

---

[4] § 18(2a) Gesetz gegen Wettbewerbsbeschränkungen, BGBl I 2114/2005 idgF.

erkauft werden. Dieses Geschäftsmodell ist bei einer Reihe von Onlinediensten vorzufinden, etwa bei Musikstreaming (zB Spotify), Videostreaming (zB YouTube) und sozialem Netzwerken (zB LinkedIn). Aus Sicht der Marktabgrenzung ist dies insofern eine spannende Entwicklung, als die Onlineplattform auf der einen Marktseite nach wie vor denselben Dienst anbietet (zB Musik- oder Videostreaming), die zweite Marktseite aber davon abhängt, ob die erste Marktseite monetär oder mit Nutzerdaten bezahlt. Nur in letzterem Fall können Werbetreibende auch für die Schaltung von gezielter Werbung bezahlen. Dabei stellt sich die Frage, ob die kostenlosen und die bezahlten Dienste auf NutzerInnenseite aus kartellrechtlicher Sicht demselben relevanten Markt zuzuordnen sind.

Anhand der vorstehenden Überlegungen zeichnet sich ab, dass sich eine klare Abgrenzung des relevanten Marktes in digitalen Märkten zunehmend als schwierig erweisen wird. Daher wird es für das Kartellrecht immer wichtiger, das Marktumfeld im Sinne einer Marktcharakterisierung besonders eingehend zu verstehen (vgl. Crémer, de Montjoye und Schweitzer 2019, S. 45 ff.; Robertson 2020a).

2.2. Digitalisierte Marktmacht

Ist ein relevanter Markt erst definiert, so stellt sich im Kartellrecht regelmäßig die Frage, ob ein Unternehmen über entsprechende Marktmacht verfügt – oder, in der Diktion des europäischen Kartellrechts, ob es eine marktbeherrschende Stellung innehat. Eine solche ist Voraussetzung dafür, um Artikel 102 AEUV[5] (Missbrauch einer marktbeherrschenden Stellung) anzuwenden, und kann sich auch im Zuge der Beurteilung eines Zusammenschlusses nach der Fusionskontrollverordnung 139/2004 als ausschlaggebend erweisen.[6]

Wurde der Marktanteil eines Unternehmens auf dem relevanten Markt lange Zeit als entscheidender Faktor für die Beurteilung der Marktmacht

---

[5] Konsolidierte Fassung des Vertrags über die Arbeitsweise der Europäischen Union (AEUV), 2016 ABl C202/47.
[6] Verordnung (EG) Nr. 139/2004 über die Kontrolle von Unternehmenszusammenschlüssen (Fusionskontrollverordnung), 2004 ABl L24/1.

in traditionellen Märkten betrachtet,[7] so gilt dies für digitale Märkte nur mehr eingeschränkt. Letztere zeichnen sich durch dynamischen Wettbewerb, regelmäßigen Markteintritt und kurze Produktzyklen aus. In solchen Märkten wollen sowohl die Europäische Kommission als auch das Europäische Gericht Marktanteile nicht mehr ohne weiteres als Ausdruck von Marktmacht verstehen.[8] Eine zusätzliche Erkenntnis aus der Wettbewerbsökonomie kommt in digitalen Märkten zum Tragen: Plattformmärkte neigen zum „Tipping": Auf Grund der Netzwerkeffekte in dieser Marktumgebung konzentriert sich die Nachfrage also zu einem gewissen Zeitpunkt auf einen Diensteanbieter, der dann für eine Zeit lang über mehr oder weniger unantastbare Marktmacht verfügt (s. Bundeskartellamt 2016, S. 45). Diese Wettbewerbsdynamik, die Plattformmärkten innewohnt, könnte nach kartellrechtlichen Lösungen verlangen, die Marktmacht und Marktverhalten von Plattformen schon frühzeitig aufgreifen und möglicherweise auch auf regulatorische Instrumentarien zurückgreift (vgl. hierzu auch Furman 2019). Dieser „winner takes all"-Wettbewerb (OECD 2012) führt insbesondere dann zu kartellrechtlichen Bedenken, wenn digitale Unternehmen die so erlangte Marktmacht durch den Aufkauf von zukunftsträchtigen Start-ups zementieren.

Die Sammlung und Analyse von großen Mengen an Nutzerdaten stellt, wie bereits oben ausgeführt, einen zentralen Aspekt digitaler Märkte dar. Dabei kann die Bedeutung von Big Data und Big Analytics für digitale Märkte nicht genug betont werden. Die Datenkapazität einer digitalen Plattform kann ganz entscheidend zu ihrer Marktposition beitragen, welche wiederum kartellrechtlich relevant ist (Europäischer Datenschutzbeauftragter 2014, Abs. 60). Die marktbeherrschende Stellung eines Unternehmens kann diesem neue Möglichkeiten für wettbewerbswidriges Verhalten eröffnen (siehe unten). Es kommt bei der Beurteilung von Marktmacht aber auch entscheidend darauf an, welche Datensätze einem Unternehmen zur Verfügung stehen. Insofern ist eine Einzelfallanalyse gefragt (Graef 2018b, S. 88).

---

[7] Rs C-62/86 *AKZO Chemie v. Commission* EU:C:1991:286, Abs. 60 (Marktbeherrschung wird ab einem Marktanteil von 50% vermutet).
[8] Rs T-79/12 *Cisco Systems v. Commission*, EU:T:2013:635, Abs. 69; *Facebook/WhatsApp* (COMP/M.7217) Entscheidung der Europäischen Kommission v. 3.10.2014, Abs. 99; *Apple/Shazam* (COMP/M.8788) Entscheidung der Europäischen Kommission v. 6.9.2018, Abs. 162.

Die datentechnischen Fähigkeiten, über die eine Handvoll „data-opolies" (zu diesem Begriff vgl. Stucke 2018; in der Folge: Datenopole) verfügt, führen im Kartellrecht mitunter zu der Frage, ob die digitale Wirtschaft möglicherweise ein neues Phänomen vor sich hat: „a rise in power over consumers even when, seemingly, market power relating to a specific antitrust market is not there (yet)." (Ezrachi und Robertson 2019, S. 17) Diese Überlegung bezieht sich auf die Tatsache, dass Datenopole sehr detaillierte Kenntnisse über ihre NutzerInnen haben – Vorlieben, Abneigungen, soziale Beziehungen, Arbeit, Gesundheit, Geolokalisierung. Diese können sie in unterschiedlichsten Szenarien innerhalb aber eben auch außerhalb ihrer angestammten Produktmärkte zu ihrem kommerziellen Vorteil nutzen. Während das Konzept der Marktmacht im Kartellrecht auf der Macht über einen relevanten Markt basiert, mag die Bedeutung einiger weniger Datenopole dazu führen, dass wir über die Frage nach der Macht über NutzerInnen nachdenken müssen. Eine solche Macht mag dann auch den Ausschlag für kartellrechtliche Interventionen geben.

3. Wettbewerbsverhalten auf digitalen Märkten

Im europäischen Kartellrecht gibt es drei grundlegende Möglichkeiten, Verhaltensweisen von Unternehmen einer kartellrechtlichen Prüfung zu unterziehen: Wettbewerbswidrige Vereinbarungen zwischen zwei oder mehr Unternehmen können einer Prüfung nach Artikel 101 AEUV unterzogen werden. Das Verhalten eines oder mehrerer marktbeherrschender Unternehmen kann als Missbrauch der marktbeherrschenden Stellung nach Artikel 102 AEUV untersucht werden. Und Zusammenschlüsse, die den wirksamen Wettbewerb im Binnenmarkt erheblich beeinträchtigen könnten, sind nach der EU-Fusionskontrollverordnung 139/2004 zu überprüfen.

Artikel 101 und Artikel 102 AEUV enthalten eine beispielhafte Liste von Verhaltensweisen, die der Vertrag als wettbewerbswidrig erachtet. Einige dieser Verhaltensweisen können auch auf digitalen Märkten beobachtet werden. Der Vertrag lässt aber auch Raum für die Entwicklung neuer Schadenstheorien und räumt den RechtsanwenderInnen damit die Möglichkeit ein, auf die Spezifika von digitalen Märkten einzugehen. Im

Falle von Zusammenschlüssen beruht die Fusionskontrollverordnung insbesondere auf der Begründung oder Verstärkung einer marktbeherrschenden Stellung, kann aber auch andere Beeinträchtigungen des Wettbewerbs berücksichtigen. In dieser Hinsicht scheint es möglich, eine Datenkonzentration in digitalen Märkten aufzugreifen.

Mit digitalen Unternehmen, die über Marktmacht verfügen, werden eine Reihe von Praktiken in Verbindung gebracht, die möglicherweise wettbewerbswidrig sind, etwa die Absenkung der Qualität der angebotenen Dienste, die Bespielung von NutzerInnen mit einem noch nie dagewesenen Werbevolumen, oder die Sammlung, Analyse und der Verkauf übermäßiger Mengen an Nutzerdaten. Weitere Verhaltensweisen, die kartellrechtlich relevant sein können, sind sogenannte Paritätsklauseln in Verträgen mit digitalen Plattformen, datenbasierte Preisdiskriminierung, die Weigerung, Wettbewerbern Zugang zu Nutzerdaten zu gewähren, Selbstreferenzierung und die Bindung des erfolgreichen Dienstes einer Plattform an weniger beliebte. Im Folgenden werden einige dieser wettbewerbswidrigen Praktiken diskutiert, um die derzeitige Kartellrechtspraxis der Europäischen Union in Bezug auf digitale Märkte vor Augen zu führen.

3.1. Paritätsklauseln

Paritätsklauseln (auch most-favoured-nation oder MFN-Klauseln) sind Vertragsbestandteile, mit denen ein Lieferant einer Plattform zusagt, seine Ware bzw Dienstleistung zu keinem niedrigeren Preis über eine andere Plattform, einen anderen Vertriebsweg oder seinen eigenen Onlineauftritt anzubieten. Verträge, die derartige Paritätsklauseln enthalten, können unter Artikel 101 AEUV beurteilt werden. Je nach der Marktstellung der betroffenen Unternehmen können Paritätsklauseln aber auch unter Artikel 102 AEUV analysiert werden. Kartellrechtliche Bedenken gegenüber solchen Klauseln ergeben sich dann, wenn Plattformen ihren Lieferanten Paritätsklauseln abverlangen, um Marktmacht zu erlangen oder ihre Marktmacht zu festigen. Darüber hinaus können derartige Klauseln den Preiswettbewerb reduzieren oder die Kollusion zwischen Plattformen erleichtern. Auf der anderen Seite erlauben Paritätsklauseln es einer Plattform, zu verhindern, dass andere von ihren Investitionen in die eigene Plattform profitieren (sogenanntes Trittbrettfahren) (Salop und Scott Morton 2013; Ezrachi 2015). Eine Reihe von digitalen Märkten hat eine Zunahme derartiger Vertragsklauseln erlebt, insbesondere der Online-Hotelbuchungsmarkt (vgl. Colangelo 2017). Dies hat zu zahlreichen kartellrechtlichen Nachprüfungen auf Ebene der Europäischen Kommission sowie durch nationale Wettbewerbsbehörden geführt. In den *Booking.com*-Fällen (2015) haben einige nationale Wettbewerbsbehörden Zusagen von Booking.com für verbindlich erklärt, laut denen dieses Portal Paritätsklauseln mit Hotels künftig weder vereinbaren noch durchsetzen wird.[9] Das deutsche Bundeskartellamt hat im selben Jahr einen Beschluss gefasst, mit dem es in Bezug auf die Paritätsklauseln einen Kartellrechtsverstoß seitens Booking.com festhielt.[10] In seinem Beschluss zu *Booking.com* (2019) erachtete das Oberlandesgericht Düsseldorf enge Bestpreisklauseln allerdings für kartellrechtlich zulässig, da diese notwendig seien, um einen ausgewogenen Leistungsaustausch zwischen den Hotelbuchungsportalen und den Hotels zu ermöglichen.[11] In einem vorangegangenen Fall hatte das Oberlandesgericht Düsseldorf weite Paritätsklauseln des Online-Hotelbuchungsportals HRS untersagt, und zwar auf Grundlage von Artikel 101 AEUV und der entsprechenden deutschen Bestimmung.[12]

Im Fall der *Amazon E-Books* (2017) hat Amazon gegenüber der Europäischen Kommission Verpflichtungszusagen gemacht, um deren kartellrechtlichen Bedenken entgegenzutreten. Dabei ging es um Paritätsklauseln, welche Amazon gegenüber E-Book-Lieferanten einforderte.[13] Diese erachtete die Kommission als Missbrauch von Amazons marktbeherrschender Stellung (Artikel 102 AEUV). Amazon verpflichtete sich, die Paritätsklauseln aus bereits bestehenden Verträgen nicht mehr durchzusetzen und keine derartigen Klauseln in zukünftige Verträge aufzunehmen.

---

[9] Konkurrensverket, Rs 596/2013 *Booking.com* (15.4.2015); Autorité de la concurrence, Rs 15-D-06 *Booking.com* (21.4.2015); Autorità Garante della Concorrenza e del Mercato, Rs I779 *Booking.com* (21.4.2015).

[10] Bundeskartellamt, Rs B 9-121/13 *Booking.com* (22.12.2015).

[11] Oberlandesgericht Düsseldorf, Rs VI – Kart 2/16 (V) *Booking.com* (4.6.2019).

[12] Oberlandesgericht Düsseldorf, Rs VI – Kart 1/14 (V) *HRS* (9.1.2015).

[13] *E-Book MFNs (Amazon)* (AT.40153) Entscheidung der Europäischen Kommission v. 4.5.2017, 2017 ABl C264/7.

3.2. Verhaltensdiskriminierung

Zahlreiche kartellrechtliche Schadenstheorien sind preiszentriert. So kann ein marktbeherrschendes Unternehmen seine Marktmacht etwa missbrauchen, indem es unfaire Preise verlangt, eine schädigende Preispraxis nutzt, um Mitbewerber zu verdrängen, oder Preise selektiv senkt. Der Marktpreis stellt in all diesen Marktmachtmissbräuchen den Dreh- und Angelpunkt dar. In digitalen Märkten hingegen muss mitunter hinterfragt werden, ob es nach wie vor so etwas wie einen Marktpreis gibt (Ezrachi und Stucke 2016, S. 212).

Die Kombination von Big Data und Big Analytics erlaubt es digitalen Plattformen mit dem nötigen Know-how, zahlreiche verhaltensdiskriminierende Maßnahmen zu setzen (Ezrachi und Stucke 2016, S. 85 ff.). Preisalgorithmen können in Echtzeit auf die vorherrschenden Marktbedingungen reagieren und erlauben es Anbietern, mit einer dynamischen Preisgestaltung auf eine steigende Nachfrage oder eine Angebotsknappheit zu reagieren. Die Zahlungsbereitschaft von NutzerInnen kann auf Grund der detaillierten Nutzerprofile, welche digitale Plattformen zusammentragen, ermittelt werden. Dabei geht es um Faktoren wie die sozioökonomische Klasse von NutzerInnen, die Geolokalisierung, die von NutzerInnen verwendete Hardware oder teure Urlaubsdestinationen. Diese Faktoren können verwendet werden, um Preisdiskriminierung oder Preissteuerung (Nudging) zu betreiben (Ezrachi und Stucke 2016, S. 89, 107). Handelt es sich bei Preisalgorithmen lediglich um Computerprogramme, bei denen ein/e menschliche/r ProgrammiererIn im Hintergrund über die vom Algorithmus zu tätigenden Aktionen entschieden hat, so gestalten sich Sachverhalte unter Einbezug künstlicher Intelligenz zunehmend komplexer. So wurden etwa Szenarien entworfen, in welchen selbstlernende Algorithmen miteinander kolludieren und letztendlich Preise erhöhen oder die Qualität oder Innovation zum Nachteil von VerbraucherInnen reduzieren (Lindsay und McCarthy 2017, S. 534 f.).

Im Rahmen des Kartellrechts stellt sich die Frage, ob verhaltensdiskriminierende Praktiken als wettbewerbswidrig oder wettbewerbsfördernd einzustufen sind. Tatsächlich ist es so, dass einkommensschwache NutzerInnen im Zuge einer Verhaltensdiskriminierung niedrigere Preise bezahlen, während vermögende NutzerInnen für dasselbe Produkt mehr bezahlen müssen. Interessant ist, dass die Mehrheit von VerbraucherInnen eine solche Preisdiskriminierung als unfair empfindet (Turow,

Feldman und Meltzer 2005). Sollten derartige Ansichten in Bezug auf Fairness Eingang in die kartellrechtliche Analyse finden? Eine weitere kartellrechtliche Relevanz von Preisalgorithmen besteht darin, dass diese genutzt werden können, um Preise abzusprechen. Dabei fallen sie unter das Verbot von Artikel 101(1)(a) AEUV. Außerdem verbieten Artikel 101(1)(d) und Artikel 102(c) AEUV es Unternehmen, HandelspartnerInnen unterschiedliche Bedingungen für gleichwertige Leistungen abzuverlangen. Hierzu hat der Europäische Gerichtshof unlängst ausgesprochen, dass diskriminierende Preispraktiken nur dann missbräuchlich sind, wenn sie den Wettbewerb verfälschen (vgl. Ritter 2019).[14] Außerdem stellen diese Bestimmungen ausdrücklich auf Bedingungen gegenüber HandelspartnerInnen ab, so dass ihre Anwendbarkeit gegenüber VerbraucherInnen fraglich erscheint (vgl. auch Graef 2018a, S. 558). Einer Weiterentwicklung dieser Schadenstheorien, um sie an digitale Märkte anzupassen, erscheint jedoch möglich.

3.3. Datenschutz und Demokratie

Die datenbezogene Natur der digitalen Wirtschaft wirft auch Fragen im Zusammenhang mit der Privatsphäre der NutzerInnen und der Verwendung der gesammelten Daten auf. So wird im Kartellrecht darüber diskutiert, ob der Verlust der Privatsphäre durch das digitale Umfeld gleichbedeutend mit einem Verbraucherschaden im kartellrechtlichen Sinn ist (vgl. Newman 2014). Dabei wird deutlich, dass die vorherrschenden Ansätze in der Europäischen Union und in den Vereinigten Staaten mitunter recht stark voneinander abweichen (vgl. für die Vereinigten Staaten Ohlhausen und Okuliar 2015; für die Europäische Union Costa-Cabral und Lynskey 2017). Besonders hervorzuheben ist dabei die Stärkung des Datenschutzes in der Europäischen Union, und zwar sowohl durch die Grundrechtecharta[15] als auch durch die Datenschutzgrundverordnung (DSGVO).[16] Dabei stellt sich die Frage nach der kartellrechtlichen Rele-

---

[14] Rs C-525/16 *MEO v. Autoridade da Concorrência* EU:C:2018:270, Abs. 26.
[15] Charta der Grundrechte der Europäischen Union, 2016 ABl C 202/389, Art. 8.
[16] Verordnung (EU) 2016/679 v. 27.4.2016 zum Schutz natürlicher Personen bei der Verarbeitung personenbezogener Daten, zum freien Datenverkehr und zur Auf-

vanz dieses Grundrechts. So ist fraglich, ob der Schutz der Privatsphäre mit dem Verbraucherwohl, welches im Kartellrecht angestrebt wird, gleichzusetzen ist. Eine solche Diskussion muss zwangsläufig auch das Datenschutzparadoxon berücksichtigen. Untersuchungen haben nämlich ergeben, dass VerbraucherInnen den Datenschutz zwar als wichtig empfingen, aber häufig nicht auf Grundlage ihrer Datenschutzpräferenzen handeln (können) (vgl. Norberg, Horne und Horne 2007). Tatsächlich hat die Europäische Kommission bereits erahnen lassen, dass Fragen des Datenschutzes kartellrechtlich relevant sein mögen, sofern sie von VerbraucherInnen als wesentlicher Qualitätsfaktor wahrgenommen werden (Europäische Kommission 2016b).

Im Bereich des Marktmachtmissbrauchs ist fraglich, ob es einem solchen Missbrauch gleichkommt, wenn eine digitale Plattform die Qualität ihres Dienstes durch eine Verringerung des Schutzes der Privatsphäre einschränkt, oder ob eine überschießende Sammlung von Nutzerdaten als Marktmachtmissbrauch zu ahnden ist. Artikel 102(a) AEUV verbietet ausdrücklich unangemessene Preise. Analog könnte diese Bestimmung auch auf unangemessene Datenmengen angewandt werden (vgl. Europäischer Datenschutzbeauftragter 2014, S. 33; Bania 2018, S. 63 ff.). Der Europäische Gerichtshof hat eine Judikaturlinie zu unangemessenen Preisen entwickelt, welche auf Datenmengen übertragbar erscheint.[17] Auch die Aufmerksamkeit, welche NutzerInnen der Bespielung mit gezielter Werbung schenken, könnte hier als Preisfaktor einbezogen werden (vgl. Robertson 2020b). Die datenschutzrechtlichen Wertungen des Unionsrechts – insbesondere die DSGVO – könnten als Maßstab für die überschießende Natur der Datensammlung dienen (Costa-Cabral und Lynskey 2017, S. 29 f.). Die Sammlung und Verarbeitung von Nutzerdaten könnte aber auch als Konditionenmissbrauch nach Artikel 102(a) AEUV überprüft werden. Auch hier gibt es eine Entscheidungspraxis zu den Kriterien, welche zur Beurteilung eines solchen Missbrauchs herangezogen werden können (vgl. dazu Robertson 2020b).[18]

---

hebung der Richtlinie 95/46/EG (Datenschutz-Grundverordnung, DSGVO), 2016 ABl L119/1.

[17] Rs 27/76 *United Brands* EU:C:1978:22, Abs. 252.

[18] Rs 127/73 *BRT v. SABAM* EU:C:1974:25, Abs. 15; *GEMA statutes* (IV/29.971) Entscheidung der Europäischen Kommission 82/204/EEC v. 4.12.1981, 1981 ABl

Der *Facebook*-Beschluss (2019) des deutschen Bundeskartellamts stellt einen ersten Versuch dar, eine überschießende Sammlung von Nutzerdaten kartellrechtlich zu untersagen. Das Bundeskartellamt ist der Ansicht, dass Facebooks Umgang mit Nutzerdaten, welche von dritter Seite herrühren, den Wertungen der DSGVO und damit letztlich auch dem deutschen Kartellrecht widerspricht.[19] Dabei beruft sich das Bundeskartellamt auf eine Judikaturlinie des Bundesgerichtshofs zu rechtswidrigen Vertragsklauseln und überträgt diese auf das Datenschutzrecht. Das Bundeskartellamt meint, dass ein solches Verhalten auch unter Artikel 102 AEUV verboten sei.[20] Das Oberlandesgericht Düsseldorf gewährte Facebooks Beschwerden gegen den Beschluss des Bundeskartellamts im August 2019 aufschiebende Wirkung, da es erhebliche rechtliche Bedenken gegen die rechtliche Ansicht des Bundeskartellamts hegt.[21]

Nutzerdaten sind nicht nur unter dem Blickwinkel des Datenschutzes relevant, sondern möglicherweise auch aus demokratiepolitischer Sicht. So wurde nach dem Brexit-Referendum im Vereinigten Königreich sowie nach den US-amerikanischen Präsidentschaftswahlen 2016 bekannt, dass Cambridge Analytica Facebook-Nutzerdaten genutzt hatte, um NutzerInnen mit politischen Botschaften zu bespielen (Cukier 2018; Hern 2018; Information Commissioner's Office 2018). Während es noch ungesichert ist, ob es dadurch zu einer WählerInnenbeeinflussung kam, erscheint bereits zum jetzigen Zeitpunkt klar, dass es sich dabei um eine potenzielle Gefahr für die westliche Demokratie handelt (vgl. etwa Vaidhyanathan 2018). Noch klärungsbedürftig ist die Frage, ob diese Bedenken auch kartellrechtlich relevant sind, oder ob andere Rechtsbereiche geeigneter sind, um sich dieser Problematik anzunehmen (vgl. zur kartellrechtlichen Perspektive etwa Reyna 2017; Waller 2019). In den Politikwissenschaften jedenfalls wird das Kartellrecht mitunter als mögliche (Teil-)Lösung für diesbezügliche Herausforderungen genannt (vgl. Runciman 2019, S. 131 f.).

L94/12, Abs. 36; *Duales System Deutschland (DSD)* (COMP/34.493) Entscheidung der Europäischen Kommission v. 20.4.2001, 2001 ABl L166/1, Abs. 112.

[19] Bundeskartellamt, Rs B6-22/16 *Facebook* (6.2.2019).

[20] Ibid., Abs. 914.

[21] OLG Düsseldorf, Rs VI-Kart 1/19 (V) *Facebook* (26.8.2019).

3.4. Datenkonzentration

Im Bereich der Zusammenschlusskontrolle taucht die Frage auf, ob das Kartellrecht als Vehikel zur Unterbindung der Datenkonzentration in den Händen einiger weniger Datenopole genutzt werden soll. Wie bereits oben diskutiert, können Daten zur Konzentration von Marktmacht in den Händen jener Unternehmen führen, die die Fähigkeit besitzen, große Mengen an Daten zu sammeln und zu analysieren, so dass ihr Marktverhalten durch Echtzeitdaten gesteuert wird.

Die Europäische Kommission berücksichtigt bei der Zusammenschlusskontrolle zunehmend den Datenvorteil von Onlineplattformen. Dennoch hat dies bisher noch zu keiner Untersagung eines Zusammenschlusses geführt. So meinte die Kommission etwa in der Rechtssache *Google/DoubleClick* (2008), dass der Zusammenschluss zwar einen negativen Einfluss auf die Privatsphäre von NutzerInnen haben könnte; sie ging aber davon aus, dass die Grundrechte der NutzerInnen derartige Bedenken hintanhalten würden.[22] Auch im Zuge des Zusammenschlusses *Facebook/WhatsApp* (2014) machte die Kommission klar, dass sie nicht bereit war, die datenschutzrechtlichen Aspekte der Fusion zu hinterfragen, und verwies diesbezüglich auf die Datenschutzbehörden.[23] Im Jahr 2018 erwarb Apple den Musikdienst Shazam und bot der Europäischen Kommission damit eine weitere Möglichkeit, die Datendimension von Zusammenschlüssen kartellrechtlich zu überprüfen. Die Kommission befand jedoch, dass der Datenvorteil der beiden Unternehmen nach der Fusion keine wettbewerbswidrigen Auswirkungen haben würde (Zingales 2018, S. 4).[24] Der Europäische Datenschutzausschuss hatte in einer Stellungnahme hingegen eindringlich auf eine genauere kartellrechtliche Prüfung dieser Datenkonzentration gedrängt und davor gewarnt, dass es dadurch zu einer Informationsmacht seitens des fusionierten Unternehmens kommen könnte (Europäischer Datenschutzausschuss 2018).

---

[22] *Google/DoubleClick* (COMP/M.4731) Entscheidung der Europäischen Kommission v. 11.3.2008, 2008 ABl C184/10, Abs. 368.

[23] *Facebook/WhatsApp* (COMP/M.7217) Entscheidung der Europäischen Kommission v. 3.10.2014, 2014 ABl C417/4, Abs. 164.

[24] *Apple/Shazam* (COMP/M.8788) Entscheidung der Europäischen Kommission v. 6.9.2018, Abs. 327 f.

Insgesamt scheint es, als sei die Europäische Kommission noch dabei, eine kartellrechtliche Schadenstheorie zur Datenkonzentration zu entwickeln. Eine solche Datenkonzentration müsste als erhebliche Behinderung des wirksamen Wettbewerbs eingestuft werden, um unter der Fusionskontrollverordnung relevant zu werden.[25]

3.5. Die Google-Trilogie

Die drei *Google*-Fälle zeigen exemplarisch auf, welche Verhaltensweisen die Europäische Kommission in digitalen Märkten außerdem als problematisch erachtet. In *Google Shopping* (2017) geht die Kommission davon aus, dass Google seine Marktmacht in der Onlinesuche missbraucht hat, um seine eigenen Vergleichsshoppingdienste zu bevorzugen. Außerdem hat Google Mitbewerber systematisch auf weniger beachteten Stellen der Suchresultate angezeigt.[26] Dadurch hat Google den Wettbewerb eingeschränkt und Mitbewerber vom Markt verdrängt. Derzeit ist das Europäische Gericht mit dem Fall befasst.[27]

In einem weiteren Fall, *Google Android* (2018), hat die Europäische Kommission die bisher höchste Geldbuße über ein Unternehmen verhängt. Die Kommission wirft Google vor, die Lizenzbedingungen für sein mobiles Betriebssystem Android auf eine Weise gestaltet zu haben, die Google einen Vorteil gegenüber anderen Betriebssystemen verschafft. Auch Kopplungsbedingungen fanden sich in Verträgen mit Herstellern von Originalteilen (sog. OEMs) (Europäische Kommission 2018).[28] Auch mit dieser Rechtssache ist das Europäische Gericht derzeit befasst.[29]

Zuletzt hat die Europäische Kommission in *Google AdSense* (2019) eine weitere Geldbuße über Google verhängt. Dabei ging es primär um Exklusivitätsbedingungen, welche Google KundInnen von Suchanzeigen

---

[25] Fusionskontrollverordnung 139/2004, Art. 2(2), Erwägungsgründe 25 f.
[26] *Google Search (Shopping)* (AT.39740) Entscheidung der Europäischen Kommission v. 27.6.2017, 2018 ABl C9/11.
[27] Rs T-612/17 *Google und Alphabet v. Commission*, 2017 ABl C369/37.
[28] *Google Android* (AT.40099) Entscheidung der Europäischen Kommission v. 18.7.2018.
[29] Rs T-604/18 *Google und Alphabet v. Commission*, 2018 ABl C445/21.

abverlangte (Europäische Kommission 2016a).[30] Auch hier hat Google gegen die Kommissionsentscheidung berufen.[31]

Die *Google*-Trilogie ist in mehrerlei Hinsicht interessant. So handelte es sich dabei durchgehend um Plattformmärkte, in denen die Europäische Kommission sich regelmäßig auf Wettbewerbsverhalten auf einer Marktseite konzentrierte. Auch Nullpreismärkte fanden sich darunter. Dazu meinte die Kommission etwa in *Google Shopping*, dass die kostenlose Onlinesuche aus drei Gründen einen relevanten Markt darstelle: NutzerInnen bezahlten zwar keinen monetären Preis, aber sie bezahlten durch ihre Daten in Naturalien; die „freie" Marktseite sei Teil des Geschäftsmodells der Plattform; und außerdem spielten auf dem Markt der allgemeinen Onlinesuche andere Wettbewerbsparameter als der Preis eine entscheidende Rolle.[32] In Bezug auf die zahlreichen Marktmachtmissbräuche, die Google von der Kommission vorgeworfen werden, darf man sich durch die drei bevorstehenden Urteile des Gerichts einen Einblick in die zukünftige kartellrechtliche Beurteilung digitaler Sachverhalte erwarten.

4. Ausblick

Die allgegenwärtige Digitalisierung der Märkte hat dazu geführt, dass das europäische Kartellrecht zahlreiche seiner Rechtsinstrumente in Bezug auf ihre Tauglichkeit in digitalen Märkten hinterfragen muss. Dabei geht es um Konzepte wie den relevanten Markt, die marktbeherrschende Stellung von Unternehmen, aber auch den Missbrauch von Marktmacht in digitalen Märkten. Derzeit scheint weitgehend Einigkeit darüber zu bestehen, dass das Kartellrecht den Anforderungen der digitalen Märkte zwar grundsätzlich gewachsen ist, es aber auch zu einigen Anpassungen kommen muss, um dem Marktverhalten auf diesen Märkten entsprechend zu begegnen. Insbesondere ist es von Bedeutung, das Wettbewerbsverhalten auf den digitalen Märkten zu verstehen und Netz-

---

[30] *Google Search (AdSense)* (AT.40411) Entscheidung der Europäischen Kommission v. 20.3.2019.

[31] Rs T-334/19 *Google und Alphabet v. Commission*, 2019 ABl C255/46.

[32] *Google Search (Shopping)* (AT.39740) Entscheidung der Europäischen Kommission v. 27.6.2017, 2018 ABl C9/11, Abs. 158-160.

werkeffekte auf diesen Märkten entsprechend zu berücksichtigen. Eine interdisziplinäre Arbeit von Wettbewerbsökonomie und Kartellrecht ist für das Gelingen eines solchen Ansatzes unumgänglich.

Ein Aspekt digitaler Märkte, der hier nur am Rande angesprochen werden kann, ist die Tatsache, dass digitale Plattformen zunehmen wie Konglomerate aus längst vergangenen Zeiten operieren. Dabei ist Alphabet – die Muttergesellschaft von Google – ein instruktives Beispiel. Alphabet beherbergt zahlreiche Unternehmen, wie etwa Calico, Chronicle, Dandelion, DeepMind, GV, CapitalG, X, Google, Google Fiber, Jigsaw, Sidewalk Labs, Verily und Waymo (vgl. Alphabet, Inc. 2019). Die Ausbreitung von erfolgreichen Big Tech-Unternehmen in angrenzende oder gar weit entfernte Geschäftsfelder ist ein Aspekt der digitalen, datengetriebenen Märkte, der zunehmend in den Fokus des Kartellrechts rückt (vgl. hierzu Bourreau und de Streel 2019). Dabei gibt es mitunter auch Rufe nach einer Zerschlagung der Big Tech-Unternehmen. Für diese strukturelle Abhilfemaßnahme müssen aus europäischer Perspektive allerdings zahlreiche Voraussetzungen erfüllt sein; unter anderem, dass es die Unternehmensstruktur selbst ist, welche ein erhebliches Risiko für andauernde oder wiederholte Kartellrechtsverletzungen darstellt (Akman 2018).

In den Vereinigten Staaten hat der ungebrochene Aufstieg von Big Tech-Unternehmen zu einer lebhaften Debatte über die kartellrechtlichen Denkschulen geführt. Während Chicago-Anhänger ein Laissez-faire befürworten, fordern New Brandeisians ein, dass es in digitalen Märkten mehr kartellrechtliche Intervention geben müsse (vgl. Khan 2016; Crane 2018; Werden 2018). Zeitgleich wird davor gewarnt, dass Big Tech-Unternehmen zunehmend versuchen, KartellrechtswissenschaftlerInnen durch finanzielle Anreize für sich zu gewinnen (Ezrachi und Stucke 2016, S. 245-247; Ibáñez Colomo und de Stefano 2017; Zuboff 2019, S. 125). Hier scheint es ratsam, über das richtige Maß an kartellrechtlicher Intervention in digitalen Märkten fernab von bestimmten kommerziellen Interessen nachzudenken.

Literatur

Akman, Pınar (2018): Why Breaking Up is Hard to Do – the Use of Structural Remedies against „Big Tech". *Symposium „Antitrust Populism: Tech Giants under Scrutiny in the EU and the US"*. De Montfort University, Leicester, 18.9.2018.

Alphabet, Inc. (2019): Website. [https://abc.xyz/> – Letzter Zugriff: 22.5.2019].

Armstrong, Mark (2006): Competition in Two-Sided Markets. *RAND Journal of Economics* 37, S. 668-691.

Bania, Konstantina (2018): The Role of Consumer Data in the Enforcement of EU Competition Law. *European Competition Journal* 14, S. 38-80.

Baye, Michael R. (2008): Market Definition and Unilateral Competitive Effects in Online Retail Markets. *Journal of Competition Law & Economics* 4, S. 639-653.

Bourreau, Marc und de Streel, Alexandre (März 2019): Digital Conglomerates and EU Competition Policy. [http://www.crid.be/pdf/public/8377.pdf – Letzter Zugriff: 22.5.2019].

Budzinski, Oliver (2017): Wettbewerbsregeln für das Digitale Zeitalter? Die Ökonomik personalisierter Daten, Verbraucherschutz und die 9. GWB-Novelle. *List Forum für Wirtschafts- und Finanzpolitik* 43, S. 221-249.

Budzinski, Oliver und Stöhr, Annika (2019): Competition Policy Reform in Europe and Germany – Institutional Change in the Light of Digitization. *European Competition Journal* 15, S. 15-54.

Bundeskartellamt (2016): Market Power of Platforms and Networks. *Bundeskartellamt Working Papers* B6-113/15.

Caillaud, Bernard und Jullien, Bruno (2003): Chicken & Egg Competition Among Intermediation Service Providers. *RAND Journal of Economics* 34, S. 309-328.

Colangelo, Margherita (2017): Parity Clauses and Competition Law in Digital Marketplaces: The Case of Online Hotel Booking. *Journal of European Competition Law & Practice* 8, S. 3-14.

Costa-Cabral, Francisco und Lynskey, Orla (2017): Family Ties: The Intersection between Data Protection and Competition in EU Law. *Common Market Law Review* 54, S. 11-50.

Crane, Daniel A. (2018): Antitrust's Unconventional Politics. *Law & Economics Working Papers* 153. [https://repository.law.umich.edu/law_econ_current/153 – Letzter Zugriff: 22.5.2019].

Crémer, Jacques, de Montjoye, Yves-Alexandre und Schweitzer, Heike (2019): Competition Policy for the Digital Era. *Bericht für die Europäische Kom-*

mission. [https://ec.europa.eu/competition/publications/reports/kd041934 5enn.pdf – Letzter Zugriff: 22.5.2019].

Cukier, Kenneth N. (2018): „Is Democracy Safe in the Age of Big Data?" *The Economist*. [http://governance40.com/wp-content/uploads/2018/12/Is-democracy-safe-in-the-age-of-big-data_-The-Economist-asks.pdf – Letzter Zugriff: 22.5.2019].

Europäische Kommission (1997): Bekanntmachung der Kommission über die Definition des relevanten Marktes im Sinne des Wettbewerbsrechts der Gemeinschaft. 1997 ABl C372/5.

Europäische Kommission (2010a): Eine Digitale Agenda für Europa. KOM(2010) 245 endg/2.

Europäische Kommission (2010b): Europa 2020: Eine Strategie für intelligentes, nachhaltiges und integratives Wachstum. KOM(2010) 2020 endg.

Europäische Kommission (2015a): Strategie für einen digitalen Binnenmarkt für Europa. KOM(2015) 192 endg.

Europäische Kommission (2015b): Vorschlag für eine Richtlinie über bestimmte vertragsrechtliche Aspekte der Bereitstellung digitaler Inhalte. KOM(2015) 634 endg.

Europäische Kommission (2016a): Antitrust: Commission Takes Further Steps in Investigations Alleging Google's Comparison Shopping and Advertising-Related Practices Breach EU Rules. *Pressemitteilung* Nr IP/16/2532.

Europäische Kommission (2016b): Mergers: Commission Approves Acquisition of LinkedIn by Microsoft, Subject to Conditions. *Pressemitteilung* Nr IP/16/4284.

Europäische Kommission (2018): Antitrust: Commission Fines Google €4.34 Billion for Illegal Practices Regarding Android Mobile Devices to Strengthen Dominance of Google's Search Engine. *Pressemitteilung* Nr IP/18/4581.

Europäischer Datenschutzausschuss (2018): Erklärung zu den datenschutzbezogenen Auswirkungen von Unternehmenszusammenschlüssen. [https://edpb.europa.eu/sites/edpb/files/files/file1/edpb_statement_economic_concentration_de.pdf – Letzter Zugriff: 22.5.2019].

Europäischer Datenschutzbeauftragter (2014): Privatsphäre und Wettbewerbsfähigkeit im Zeitalter von „Big Data": das Zusammenspiel zwischen Datenschutz, Wettbewerbsrecht und Verbraucherschutz in der digitalen Wirtschaft. [https://edps.europa.eu/sites/edp/files/publication/14-03-26_competitition_law_big_data_de.pdf – Letzter Zugriff: 22.5.2019].

Evans, David S. (2003): The Antitrust Economics of Multi-Sided Platform Markets. *Yale Journal on Regulation* 20, S. 325-381.

Ezrachi, Ariel (2015): The Competitive Effects of Parity Clauses on Online Commerce. *European Competition Journal* 11, S. 488-519.

Ezrachi, Ariel und Robertson, Viktoria H.S.E. (2019): Competition, Market Power and Third-Party Tracking. *World Competition* 42, S. 5-19.

Ezrachi, Ariel und Stucke, Maurice E. (2015): The Curious Case of Competition and Quality. *Journal of Antitrust Enforcement* 3, S. 227-257.

Ezrachi, Ariel und Stucke, Maurice E. (2016): *Virtual Competition: The Promise and Perils of the Algorithm-Driven Economy.* Cambridge, MA: Harvard University Press.

Federal Trade Commission (2018-2019): Hearings on Competition and Consumer Protection in the 21st Century. [https://www.ftc.gov/policy/hearings-competition-consumer-protection – Letzter Zugriff: 7.11.2019].

Furman, Jason et al. (2019): *Unlocking Digital Competition – Report of the Digital Competition Expert Panel.* [https://assets.publishing.service.gov.uk/government/uploads/system/uploads/attachment_data/file/785547/unlocking_digital_competition_furman_review_web.pdf – Letzter Zugriff: 7.11.2019].

Graef, Inge (2015): Market Definition and Market Power in Data: The Case of Online Platforms. *World Competition* 38, S. 473-505.

Graef, Inge (2018a): Algorithms and Fairness: What Role for Competition Law in Targeting Price Discrimination Towards End Consumers? *Columbia Journal of European Law* 24, S. 541-559.

Graef, Inge (2018b): When Data Evolves into Market Power – Data Concentration and Data Abuse under Competition Law. In: Moore, Martin und Tambini, Damian (Hg.): *Digital Dominance: The Power of Google, Amazon, Facebook, and Apple.* Oxford: Oxford University Press, S. 71-97.

Hern, Alex (2018): Cambridge Analytica: How Did It Turn Clicks into Votes? *The Guardian.* [https://www.theguardian.com/news/2018/may/06/cambridge-analytica-how-turn-clicks-into-votes-christopher-wylie – Letzter Zugriff: 22.5.2019].

Ibáñez Colomo, Pablo und de Stefano, Gianni (2017): Protecting the Integrity and Reputation of Legal Research: JECLAP's New Rules on Disclosure. *Journal of European Competition Law & Practice* 8, S. 623-624.

Information Commissioner's Office (2018): Democracy Disrupted? Personal Information and Political Influence. [https://ico.org.uk/media/action-weve-taken/2259369/democracy-disrupted-110718.pdf – Letzter Zugriff: 22.5.2019].

Jaeger, Marc (2017): Perspective of the Judiciary. *12. GCLC Annual Conference.* Brüssel, 27.1.2017.

Kerber, Wolfgang (2016): Digital Markets, Data, and Privacy: Competition Law, Consumer Law and Data Protection. *Journal of Intellectual Property Law & Practice* 11, S. 856-866.

Khan, Lina M. (2016): Amazon's Antitrust Paradox. *Yale Law Journal* 126, S. 710-805.

Korah, Valentine (2006): *Intellectual Property Rights and the EC Competition Rules*. Oxford: Hart Publishing.

Lindsay, Alistair und McCarthy, Eithne (2017): Do We Need to Prevent Pricing Algorithms Cooking up Markets? *European Competition Law Review* 38, S. 533-537.

Newman, John M. (2016): Antitrust in Zero-Price Markets: Applications. *Washington University Law Review* 94, S. 49-111.

Newman, Nathan (2014): The Costs of Lost Privacy: Consumer Harm and Rising Economic Inequality in the Age of Google. *William Mitchell Law Review* 40, S. 849-889.

Norberg, Patricia A., Horne, Daniel R. und Horne, David A. (2007): The Privacy Paradox: Personal Information Disclosure Intentions versus Behaviors. *Journal of Consumer Affairs* 41, S. 100-126.

OECD (2013a): Exploring the Economics of Personal Data: A Survey of Methodologies for Measuring Monetary Value. *OECD Digital Economy Papers* No 220.

OECD (2013b): The Digital Economy. DAF/COMP(2012)22. [http://www.oecd.org/daf/competition/The-Digital-Economy-2012.pdf – Letzter Zugriff: 22.5.2019].

OECD (2014): Data-Driven Innovation for Growth and Well-Being. [https://www.oecd.org/sti/inno/data-driven-innovation-interim-synthesis.pdf – Letzter Zugriff: 22.5.2019].

Ohlhausen, Maureen K. und Okuliar, Alexander P. (2015) Competition, Consumer Protection, and the Right [Approach] to Privacy. *Antitrust Law Journal* 80, S. 121-156.

Reyna, Agustín (2017): Why Competition Law Must Protect Democracy – A European Welfare Perspective. *OECD 16th Global Forum on Competition*. DAF/COMP/GF/WD(2017)36.

Ritter, Cyril (2019): Price Discrimination as an Abuse of a Dominant Position under Article 102 TFEU: *MEO. Common Market Law Review* 56, S. 259-274.

Robertson, Viktoria H.S.E. (2017): Delineating Digital Markets under EU Competition Law: Challenging or Futile? *Competition Law Review* 12, S. 131-151.

Robertson, Viktoria H.S.E. (2019): The Theory of Harm in the Bundeskartellamt's *Facebook* Decision. *CPI EU News* S. 1-4.

Robertson, Viktoria H.S.E. (2020a): *Competition Law's Innovation Factor: The Relevant Market in Dynamic Contexts in the EU and US*. Oxford: Hart Publishing.

Robertson, Viktoria H.S.E. (2020b): Excessive Data Collection: Privacy Considerations and Abuse of Dominance in the Era of Big Data. *Common Market Law Review* 57.

Rochet, Jean-Charles und Tirole, Jean (2003): Platform Competition in Two-Sided Markets. *Journal of the European Economic Association* 1, S. 990-1029.

Runciman, David (2019): *How Democracy Ends*. London: Profile Books.

Salop, Steven C und Scott Morton, Fiona (2013): Developing an Administrable MFN Enforcement Policy. *Antitrust* 27, S. 15-19.

Stigler Committee on Digital Platforms (2019): Final Report. [https://research.chicagobooth.edu/-/media/research/stigler/pdfs/digital-platforms---committee-report---stigler-center.pdf?la=en&hash=2D23583FF8BCC560B7FEF7A81E1F95C1DDC5225E
– Letzter Zugriff: 10.12.2019].

Stucke, Maurice E. (2018): Should We Be Concerned About Data-opolies? *Georgetown Law & Technology Review* 2, S. 275-324.

Stucke, Maurice E. and Grunes, Allen P. (2016): *Big Data and Competition Policy*. Oxford: Oxford University Press.

Temple Lang, John (2011): 'Potential' Downstream Markets in European Antitrust Law: A Concept in Need of Limiting Principles. *Competition Policy International* 7, S. 106-130.

Tucker, Darren S. und Wellford, Hill B. (2014): Big Mistakes Regarding Big Data. *Antitrust Source* S. 1-12.

Turow, Joseph, Feldman, Lauren und Meltzer, Kimberly (2005): Open to Exploitation: American Shoppers Online and Offline. *Report from the Annenberg Public Policy Center of the University of Pennsylvania* [https://repository.upenn.edu/cgi/viewcontent.cgi?article=1550&context=asc_papers – Letzter Zugriff: 22.5.2019].

Vaidhyanathan, Siva (2018): *Antisocial Media: How Facebook Disconnects Us and Undermines Democracy*. Oxford: Oxford University Press.

von der Leyen, Ursula (2019): Mission Letter to Margrethe Vestager. 10.9.2019. [https://ec.europa.eu/commission/sites/beta-political/files/mission-letter-margrethe-vestager_2019_en.pdf
– Letzter Zugriff: 6.11.2019].

Waller, Spencer W. (2019): Antitrust and Democracy. *Florida State University Law Review* 45 (im Erscheinen).

Werden, Gregory J. (2018): Back to School: What the Chicago School and New Brandeis School Get Right. [https://papers.ssrn.com/sol3/papers.cfm?abstract_id=3247116 – Letzter Zugriff: 22.5.2019].

Zingales, Nicolo (2018): *Apple/Shazam*: Data Is Power, but Not a Problem Here. *CPI EU News* S. 1-7.

Zuboff, Shoshana (2019): *The Age of Surveillance Capitalism: The Fight for a Human Future at the New Frontier of Power*. London: Profile Books.

Digitalisierung, Nachfrage nach Arbeit und Verteilungspolitik

Anabell Kohlmeier[*] *und Horst Entorf*[**]

Abstract: The paper focuses on the future of work in the era of digitization. By describing previous historical eras of industrialization since 1840, we show that strong changes of the labor market have always taken place, and that substitution processes have constantly and repeatedly led to a persistent demand for labor. We argue that also on future labor markets of digitized automation there will be no end of work. But times could be different with respect to the distribution of labor demand. Findings based on the previous literature suggest that automation could significantly reduce the demand for low skilled employees. The paper discusses education policy initiatives, robot taxes, equity participation plans and other policy measures that might help to alleviate potential problems of future inequality.

Keywords: digitization, history of industrialization, education, labor market skills, inequality, redistribution policy

JEL-Klassifikation: B15, J24, H52, H53, O14, O33

---

[*] Dr. Anabell Kohlmeier, Hochschule Darmstadt, Fachbereich Wirtschaft, Holzhofallee 38, D-64295 Darmstadt • [anabell.kohlmeier@h-da.de]
[**] Prof. Dr. Horst Entorf, Goethe Universität Frankfurt, Fachbereich Wirtschaftswissenschaften, D-60323 Frankfurt • [entorf@wiwi.uni-frankfurt.de]

1. Einleitung

Im Jahre 1995 veröffentlichte Jeremy Rifkin seinen vielbeachteten Bestseller „The End of Work". Rifkin nahm den damals seit zwei Jahrzehnten anhaltenden Abbau von Arbeitsplätzen in der Industrie zum Anlass, diese Entwicklung in die Zukunft fortzuschreiben. Seine Prognose lautete, dass wegen der zunehmenden Automatisierung bis zum Jahr 2020 nur noch 2 Prozent der Beschäftigten im Industriesektor arbeiten würde. Aber auch die Beschäftigung im Dienstleistungssektor würde infolge des Einsatzes intelligenter Maschinen stark schrumpfen. Insgesamt würde es eine Entwicklung geben, bei der es für Geringqualifizierte praktisch keine Beschäftigung mehr gäbe, Massenarbeitslosigkeit die Folge wäre und nur eine kleine Elite die Gewinne der Entwicklung mit der Folge sozialer Unruhen einheimsen würde.[1] Ganz offensichtlich ist die Vorhersage so nicht eingetreten. Im Gegenteil, zumindest im Deutschland des Jahres 2019 gibt es nahezu Vollbeschäftigung, und seit 2007 sind ca. 4,5 Millionen zusätzliche Arbeitsplätze entstanden.

Dennoch: Das „Ende der Arbeit" ist eine oft bemühte Prophezeiung geblieben, die sich insbesondere im Kontext der Digitalisierung besonderer Beliebtheit erfreut. Anders als die zur Zeit der Fertigstellung von Rifkins Buch noch dominierende „dritte industrielle Revolution", die Automatisierung vor allem in Form des Einsatzes von Elektronik und IT erlebte (und auch heute noch erlebt), basiert die „Vierte Industrielle Revolution" auf so genannten „Cyber Physical Systems", bei denen im Verbund „intelligente Fabriken" über das Internet (im „Cyberspace") mit Menschen und Maschinen kommunizieren. Die Automatisierung wird deutlich weiter gehen als bisher, z.B. werden Werkstücke sich ihren Weg durch die Fertigung selbst suchen und auf Maschinenausfälle kann mittels Kommunikation zwischen Werkstücken und Maschinen flexibel reagiert werden. Auch im Dienstleistungssektor, so eine gängige Vorhersage, werden intelligente und vernetzte Serviceroboter den Menschen ersetzen, z.B. als Pflegeroboter oder Transporthelfer. Es spricht also tatsächlich einiges dafür, dass in einer solchen zukünftigen Arbeitswelt viele traditionelle Arbeitsplätze verschwinden werden, insbesondere Routinejobs, die bisher vor allem von geringqualifizierten Arbeitskräften

---

[1] "[…] the growing gap between haves and have-nots will lead to social and political upheaval on a global scale" (Rifkin 1995, S. 13).

ausgeübt wurden. In ihrer vielzitierten Arbeit berechnen Frey und Osborne (2013, 2017), dass 47 Prozent aller US-Amerikaner in Jobs arbeiten, die mit hoher Wahrscheinlichkeit automatisiert werden könnten. Arntz et al. (2016) sind deutlich weniger pessimistisch. Demnach sind in der OECD nur 9 Prozent der Arbeitsplätze potenziell gefährdet, durch Automatisierung ersetzt zu werden. Wie in diesem Aufsatz näher beleuchtet wird, ist jedoch zu befürchten, dass die Auswirkungen von Industrie 4.0 auf Beschäftigung und Lohn ungleich verteilt sein werden, mit der Gruppe der Geringqualifizierten als deutlichen Verlierern.

Diese Konstellation wäre vergleichbar mit der Situation zu Beginn der ersten industriellen Revolution am Anfang des 19. Jahrhunderts, als es in England (und später in Deutschland) zu Protesten der so genannten „Maschinenstürmer" gegen den Einsatz von industriellen Webstühlen kam. Damals führten die durch die Erfindung der Dampfmaschine eingeführten neuen Technologien zwar zu einem enormen wirtschaftlichen Wachstum, gleichzeitig kam es aber zu einer Verarmung der neu entstandenen Arbeiterklasse. Erst mit dem Entstehen der Arbeiterbewegungen wurde die „soziale Frage" in Angriff genommen und durch die Einführung der Kranken-, Unfall- und Rentenversicherung 1883, 1884 und 1889 abgefedert. Auch heutzutage stellt sich die Frage, welche Maßnahmen die Politik ergreifen sollte, falls die zukünftige Entwicklung des Arbeitsmarktes tatsächlich zu einer als zu stark empfundenen Ungleichverteilung des Wohlstands zwischen Hoch- und Niedrigqualifizierten, aber auch z.b. zwischen Jung und Alt führen wird. In diesem Aufsatz werden wir diesbezügliche Ansätze der Wirtschafts-, Verteilungs-, Bildungs- und auch der Regionalpolitik diskutieren. Dabei wird unter anderem die Frage der fortwährenden Weiterbildung, aber auch die Frage einer Besteuerung intelligenter Automaten („Robotersteuer") im Mittelpunkt stehen.

Dieser Aufsatz gliedert sich wie folgt: In Kapitel 2 gehen wir auf die durch industrielle „Revolutionen" verursachten Beschäftigungsentwicklungen ein, wobei die Diskussion der Vorhersagen zu den Auswirkungen der „Vierten Industriellen Revolution" im Vordergrund steht. Kapitel 3 behandelt die zu erwartenden Effekte auf Untergruppen der Erwerbsbevölkerung, z.B. je nach Qualifikation, Alter und Geschlecht. In Kapitel 4 werden Politikmaßnahmen vorgestellt und diskutiert, ob sie geeignet sein könnten, negative Effekte des Digitalisierungszeitalters abzumildern oder gar zu beseitigen. Kapitel 5 fasst wichtige Ergebnisse zusammen.

2. Die vierte industrielle Revolution: Ist diesmal alles anders?

Es herrscht weitgehend Einigkeit darüber, dass wir uns am Anfang einer tiefgreifenden technologischen Veränderung befinden, die man als „Vierte industrielle Revolution" oder auch als „Digitale Revolution" bezeichnet. Nun hat es zuvor schon dreimal radikale Umbrüche der ökonomischen Entwicklung gegeben, die ebenfalls als „Revolutionen" in die Lehrbücher der Wirtschaftsgeschichte eingegangen sind. Bevor wir uns genauer mit den Auswirkungen der digitalen Revolution beschäftigen, liegt es deshalb nahe, sich die Entwicklung der Beschäftigung in Deutschland seit Beginn der (ersten) industriellen Revolution genauer anzusehen. Jedes industrielle Zeitalter hat starke Veränderungen hervorgerufen. Die Nutzung der Dampfkraft für neue mechanische Webstühle und andere Möglichkeiten der industriellen Fertigung führte in der ersten Hälfte des 19. Jahrhunderts zum Ende der Heimarbeit und zur Etablierung eines neuen Typus des Fabrikarbeiters. Ab ca. 1870 begann in Deutschland das Zeitalter der Hochindustrialisierung, in dem Deutschland mit großen und effizienten Industrieanlagen vor allem in den Bereichen Elektrotechnik, Maschinenbau und Großchemie Weltgeltung erreichte. Dieses Zeitalter der zweiten industriellen Revolution wurde ab ca. 1970 durch das Zeitalter der Mikroelektronik abgelöst. Sie ermöglichte die Entwicklung IT-gestützter Automation in der Produktion. Die Datierung des Beginns der digitalen Revolution ist schwierig. Er dürfte jedoch eher im Jahr 2020 als im Jahr 2000 liegen. Zwar produzieren Unternehmen schon seit längerer Zeit Industrieroboter, der breite Einsatz von vernetzten Systemen und die ökonomische Dominanz von „Smart Factories" ist bisher aber nicht realisiert worden.

Abbildung 1 illustriert, dass sich der Umbruch der Beschäftigungsstruktur während der vier Phasen der industriellen Entwicklung eher stetig als „revolutionär" vollzieht. Besonders deutlich ist die Entwicklung weg von der Agrargesellschaft und hin zur „Industrie- und Dienstleistungsgesellschaft". Während 1846 im Agrarbereich noch 57 Prozent beschäftigt waren, waren es 2017 nur noch 1,4 Prozent. Die Phase der Hochindustrialisierung brachte es mit sich, dass es ab ca. 1900 erstmals mehr Industriearbeiter als Beschäftigte im Agrarsektor gab. Der Anteil der Beschäftigten im Produzierenden Gewerbe stieg während der gesamten Phase der zweiten industriellen Revolution weiter an. Mit Beginn der IT-gestützten Wirtschaft sank der Anteil der Industriearbeiter wieder ab. Gleichzeitig stieg die Beschäftigung im Dienstleistungssektor stark an. Ab Mitte der 1970er Jahre gibt es erstmals mehr Beschäftigte im Dienstleistungssektor als Beschäftigte im Verarbeitenden Gewerbe. Im Jahr 2017 arbeiteten dort ca. 75 Prozent aller Beschäftigten. Ein Teil dieses Wachstums ist mit dem Einsatz von IT und hochqualifizierter Arbeit verbunden, wie die Entwicklung der Dienstleistungsbranchen Handel, Banken und Versicherungen zeigt. Jedoch gehört auch ein beträchtlicher Anteil atypischer Beschäftigung (Leiharbeit, Minijobs), z.B. in den Branchen Handel und Gastgewerbe, dazu.

Abb. 1: Beschäftigung nach Wirtschaftssektoren in Prozent, 1846 – 2017

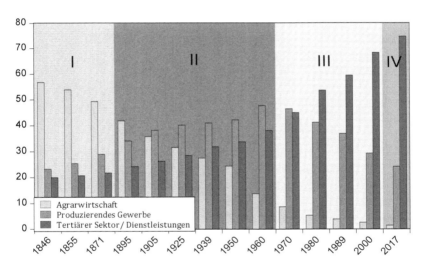

Quelle: Datenquelle der Beschäftigungsanteile für 1846 bis 2000: Pierenkemper (2015); für 2017: Crößmann und Günther (2018). I. bis IV. repräsentiert eine Einordung in die Phasen der ersten, zweiten, dritten und vierten Industrierevolution; 1846-1939: Deutscher Zollverein/Deutsches Reich, 1950-1989: BRD (Westdeutschland), 2000 bis 2017: Deutschland. Eigene Darstellung.

Abb. 2: Erwerbstätigkeit in Deutschland, in Mio., 1846 – 2010

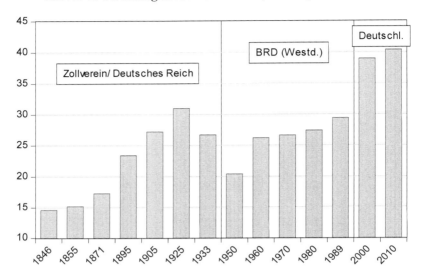

Quelle: Pierenkemper (2015), eigene Darstellung.

Es lässt sich festhalten, dass disruptive Veränderungen der Verteilung von Beschäftigungsanteilen auf die drei großen Wirtschaftssektoren zumindest ab 1846 ausgeblieben sind. Das bedeutet jedoch nicht, dass es keinen massiven Druck zur Anpassung an die jeweils neuen ökonomischen Verhältnisse gegeben hätte. Insbesondere die Beschäftigten in der Landwirtschaft waren dauerhaft gezwungen, sich neue Erwerbsmöglichkeiten zu suchen. In Westdeutschland waren im Jahr 1960 immerhin noch 14 Prozent der Erwerbstätigen im Agrarsektor beschäftigt, 20 Jahre später waren es nur noch 5 Prozent, d.h. nahezu zwei von drei Beschäftigten in der Landwirtschaft haben sich umorientieren müssen (wobei allerdings zu berücksichtigen ist, dass die Gesamtzahl der Erwerbstätigen im Jahre 1980 gegenüber 1960 leicht gestiegen ist, siehe Abb. 2). Es ist im Übrigen eine interessante Beobachtung, dass – ähnlich wir bei der befürchteten Automatisierung im Zuge der Digitalisierung – der Strukturwandel im Agrarsektor durch einen rasanten Anstieg der Nutzung hocheffizienter Automatisierung in Form von z.B. Mähdreschern und anderer Erntemaschinen, Fütterungs- und Melkautomaten hervorgerufen wurde, die die menschliche Arbeitskraft nach und nach ersetzt haben. Festzuhalten ist auch, dass trotz des Verschwindens der Arbeit in der Agrarwirtschaft und des starken Rückgangs der Industriearbeit während des Zeitalters der dritten industriellen Revolution im Jahre 2019 das höchste Niveau an sozialversicherungspflichtiger Beschäftigung seit der Wiedervereinigung erreicht wurde.

Aus der historischen Entwicklung der Reallöhne (Pierenkemper 2015, siehe Abb. 3) lässt sich ableiten, dass es zumindest in einer langfristigen, die Jahrzehnte übergreifenden, Perspektive trotz der nachhaltigen technologischen Veränderungen keine gravierenden gesamtwirtschaftlichen Lohneinbrüche gegeben hat. Die stärksten Zuwächse gab es zwischen 1960 und 1980, also in den Jahren, die im Wesentlichen durch die 1960er Jahre des „Deutschen Wirtschaftswunders" geprägt wurden. In dieser Zeit stieg der Index von 197 auf 460, also um das 2,3-fache. Auch der Übergang in das Zeitalter der Hochindustrie ist mit einem mehr als fünfzigprozentigen Reallohnzuwachs in der Zeit zwischen 1870 und 1900 verbunden.

Abb. 3: Index der Reallöhne in Deutschland (1913 = 100), 1846 – 2000

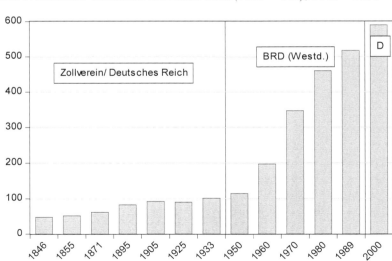

Quelle: Pierenkemper (2015), eigene Darstellung.

Tabelle 1: *Erwerbstätigkeit ausgewählter Untergruppen des Dienstleistungssektors seit 2005, in Prozent der Erwerbstätigkeit insgesamt*

Jahr	I Handel	II Gastgewerbe	III Banken/ Versicherungen	IV Unternehmensnahe Dienstleistungen	V Gesundheit/Soziales	VI Öffentliche Verwaltung, Erziehung, usw.	VII Sonstige Dienstl.
2005	14,7	3,8	3,2	11,0	11,3	12,4	7,2
2012	14,0	4,2	2,9	13,0	12,1	11,7	7,0
2018	13,3	4,3	2,5	13,6	13,3[2]	11,4	6,7

Quelle: nach IW Köln 2019, Originalquelle: Statistisches Bundesamt.

Aus der historischen Entwicklung wird ebenfalls deutlich, dass die Freisetzung von Arbeitsplätzen in der Landwirtschaft und der Industrie vom Dienstleistungssektor aufgefangen wurde. Nach Angaben des Statistischen Bundesamtes war dort im Jahr 2018 ein Anteil von 74,4 Prozent der Erwerbstätigen beschäftigt. Die entscheidende Frage wird sein, ob auch im Zeitalter der Digitalisierung der Dienstleistungssektor Beschäftigungsmöglichkeiten liefern kann, oder ob gerade hier im hohen Maße die Folgen der Automatisierung und Robotik spürbar werden. Unter der Annahme, dass allgemeine Tendenzen der Entwicklung für die nächsten 10 bis 20 Jahre bereits zum heutigen Zeitpunkt sichtbar sind, lohnt sich ein Blick auf die Zusammensetzung und die Beschäftigungstrends innerhalb des Dienstleistungssektors.

Aus Tabelle 1 wird ersichtlich, dass die Entwicklung im Dienstleistungssektor heterogen verläuft. Ein deutlicher Beschäftigungsverlust ist

[2] Wert für das Jahr 2017.

im Bereich des Handels, der Finanzdienstleistungen und auch der Öffentlichen Verwaltung zu verzeichnen, während die Beschäftigung im Bereich Gesundheit/Soziales gestiegen ist. Ein Zuwachs konnte auch das Gastgewerbe verzeichnen. Die Beschäftigungsverluste im Banken- und Versicherungsgewerbe (siehe z.b. Brühl, 2017) und im Handel (starke Fokussierung auf Online Handel) dürften tatsächlich auf die zunehmende Digitalisierung von Teilen des Dienstleistungssektors zurückzuführen sein. Auch einfache Verwaltungstätigkeiten sind durch automatisierte und digitalisierte Arbeitsabläufe weggefallen. Eine deutliche Aufwärtsbewegung haben hingegen die Unternehmensnahen Dienstleistungen erfahren. Diese Entwicklung ist schwer zu beurteilen, da in den vergangenen Jahren Unternehmen viele Dienste, die bisher intern erledigt wurden, ausgelagert haben. Auch ungeachtet dieser Sonderentwicklung dürfte der Bedarf für IT-gestützte Dienstleistungen in Forschung und Entwicklung, Marketing, Vertrieb und Management weiterhin für eine hohe Nachfrage nach Beschäftigten der Branche sorgen. Die Entwicklung im Bereich „Gesundheit und Soziales" ist und wird auch zukünftig stark von demographischen Veränderungen getrieben. Es ist wahrscheinlich, dass der Arbeitskräftebedarf in diesem Teilbereich des Dienstleistungssektors weiter ansteigen wird.

Zusammenfassend lässt sich sagen, dass einerseits die Erfahrungen aus den bisherigen „Revolutionen" der Wirtschaftsgeschichte nicht dafür sprechen, dass plötzliche und umwälzende Veränderungen auftreten werden. Andererseits lässt sich die einleitende Frage, ob diesmal alles anders wird, nicht allein durch eine historische Rückschau beantworten. Im folgenden Abschnitt soll daher die heterogene Struktur des zukünftigen Arbeitsmarktes genauer betrachtet werden.

3. Die Auswirkungen der Digitalen Revolution im Lichte der bisherigen Diskussion

3.1. Die Arbeit geht nicht aus, sie wird nur anders verteilt

Eine der bekanntesten, einflussreichsten, pessimistischen und zugleich umstrittensten Untersuchungen zu den Folgen der Digitalen Revolution stammt von Frey und Osborne (2013, 2017). In einem im Jahr 2013 entstandenen Diskussionspapier, das 2017 in gekürzter Form in der Zeitschrift „*Technological Forecasting and Social Change*" veröffentlicht wurde, werten die Autoren Befragungen von US-Arbeitsmarkt- und Technologieexperten zu der Entwicklung von 702 Berufen aus. Sie kommen zu dem Ergebnis, dass durch Automatisierung in den nächsten 10 bis 20 Jahren 47 Prozent aller US-Beschäftigten in Jobs arbeiten, die mit hoher Wahrscheinlichkeit (>70 Prozent) automatisiert werden könnten. Nach dieser Analyse wären vor allem Beschäftigungsverhältnisse in den Bereichen der Logistik, des Transports und der Produktion gefährdet, aber auch in den Bereichen der Administration und, bedingt durch eine starke Ausbreitung von Service-Robotern, auch des Dienstleistungssektors betroffen. Für die Lohnstruktur sei damit zu rechnen, dass mit der zunehmenden Automatisierung die gegenwärtig vorherrschende Polarisierung der Löhne (mit Vorteilen in den unteren und den oberen Qualifikationsgruppen, siehe Autor, 2006) zu Ende gehe, und von einer Ära mit zunehmenden Lohnverfall bei Geringqualifizierten abgelöst würde. Diese Ansicht wird im Übrigen von dem ansonsten weit weniger pessimistischem Arbeitsmarktökonom David Autor (2015) geteilt.

Die Studie von Frey und Osborne (2013, 2017) wurde von Bonin et al. (2015) in einer Untersuchung des Zentrums für Europäische Wirtschaftsforschung (ZEW) mit der gleichen Methodik für deutsche Daten repliziert. Vergleicht man die Ergebnisse mit den Ergebnissen aus den USA, so ergeben sich ähnliche Erkenntnisse. In Deutschland gäbe es demnach nur unwesentlich weniger Beschäftigte in der höchsten Risikogruppe einer möglichen Automatisierung, nämlich 42 Prozent anstatt 47 Prozent in den USA. Die Ergebnisse von Frey und Osborne basieren jedoch auf der Einschätzung der Zukunftsfähigkeit gesamter Berufe. Bonin et al. (2015) kritisieren jedoch, dass ein solcher berufsorientierte Ansatz vernachlässigt, dass in einem Beruf nicht nur *eine* einzige homogene Tätigkeit, sondern eine Vielzahl von verschiedenen Tätigkeiten ausgeübt wird. Bonin et al. (2015) weisen entsprechend darauf hin, dass die Ergebnisse von Frey und Osborne unrealistisch sind, wenn man bei der Substitution der den Berufen zugrundeliegenden Tätigkeiten ansetzt, anstelle der Substitution vollständiger Berufe. Das mit zunehmender Automatisierung die Nachfrage nach menschlicher Arbeit nicht verschwinden wird, liegt daran, dass selbst Arbeitsplätze mit einer insgesamt hohen Automatisierungsgefährdung Tätigkeitsbereiche aufweisen, die nicht oder nur schwerlich automatisierbar sind. Trotz eines hohen Automatisierungspotenzials werden viele Tätigkeiten weiterhin einen beträchtlichen Anteil menschlicher Flexibilität, Anpassungsfähigkeit oder Kreativität verlangen. Z.B. sind Einzeltätigkeiten eines Gärtners, Kochs oder Kellners vermutlich weitgehend automatisierbar, dennoch dürfte die Gartengestaltung oder die Ermöglichung eines gelungenen Mahls im persönlichen Ambiente eines Restaurants schwerlich zu 100 Prozent von Robotern bewerkstelligt werden können.

Bonin et al. (2015) verfolgen deshalb alternativ den so genannten „Task Based Approach" (basierend auf Autor et al., 2003). Außerdem berücksichtigen sie, dass die Tätigkeitsfelder von Berufen in den Vereinigten Staaten möglicherweise nicht mit denen in Deutschland übereinstimmen. Bei der Untersuchung von Tätigkeitsprofilen kommen Bonin et al. (2015) letztlich zu deutlich weniger dramatischen Ergebnissen als Frey und Osborne. Demnach weisen in den Vereinigten Staaten nur neun Prozent der Arbeitsplätze Tätigkeitsprofile mit einer relativ hohen Automatisierungswahrscheinlichkeit auf. In Deutschland trifft dies auf zwölf Prozent der Arbeitsplätze zu. Der Anteil der Arbeitsplätze mit hoher Automatisierungswahrscheinlichkeit ist für beide Länder also deutlich geringer als bei Frey und Osborne. Jedoch zeigen auch die Ergebnisse der ZEW-Studie, dass die Automatisierungswahrscheinlichkeit für Geringqualifizierte relativ hoch ausfallen dürfte. Die Studie von Bonin et al. (2015) wurde von Arntz et al. (2016, 2017) für 21 OECD Länder wiederholt und vertieft. Die Autoren zeigen, dass der Anteil der Beschäftigten, der mit hoher Wahrscheinlichkeit (von mehr als 70 Prozent) automatisierbar wäre, in den OECD Ländern zwischen sechs Prozent (Korea und Estland) und zwölf Prozent (Deutschland und Österreich) schwankt. Die Autoren weisen darauf hin, dass die Ergebnisse damit im Rahmen dessen liegen, was andere Studien für den deutschen Arbeitsmarkt erwarten lassen. So ergibt sich aus einer repräsentativen Umfrage von Beschäftigten, dass 13 Prozent der Befragten befürchten, dass sie mit hoher oder sehr hoher Wahrscheinlichkeit von Maschinen ersetzt werden (Bundesministerium für Arbeit und Soziales, 2016). Auch die IAB-Studie von Dengler und Matthes (2015) ergibt, dass „lediglich" 15 Prozent der sozialversicherungspflichtig Beschäftigten des Jahres 2013 einem sehr hohen (> 70 Prozent) Substituierungspotenzial ausgesetzt sind. Diese Studie beruht auf den Berufsdaten der Expertendatenbank BERUFENET der Bundesagentur für Arbeit und kann somit die Spezifika des deutschen Arbeitsmarktes und Bildungssystems unmittelbar berücksichtigen.

Als Kritik an den Ergebnissen von Frey und Osborne wird, neben der Nichtberücksichtigung der Heterogenität der Tätigkeitsstrukturen, ferner angeführt, dass die Ergebnisse im hohen Maße auf den subjektiven Einschätzungen von Robotik-Experten zur Automatisierbarkeit von Berufen beruhen. Autor (2014) und Bonin et al. (2015) weisen darauf hin, dass diese professionsbedingt dazu neigen, die Einsatzmöglichkeiten und praktische Relevanz neuer Technologien zu überschätzen und die komparativen Vorteile von Menschen bei Tätigkeiten mit hohen Anforderungen an Flexibilität, Urteilskraft und gesundem Menschenverstand zu unterschätzen. Hinzuzufügen wären hier zu erwartende gesellschaftliche Widerstände und ethische Bedenken, die in den Studien bisher keine Berücksichtigung gefunden haben.

Eine grundsätzlich optimistische Sichtweise vertritt der US-Arbeitsmarktökonom David Autor (2015) in einem Essay im *Journal of Economic Perspectives*. Als Ausgangspunkt seiner Überlegungen erinnert er daran, dass Automatisierung schon seit Jahrzehnten und Jahrhunderten Arbeitskraft ersetzt hat, wie auch im Abschnitt 2 dieses Aufsatzes anhand der Entwicklung des Agrarsektors verdeutlicht. Das dennoch nicht die Arbeit ausgegangen ist, liege daran, dass sich mit neuen technologischen Möglichkeiten stets starke Komplementaritäten von Arbeit und Maschinen ergeben haben, die eine höhere Produktivität, steigende Nachfrage und höhere Löhne mit sich brachten. Nach Meinung von Autor (2015) ignorieren vor allem Journalisten, aber auch viele wissenschaftliche Automatisierungs-Kommentatoren, die zukünftige Jobchancen durch Automatisierung. Demgegenüber kommt es zu einer Überbetonung der Risiken. Tätigkeiten, die Interaktion, Flexibilität, Kreativität, Anpassungsfähigkeit und individuelle Problemlösungsfähigkeit verlangen, würden stärker nachgefragt werden. Außerdem sei nicht zu unterschätzen, dass insbesondere im Dienstleistungsbereich eine persönliche *Face-to-Face*-Betreuung die Nachfrage der Dienstleistungsempfänger eher befriedigen dürfte als eine unpersönliche Remote-Lösung.

Der Rückblick auf die historische Entwicklung lehrt uns auch, dass auch hochqualifizierte Beschäftigte nicht grundsätzlich von einem Arbeitsplatzverlust verschont bleiben, und dass auch zukünftig Berufe, wie etwa Bankkaufleute oder Angestellte im Rechnungswesen, trotz ihres anspruchsvollen Ausbildungsniveaus, obsolet werden könnten. Dennoch, die Erfahrung zeigt, dass ein gutes Qualifikationsniveau einen Umstieg in eine neue Tätigkeit vereinfacht, insbesondere wenn die Nachfrage nach "neuen" Berufen groß ist. Das zentrale gesellschaftliche Problem ist jedoch, wie auch Autor (2015) konstatiert, ob es gelingen wird, den kritischen Anteil der bisher Niedrigqualifizierten mit ausreichendem Bildungskapital auszustatten, so dass sie in einer zukünftigen Mensch-Maschinen-Arbeitswelt Schritt halten können. Interne und externe Weiterbildung wird eine zentrale Aufgabe von Firmen und Staaten werden. Ob dies in einer Weise erfolgreich sein kann, dass eine hohe Arbeitslosigkeit von geringqualifizierten Beschäftigen verhindert wird, ist fraglich und wird in den einschlägigen Studien zu den Folgen der Automatisierung eher verneint. Ein bisher in der Literatur stark vernachlässigter Aspekt ist daher nicht die Frage, ob Arbeit knapp wird, sondern wie die Renditen einer zukünftigen automatisierten Arbeitswelt (gerecht) verteilt werden können. Verteilungskonflikte zwischen Besitzern und Nicht-Besitzern von Maschinen scheinen vorprogrammiert zu sein. In den nächsten Abschnitten identifizieren wir deshalb mögliche Gewinner und Verlierer der Digitalisierung und diskutieren Möglichkeiten der Verteilungspolitik zur Überwindung drohender gesellschaftlicher und ökonomischer Konflikte.

3.2. Verteilungswirkungen und betroffene Beschäftigungsgruppen

a) Niedrigqualifizierte Arbeit

Die Literatur stimmt weitgehend darin überein, dass die Mehrzahl der neu entstehenden Arbeitsplätze ein relativ komplexes Tätigkeitsspektrum umfassen wird, das zumindest ein mittleres Bildungsniveau erfordert. Einfache, vor allem manuelle Routinetätigkeiten werden am wahrscheinlichsten einem Substitutionsdruck ausgesetzt sein, während Berufe mit Bedarf an überwiegend analytischen und interaktiven Fähigkeiten eine stärkere Nachfrage haben dürften. Wie stark sich der technologische Wandel auf die Arbeitslosigkeit und die Löhne der Niedrigqualifizierten in Deutschland tatsächlich auswirkt, wird nicht zuletzt vom Fortbestand der 1994 von der IG Metall erstmals realisierten Politik der „Beschäftigungssicherung" (TV Besch) abhängen (siehe dazu Spitzley und Richter, 2003; Allespach et al. 2010). Die Weiterführung dieser Politik verlangt, dass Gewerkschaften und Belegschaften auch zukünftig bereit sind, eine Umverteilung von weniger Arbeitszeit und Lohn auf alle zu akzeptieren. Das bekannteste Beispiel für eine erfolgreiche Praxis der Beschäftigungssicherung ist die Einführung der 4-Tage-Woche zur Bewältigung der Volkswagen-Krise in den Jahren 1993 und 1994. Der Umgang mit den Folgen der Finanzkrise von 2008/09 hat zudem gezeigt, dass auch eine Zusammenarbeit von Staat und Tarifpartnern beim Instrument der Kurzarbeit gravierende Beschäftigungseinbrüche verhindern kann (damals in Kombination mit dem Abbau von Arbeitszeitkonten, die für Geringqualifizierte im Zeitalter der Digitalisierung jedoch schwerlich aufgebaut werden können und daher als Maßnahme entfallen dürften). Ob allerdings die in „normalen" konjunkturellen Beschäftigungskrisen der Vergangenheit bewährten Maßnahmen der Beschäftigungssicherung auch in zukünftigen Zeiten einer dauerhaft veränderten Arbeitsnachfrage anwendbar sind, ist keineswegs klar und hängt nicht zuletzt von dem Willen zur anhaltenden (und nicht nur vorübergehenden) Kooperation seitens der Arbeitnehmervertreter und wohl auch vom Ausmaß der flankierenden staatlichen Unterstützung ab.

Bei aller Skepsis für die Zukunft schulisch und beruflich unterdurchschnittlich ausgebildeter Erwerbstätiger ist darauf hinzuweisen, dass die Veränderungen der Arbeitswelt und zukünftige gesellschaftliche Entwicklungen auch diesen Gruppen neue Jobchancen bieten können. So dürften z.B. neue einfache Tätigkeiten durch „Assistenz" von Automaten entstehen, die in Überwachung und Instandhaltung bestehen, aber auch in der Füllung von „Restfunktionen" und „Automatisierungslücken". Ein sehr großer Arbeitskräftebedarf wird durch die wachsende Nachfrage nach „sozialer" Arbeit (soziale Betreuung, Kindererziehung, Krankenpflege, Integrationsbegleiter, Betreuung von Demenzkranken usw.) entstehen. Hervorzuheben ist die steigende Nachfrage nach Arbeitskräften in Langzeitpflegeeinrichtungen. So zeigen Berechnungen von Rothgang et al. (2016) im Auftrag der Bertelsmann Stiftung, dass sich im Vergleich zum Referenzjahr 2013 bis zum Jahr 2030 in diesem Arbeitsmarktsegment eine zusätzliche Personallücke von rund 350.000 Vollzeitäquivalenten eröffnet, wenn keine Gegenmaßnahmen ergriffen werden.

b) Beschäftigte in benachteiligten Regionen

Die Chancen der Digitalisierung sind regional ungleich verteilt. Zum Beispiel stellen Wiechmann und Terfrüchte (2017) fest, dass über die Hälfte der 402 deutschen Landkreise zum Zeitpunkt der Untersuchung nur eher schlechte Digitalisierungschancen besitzt. Eindeutig am schlechtesten schneiden dabei die Landkreise Ostdeutschlands ab. Dort sind die Voraussetzungen für „Smart Cities", wie etwa eine ausreichende Breitbandverfügbarkeit, besonders häufig mangelhaft. Diese Regionen benötigen regionalpolitische Unterstützung um im Zeitalter der Digitalisierung nicht den Anschluss zu verlieren.

c) Erwerbstätigkeit von Frauen

Die Digitalisierung der Arbeitswelt birgt für Frauen spezifische Beschäftigungsrisiken, aber eventuell noch mehr Chancen. Zum einen sind bei den gefährdetsten Berufsgruppen die oft von Frauen besetzten Büro- und Sekretariatsberufe zu finden, die mit besonders hoher Wahrscheinlichkeit automatisiert werden können. Zum anderen ist zu erwarten, dass „Sorgearbeit" (soziale Arbeit, haushaltsnahe Dienstleistungen, Gesundheit/Pflege, Erziehung) gesellschaftlich zunehmend wichtiger und ökonomisch aufgewertet werden wird. Ohnehin sind die am wenigsten gefährdeten Zukunftskompetenzen jene, die Empathie und Kommunikationsfähigkeit verlangen, also gerade jene Bereiche, bei denen Frauen gegenüber Männern Vorteile haben dürften (z.B. Christov-Moore et al., 2014). Jedoch sind weitere Anstrengungen der Bildungspolitik vonnöten, sogenannte MINT-Fächer für Schülerinnen und Studentinnen attraktiver zu machen, um geschlechtsspezifische Nachteile in technologisch orientierten Kernbereichen zu vermeiden.

d) Ältere Arbeitnehmer

Die „Smart Factories" des Zeitalters der Vierten Industriellen Revolution verlangen andere Fähigkeiten und Kenntnisse, als die von dem älteren Teil der Belegschaften erlernten und traditionell praktizierten. Damit sind ältere Arbeitnehmer nicht nur von den Risiken der Verdrängung durch Digitalisierung, sondern gleichzeitig auch durch die Konkurrenz der jüngeren und passender ausgebildeten Beschäftigten betroffen. Möchten Ältere Schritt halten, so müssen sie die gewünschten Kompetenzen erst erwerben. Das erfordert den Willen und die Bereitschaft der Weiterbildung. In Bellmann und Leber (2008) berichten die Autoren, dass die für

Weiterbildung genutzte Zeit mit zunehmenden Alter stark zurückgeht. In einer aktuellen Studie des IAB (Heß et al 2019) stellen die Autoren fest, dass ausgerechnet jene Erwerbstätige mit einem hohen Anteil von Routinetätigkeiten besonders selten an Weiterbildungsaktivitäten teilnehmen. Es ist zu hoffen, dass zukünftig der Willen zur Weiterbildung deutlich stärker vorhanden ist, wobei jedoch auch das Weiterbildungsangebot altersspezifisch angepasst werden muss.

Andererseits gibt es durch automatisierte Arbeit durchaus körperliche Entlastungen, die hilfreich für älteren Produktionsarbeiter wären. Acemoglu und Restrepo (2017) sehen sogar in dem verstärkten Einsatz von Robotern nicht das Problem, sondern die notwendige Lösung des Problems des alternden (und schrumpfenden) Arbeitskräftepotenzials vieler Industrienationen.

4. Digitale Herausforderungen der Wirtschafts-, Bildungs- und Sozialpolitik

Auch wenn Massenarbeitslosigkeit als Folge der Digitalisierung sehr wahrscheinlich nicht eintreten wird, so drohen doch gesellschaftliche Spannungen wegen einer zunehmenden Ungleichheit zulasten der niedrigqualifizierten Bildungsverlierer. Ebenso werden Kapitalbesitzer, also jene mit Eigentum von Robotern und mit Investitionen in hochproduktive „Smart Factories" die Nutznießer der strukturellen Veränderungen sein. Kapitaleinkommen dürften steigen und Lohneinkommen sinken. Ältere Arbeitnehmer, Frauen und ostdeutsche Regionen könnten möglicherweise (noch weiter) zurückfallen, wenn man den Risiken der Digitalisierung nicht vorzeitig entscheidend begegnet.

Um nicht erst nach dem Entstehen einer gravierenden Ungleichheit von Einkommen und Kapital als Reparaturbetrieb der Digitalisierung reagieren zu müssen, ist der Staat dringend gefordert mit einer aktiven Wirtschafts- und Sozialpolitik präventiv tätig zu sein, so dass nicht nur wenige, sondern alle am technischen Fortschritt teilhaben können. An erster Stelle wird eine massive Bildungs- und Weiterbildungsinitiative stehen müssen, die deutlich über das hinausgeht, was derzeit als Angebot zur Verfügung steht. Sowohl berufliche als auch allgemeine Ausbildungsinhalte müssen zukunftsfähig gemacht werden. Die 2016 von der

Kultusministerkonferenz beschlossene Strategie „Berufliche Bildung 4.0", bei der Lernen und Lehren im digitalen Kontext zu einem integralen und verpflichtenden Bestandteil des Bildungsauftrages von Schule und beruflicher Bildung sein soll, ist ein Schritt in die richtige Richtung. Das duale Berufsausbildungssystem und die allgemeinbildenden Schulen benötigen signifikante Erweiterungen zur Vorbereitung auf die digitalisierte berufliche Zukunft. Das erfordert jedoch zuallererst digitale Weiterbildung der Lehrkräfte und eine verbesserte Ausstattung von Schulen und Berufsschulen. Der nur mühsam von Bund und Ländern auf den Weg gebrachte DigitalPakt-Schule kann hier nicht mehr als ein Anfang sein. In der allgemeinbildenden Ausbildung sind nicht nur MINT-Fächer stärker in den Fokus zu rücken, sondern es gilt, vom Kindergarten an, jene Ausbildungsinhalte zu stärken, die Menschen einen komparativen Vorteil gegenüber Maschinen verschaffen, also vor allem Kreativität und soziale Interaktion.

In der aktuellen wirtschaftswissenschaftlichen Literatur werden verschiedene Ansätze diskutiert, die helfen sollen, eine zu hohe Ungleichheit gar nicht erst entstehen zu lassen (siehe zum Beispiel Bosch 2018, Südekum 2018, Wrede 2018 und Krämer 2019). Am populärsten dürften dabei Vorschläge zur Einführung eines bedingungslosen Grundeinkommens, die Erhebung einer so genannten „Robotersteuer" und die Idee der Mitarbeiterbeteiligung sein.

Das bedingungslose Grundeinkommen (BGE) ist dabei die radikalste Strategie, die unter anderem von dem Philosophen David Precht (2018) medienwirksam befürwortet und als „Utopie für die digitale Gesellschaft" gesehen wird. Er geht dabei von der extremen Vorstellung aus, dass Menschen nutzlos werden, weil ihnen die Arbeit ausgeht, sie aber deshalb gesellschaftlich nicht stigmatisiert werden dürften. Zur Finanzierung des von ihm vorgeschlagenen BGE von mindestens 1.500 Euro monatlich schlägt Precht die Einführung einer Finanztransaktionssteuer vor. Das dies bei weitem nicht ausreicht, zeigt eine Abschätzung der EU Kommission (2011), die in einer Studie von einem möglichen Steueraufkommen von nur 57,1 Mrd. Euro ausging – für die gesamte EU (siehe dazu auch Schäfer und Karl, 2012). Unabhängig von der unbefriedigenden Antwort auf die Frage der Finanzierung, birgt ein BGE weitere Unwägbarkeiten. Zwar würde es einen erheblichen Teil des Arbeitsangebots binden und auch Niedrigqualifizierten eine ausreichende gesellschaftliche Teilhabe sichern, jedoch ist die extreme Sichtweise, nämlich dass

Arbeit verschwindet, falsch, so dass durch den Wegfall eines Teils des Arbeitsangebots Arbeit knapp wird. Für den verbleibenden Teil von Arbeitsanbietern werden dadurch Lohnerhöhungen leichter durchsetzbar sein. Die Ungleichheit würde also nicht verringert, sondern zugunsten der arbeitenden Bevölkerung erhöht. Schließlich sollte auch nicht vergessen werden, dass das BGE kein Ersatz für jene sein kann, die Arbeit als sinnstiftendes Element ihres Lebens ansehen.

Eine andere auf den ersten Blick einleuchtende Sichtweise besteht darin, digitalen Maschineneinsatz stärker zu besteuern und die entsprechenden Einnahmen bspw. für Umschulungsmaßnahmen zu nutzen. Ein prominenter Anhänger dieser Idee ist Bill Gates, von dem das Zitat stammt: *„Wenn Roboter die Arbeit übernehmen, sollte man bedenken, dass wir den Roboter auf ähnliche Weise besteuern"*. Auch hier dürfte die praktische Umsetzung schwierig sein. Ein Besteuerung bewirkt zwar, dass Kapitaleinkommen stärker besteuert werden und dass man die Substitution von Arbeit durch Maschinen verlangsamt, es bedeutet aber auch gleichzeitig, dass eine Volkswirtschaft wie Deutschland im international Wettbewerb zurückfällt, dass Industrien ins steuerlich günstige Ausland verlagert werden und dass letztlich sogar Jobverluste hingenommen werden müssen. Insgesamt gesehen erscheint der Gedanke, das volkswirtschaftliche Wachstum klein zu halten, damit weniger ungleich verteilt wird, kein richtiger Ansatz zu sein.

Eine Quelle zukünftiger Ungleichheit ist auch die Frage, in wessen Hände die Verantwortung über die Roboter liegen: „Who owns the robots rules the world" (Freeman 2015). Es liegt daher nahe, Kapital- und Unternehmensanteile breiter zu verteilen, indem man Mitarbeiter an den Unternehmen beteiligt und so für eine größere Verteilungsgerechtigkeit sorgt. Damit könnten rückläufige Arbeitseinkommen durch steigende Einkommen aus Aktienportfolios kompensiert werden. Die bisherige empirische Literatur zu dem Thema gibt wenig Auskunft über die produktiven Erfolgsaussichten, da es sich bei den Unternehmen mit Mitarbeiterbeteiligung eher um eine selektive Auswahl von besonderen Unternehmen gehandelt hat, so dass die zudem noch spärlichen Ergebnisse schwerlich verallgemeinerbar sind (siehe Hübler, 1995; Wolf und Zwick, 2002). Südekum (2018) rät dennoch, über Modelle der Mitarbeiterbeteiligung nachzudenken, wenngleich auch er unter anderem zu bedenken gibt, dass mit einer Mitarbeiterbeteiligung Arbeitnehmer nicht nur Chancen haben, sondern auch das Risiko eines Vermögensverlustes tragen. Außerdem dürften sich Gewinne der Unternehmen sehr unterschiedlich entwickeln (insbesondere bei den so genannten Superstarunternehmen), so dass neue Quellen von Ungleichheit entstehen könnten.

5. Zusammenfassung und Ausblick

In diesem Aufsatz gehen wir der Frage nach, welche Konsequenzen die Digitalisierung für Bildungsbenachteiligte und Niedrigqualifizierte haben könnte und welche Herausforderungen sich damit für die Wirtschafts-, Bildungs- und Sozialpolitik ergeben. Zwecks historischer Einordung der aktuellen Entwicklungen betrachten wir die derzeitige „Vierte industrielle Revolution" im Kontext der vorherigen drei industriellen Zeitalter, um zu erkennen, dass technologiebedingte Substitution von Arbeit und fortschrittsgetriebener Wandel von Arbeitsinhalten immer schon stattgefunden hat und bisher zu keinem Versiegen der Arbeitsnachfrage geführt hat. Auch seriöse Untersuchungen zu den aktuellen „Bedrohungen" von Arbeit gehen nicht davon aus, dass menschliche Arbeitskraft zukünftig überflüssig wird. Dennoch sagen viele Studien voraus, dass niedrigqualifizierte Arbeit für manuelle Routinetätigkeiten deutlich weniger nachgefragt werden dürfte. In diesem Aufsatz diskutieren wir ferner, ob weibliche Beschäftigte, ältere Arbeitnehmer und Beschäftigte in benachteiligten Regionen zu den Verlierern der Digitalisierung gehören könnten. Ein Schwerpunkt des Aufsatzes ist die Diskussion der Herausforderungen, die sich für die Politik aus der Gefahr einer (zu) hohen Ungleichheit ergeben. Es stellt sich heraus, dass populäre Forderungen, wie etwa die nach der Einführung einer Robotersteuer oder nach einem bedingungslosen Grundeinkommen, wenig aussichtsreich sind. Am ehesten dürfte die nicht neue, wenig spektakuläre, aber darum nicht weniger richtige Forderung nach einer breiten Weiterbildungsinitiative verfangen, die jene Fähigkeiten fördert, die in einem digitalen Zeitalter benötigt werden.

Literatur

Acemoglu, Daron und Restrepo, Pascual (2017): Secular Stagnation? The Effect of Aging on Economic Growth in the Age of Automation. *American Economic Review* 17, S. 174-179.

Allespach, Martin, Donath, Peter und Guggemos, Michael (2010): Aktiv aus der Krise. *WSI Mitteilungen* 9, S. 486-489.

Arntz, Melanie, Gregory, Terry und Zierahn, Ulrich (2016): The Risk of Automation for Jobs in OECD Countries: A Comparative Analysis. *OECD Social, Employment and Migration Working Papers*, No. 189, OECD Publishing, Paris.

Arntz, Melanie, Gregory, Terry und Zierahn, Ulrich (2017): Revisiting the Risk of Automation, *Economics Letters* 159, S. 157-160.

Autor, David H., Levy, Frank und Murnane, Richard J. (2003): The Skill Content of Recent Technological Change: An Empirical Exploration. *The Quarterly Journal of Economics* 118, S. 1279-1333.

Autor, David H. (2015): *Polanyi's Paradox and the Shape of Employment Growth*, Federal Reserve Bank of Kansas City: Economic Polica Proceedings, Reevaluation Labor Market Dynamics, S. 129-177.

Autor, David H. (2015): Why Are There Still So Many Jobs? The History and Future of Workplace Automation. *Journal of Economic Perspectives* 29, S. 3-30.

Autor, David H., Katz, Lawrence F. und Kearney, Melissa S. (2006): The Polarization of the U.S. Labor Market. *American Economic Review* 96, S. 189-194.

Bellmann, Lutz und Leber, Ute (2008: Weiterbildung für Ältere in KMU. *Sozialer Fortschritt*, S. 43-48.

Bonin, Holger, Gregory, Terry und Zierahn, Ulrich (2015): Übertragung der Studie von Frey/Osborne (2013) auf Deutschland, *ZEW Kurzexpertise* Nr. 57, Zentrum für Europäische Wirtschaftsforschung (ZEW), Mannheim.

Bosch, Gerhard (2018): Kann ein bedingungsloses Grundeinkommen vor den Unsicherheiten des Arbeitsmarktes schützen? *IAQ Standpunkt* 03/2018, Institut Arbeit und Qualifikation, Fakultät für Gesellschaftswissenschaften, Universität Duisburg-Essen.

Bundesministerium für Arbeit und Soziales (Hrsg.) (2016): *Monitor Digitalisierung am Arbeitsplatz. Aktuelle Ergebnisse einer Betriebs- und Beschäftigtenbefragung*, Berlin.

Christov-Moore, Leonardo, Elizabeth A. Simpson, Gino Coudé, Kristina Grigaityte, Marco Iacoboni und Pier Francesco Ferrari (2014): Empathy:

Gender effects in brain and behavior, Neuroscience and Biobehavioral Reviews 46, S. 604-627.

Crößmann, Anja und Günther, Lisa (2018): *Arbeitsmarkt*, in: Bundeszentrale für politische Bildung (Hg.): Datenreport 2018. Ein Sozialbericht für die Bundesrepublik Deutschland, Bonn, S. 149-165.

Dengler, Katharina und Matthes, Britta (2015): Folgen der Digitalisierung für die Arbeitswelt. Substituierbarkeitspotentiale von Berufen in Deutschland, *IAB Forschungsbericht* 11/2015, Nürnberg.

EU Kommission (2011): Commission Staff Working Paper Impact Assessment, accompanying the document Proposal for a Council Directive on a common system of financial transaction tax and amending Directive 2008/7/EC, Bd. 12. [https://ec.europa.eu/smart-regulation/impact/ia_carried_out/docs/ia_2011/sec_2011_1102_en.pdf
– Letzter Zugriff am 17.11.2019]

Freeman, Richard B. (2015): Who Owns the Robots Rules the World. *IZA World of Labor*, Mai 2015.

Frey, Carl B. und Osborne, Michael A. (2013): *The Future of Employment: How Susceptible are Jobs to Computerization?*, University of Oxford.

Frey, Carl B. und Osborne, Michael A. (2017): The Future of Employment: How Susceptible are Jobs to Computerization? *Technological Forecasting and Social Change* 114, S. 254-280.

Heß, Pascal, Janssen, Simon und Leber Ute (2019): Beschäftigte, deren Tätigkeiten durch Technologien ersetzbar sind, bilden sich seltener weiter, *IAB Kurzbericht* 16/2019.

Hübler, Olaf (1995): Produktivitätssteigerung durch Mitarbeiterbeteiligung in Partnerschaftsunternehmen? *Mitteilungen aus der Arbeitsmarkt- und Berufsforschung* 28, S. 214-223.

IW Köln (2019): Deutschland in Zahlen. [https://www.deutschlandinzahlen.de/
– Letzter Zugriff: 17.11.2019]

Krämer, Hagen (2019): Digitalisierung, Monopolbildung und wirtschaftliche Ungleichheit. *Wirtschaftsdienst*, 1, S. 47-52

Pierenkemper, Toni (2015): Arbeit, Einkommen und Lebensstandard, in: Thomas Rahlf (Hg.), *Deutschland in Daten. Zeitreihen zur Historischen Statistik*. Bonn, S. 142-153

Precht, Richard D. (2018): *Jäger, Hirten, Kritiker: Eine Utopie für die digitale Gesellschaft*. Berlin.

Rifkin, Jeremy (1995): *The end of work: The decline of the global labor force and the dawn of the post-market era*. GP Putnam's Sons, New York, NY.

Rothgang, Heinz, Kalwitzki, Thomas, Unger, R. und Amsbeck, Hannah (2016): *Pflege in Deutschland im Jahr 2030. Regionale Verteilung und Herausforderungen*, Bertelsmann Stiftung, Gütersloh.

Schäfer, Dorothea und Karl, Marlene (2012): Finanztransaktionssteuer: ökonomische und fiskalische Effekte der Einführung einer Finanztransaktionssteuer für Deutschland; Forschungsprojekt im Auftrag der SPD-Fraktion im Bundestag, *Politikberatung kompakt* 64, DIW, Berlin.

Spitzley, Helmut und Richter, Götz (2003): *Unternehmenskrise = Arbeitsplatzabbau? ... Es geht auch anders! Der Tarifvertrag zur Beschäftigungssicherung in der Praxis.* Frankfurt am Main.

Südekum, Jens (2018): Digitalisierung und die Zukunft der Arbeit: Was ist am Arbeitsmarkt passiert und wie soll die Wirtschaftspolitik reagieren? *IZA Standpunkte* Nr. 90, Bonn.

Wiechmann, Thorsten und Terfrüchte, Thomas (2017): Smart Country regional gedacht – Teilräumliche Analysen für digitale Strategien in Deutschland. Studie im Auftrag der Bertelsmann Stiftung, Gütersloh.

Wolf, Elke und Zwick; Thomas (2002): Produktivitätswirkung von Mitarbeiterbeteiligung: Der Einfluss von unbeobachteter Heterogenität, *Mitteilungen aus der Arbeitsmarkt- und Berufsforschung* 35, S. 123-132.

Wrede, Matthias (2018): Digitalisierung der Arbeitswelt – Herausforderungen für die soziale Sicherung. In: Bär, Christian, Grädler, Thomas und Mayr, Robert (Hg.): *Digitalisierung im Spannungsfeld von Politik, Wirtschaft, Wissenschaft und Recht,* Springer Gabler, Berlin, S. 377-392.

Digitalisierung und Steuerpolitik

Tina Ehrke-Rabel [*]

Abstract: Modern Technologies and reduced interstate trading barriers have led to enormous changes in today's economy and consumer behavior. As goods and services can be provided over distance more easily than ever, physical presence in the targeted market state has become less important, allowing companies to strategically reside in states with the lowest tax burden. Furthermore, the process of digitalization has resulted in the upcoming of totally new business models, some of which cannot be properly addressed with today's systems of taxation. The following essay aims to portray different challenges resulting from these developments and to give an overview of the solutions currently discussed at international level. It argues that sophisticated tax rules do not solve the underlying problem, which consists in the potential erosion of our institutional system and democratic values, if we dare not to discuss what kind of society we want our future generations to live in and to take the adequate (regulatory) measures outside taxation.

Keywords: Base Erosion and Profit Shifting, Big Data, tax competition, digital services, platform economy

JEL-Klassifikation: H 24, H25, H26

---

[*] Univ.-Prof. Dr. Tina Ehrke-Rabel, Institut für Finanzrecht, Universität Graz, Universitätsstraße 15/ B2, 8010 Graz • [tina.ehrke@uni-graz.at] Für hilfreiche Hinweise danke ich Univ.-Prof. Dr. Richard Sturn und Univ.-Ass. Mag. Stefan Hammerl, BSc, BA, und Albert Steiner.

1. Veränderung von Wirtschaft und Konsum

Die rasante Entwicklung der internetbasierten Informations- und Kommunikationstechnologien und die mit dem Abbau von zwischenstaatlichen Handelshemmnissen einhergehende Globalisierung haben die Art und Weise, wie gewirtschaftet und konsumiert wird, stark verändert. Sie haben Staatsgrenzen, die physische Präsenz am Ort des „Geschehens" und ganz allgemein Körperlichkeit im Verständnis von physischer Greifbarkeit vielfach beseitigt. Weder muss sich heute der Anbieter von Waren oder Dienstleistungen physisch zum Konsumenten bewegen, noch muss sich der Konsument physisch zum Anbieter bewegen. Anders als in der Vergangenheit kann der Dienstleister viele Leistungen aus der Ferne über das Internet ausführen.

Außerdem ist der Dienstleistungssektor gewachsen, indem Konsuminhalte, die ursprünglich eines körperlichen Trägers bedurften, inzwischen über eine Datenverbindung mit dem Internet transferiert werden können. So bedarf etwa die Möglichkeit, Musik außerhalb eines Konzertsaals zu hören, heute nicht mehr des Erwerbs einer CD. Musik kann vielmehr als Datenpaket über das Internet auf einem Wiedergabegerät abgespielt werden. Auch auf dem Sektor des Konsums körperlicher Gegenstände hat das Internet in Kombination mit gesunkenen Transportkosten und niedrigen bis gar keinen Zöllen eine Veränderung des Konsumverhaltens bewirkt. So statuiert die Europäische Kommission:

> Die Verwirklichung des Binnenmarkts, die Globalisierung und der technologische Wandel haben zu einer explosionsartigen Zunahme des elektronischen Geschäftsverkehrs und somit der Fernverkäufe von Gegenständen geführt, die sowohl von einem Mitgliedstaat in einen anderen als auch aus Drittgebieten oder Drittländern in die Gemeinschaft geliefert werden (Begründungserwägungen 6 RL 2017/2455/EU vom 5.12.2017, zur Änderung der RL 2006/112/EG und der RL 2009/132/EG in Bezug auf bestimmte mehrwertsteuerliche Pflichten für die Erbringung von Dienstleistungen und für Fernverkäufe von Gegenständen, ABl L 348/7 vom 29.12.2017).

Hinzu kommt, dass im Internet neue Intermediäre aufgetaucht sind, die als Marktplätze oder Kommissionäre nicht allein einer Jurisdiktion unterliegen, weil sie von überall erreicht werden können. Noch vor zehn Jahren mussten sich die meisten Konsumenten zum Erwerb von Waren in ein Geschäft in der Nähe ihres Aufenthaltsortes begeben. Bestellungen über Kataloge bei Online-Versandhäusern waren nicht umfassend verbreitet. Heute ist für viele die Website eines Geschäfts die erste Anlaufstelle, in vielen Fällen ist es auch eine Plattform, die entweder selbst mit den Gütern der Begierde handelt oder als Marktplatz fungiert oder beides tut (OECD 2018a, S. 12; für einen Überblick über die durch die Digitalisierung veränderte Wirtschaft s. OECD 2018b, S. 24 f).

Aus der Perspektive der Steuerpolitik werden vor allem die folgenden Charakteristika der digitalen Wirtschaft als herausfordernd gesehen: Mobilität, Datenabhängigkeit bzw. -bezogenheit, Netzwerkeffekte[1] und die damit einhergehende Tendenz zur Monopol- bzw. Oligopolbildung,[2] sowie die Zunahme mehrseitiger Geschäftsmodelle.[3] Die Einkünfte werden bei diesen dadurch erzielt, dass bei – von den Nutzern des Dienstes unabhängigen – Dritten ein Entgelt für den Zugang zu diesen Nutzern vor allem in Form von Werbemöglichkeiten eingehoben wird (dazu etwa Rochet/Tirole 2003, S. 990). Außerdem wird anerkannt, dass die Digitalisierung die Entwicklung globaler Wertschöpfungsketten beschleunigt hat, in die multinationale Unternehmen ihre weltweiten Aktivitäten integrieren können (OECD 2015, S. 35ff; OECD 2018b, S. 18).

Eine weitere Herausforderung auch für die Steuerpolitik stellt die zunehmende Monetarisierung von ehemals der Freizeit oder zumindest der nicht wirtschaftlichen Privat- oder Familiensphäre zuordenbarem Verhalten dar: Menschen können über das Internet kurzzeitig eine Wohnung, ein Zimmer, eine Couch vermieten, können Taxidienste anbieten, um ihre eigenen Autofahrten billiger zu machen. Sie tragen zur Aufrechterhaltung von Netzwerken bei und bringen damit ein Geschäftsmodell erst zum Leben, dessen Nutzer sie gleichzeitig sind (so etwa beim Blockchain-Netzwerk; siehe dazu und zur Figur des Prosumers und seinen rechtlichen Herausforderungen ganz allgemein Ehrke-Rabel et al. 2017). Dass sich diese als sog Peer-to-Peer-Geschäftsmodelle erschaffen

---

[1] Die Existenz von (positiven) Netzwerkeffekten hat im Wesentlichen zur Folge, dass ein Dienst für seine Nutzer umso attraktiver wird, je mehr Personen ihn nutzen.

[2] Dies ist vor allem auf die typischerweise gute Skalierbarkeit von internetbasierten Geschäftsmodellen zurückzuführen (Mayer-Schönberger/Ramge 2018, S. 163).

[3] Bei mehrseitigen Geschäftsmodellen im Internet werden die „Kern"-Dienstleistungen in der Regel unentgeltlich angeboten (z.b. die Nutzung einer Social-Media-Plattform).

Möglichkeiten der Monetarisierung klassisch privater Aktivitäten zu Gunsten multinationaler Unternehmen entwickelt haben und mit ihren ursprünglichen Konzepten – nämlich tatsächlich private Akteure mit privaten Akteuren zu verbinden, ohne daraus neue Modelle gewerblicher Tätigkeit zu schaffen – oft nicht mehr viel zu tun haben, sei hier nur angemerkt. Für die Steuerpolitik bleibt der Vollzug – unabhängig davon, ob die Geschäftsmodelle ihre ursprüngliche Idee verwirklichen oder neue Plattformen für gewerblich tätige Unternehmen geworden sind – die große Herausforderung, sodass die Gleichmäßigkeit der Besteuerung gefährdet ist.

2. Herausforderungen für die Steuerpolitik

Klassische europäische Steuersysteme knüpfen an unterschiedliche Besteuerungsgegenstände an, um den Finanzierungsbedarf eines Staates aus einer breiten und diversifizierten Basis abzudecken. Zu den Steuern mit dem höchsten Aufkommen zählen in Europa die Einkommensteuer bzw die Körperschaftsteuer und die Umsatzsteuer. Auf diese Steuern konzentriert sich der vorliegende Beitrag.

Die Steuerrechtssysteme, insbesondere das internationale Steuerrecht und der Vollzug des Steuerrechts insgesamt stammen aus Zeiten vor der Digitalisierung. Sie wurden großenteils zu Beginn der Globalisierung, eben zur Ermöglichung internationalen Handels ohne Steuerhemmnisse, entwickelt und haben bis zur Zunahme digitaler Geschäftsmodelle relativ gut funktioniert.

Wenn Güter nicht mehr in dem Maße produziert werden wie früher (als das Steuerrecht, wie es heute ist, erdacht wurde), weil sie durch Dienstleistungen ersetzt wurden, und wenn die Güter, die produziert werden, ohne dauerhafte physische Präsenz ihrer Produzenten und Verkäufer auf dem Absatzmarkt den Weg zu ihren Konsumenten finden, wenn Dienstleistungen zunehmend digital erbracht werden können, sodass ein physisches Zusammentreffen zwischen den Transaktionspartnern nicht notwendig ist, wenn einige Aufgaben in der Wertschöpfung gar nicht mehr von Menschen, sondern von technischen Systemen bewältigt werden, und wenn so Patente und Lizenzen enorm an Bedeutung gewonnen haben, wenn Unsichtbares plötzlich zu Geld und letztlich zu

Gewinn gemacht werden kann, dann passen die alten Besteuerungskonzepte nicht mehr richtig.

Wer sich zum Absatz seiner Waren oder zur Erbringung seiner Dienstleistungen nicht mehr zum Kunden bewegen muss, kann den Sitz seines Unternehmens dort begründen, wo die Steuerlast am geringsten ist. Die Möglichkeit, seine wirtschaftliche Tätigkeit über juristische Personen auszuüben, die als vom Anteilsinhaber verschiedenes Steuersubjekt eigenen Steuervorschriften unterliegen, erleichtert steuerlastmotivierte Standortentscheidungen weiter, weil der Anteilsinhaber seinen Mittelpunkt der Lebensinteressen nicht zwingend in ein niedrig besteuerndes Land verlegen muss, um in den Genuss der niedrigen (Körperschafts-)Besteuerung zu gelangen (die schließlich die Gesamtsteuerbelastung reduzieren kann). Hinzu kommt, dass unkörperliche Vorgänge mit bestehenden Instrumentarien schwerer zu kontrollieren, überhaupt zu entdecken sind, als physische Vorgänge. Darüber hinaus hat die Digitalisierung neue Gewinnerzielungsmöglichkeiten geschaffen, deren wirtschaftliche Bedeutung zwar erkennbar ist, jedoch bekannten Kategorien von Besteuerungstatbeständen nicht ohne weiteres unterworfen werden will. Somit können die bestehenden Instrumentarien eine gleichmäßige und international als gerecht empfundene Belastung mit öffentlichen Abgaben nicht mehr sicherstellen.

Der vorliegende Beitrag soll einen Überblick über den Zustand der Steuerpolitik im digitalen Zeitalter geben und Ansätze für eine kritische Auseinandersetzung mit den bestehenden Lösungsvorschlägen liefern. Der Blick auf den Zustand wird ein Bild in Bewegung zeigen. Dabei können vier Befunde vorweggenommen werden, die es in der Folge zu erläutern und zu vertiefen gilt:

1. Das materielle Steuerrecht als solches scheint auf Grund des über die Staaten verbreitet gewählten Zugangs der sog „wirtschaftlichen Betrachtungsweise" weitgehend technologieneutral gefasst zu sein, sodass es mit digitalen Geschäftsmodellen grundsätzlich umgehen kann. Aus dieser Technologieneutralität ergibt sich aber eine erhöhte Rechtsunsicherheit betreffend die konkreten, vom historischen Gesetzgeber mangels Kenntnis der Technologie nicht bewusst statuierten Rechtsfolgen.

2. Was die territoriale Anknüpfung der Besteuerungsgegenstände anbelangt, sind die Herausforderungen an die Steuerpolitik wesentlich be-

deutender. Steuern als die Finanzierungsquelle für Staatsaufgaben sind (zumindest derzeit) untrennbar mit dem Konzept des Nationalstaates verbunden, der seine Staatsmacht grundsätzlich nur auf seinem Territorium ausüben darf und die Staatsmacht anderer Staaten zu respektieren hat. Von global agierenden Unternehmen geschaffene Besteuerungsgegenstände (Sachverhalte, die einen Besteuerungsanspruch erzeugen) müssen daher zwischen den betroffenen Staaten sachgerecht aufgeteilt werden, wenn global agierende Unternehmen – wie rein national agierende Unternehmen – für denselben Sachverhalt nicht mehrfach mit derselben Steuerart belastet werden sollen.

Für das Umsatzsteuerrecht, dessen Belastungsziel der Konsum ist, stellen die Globalisierung und die Digitalisierung jedenfalls theoretisch kein allzu großes Problem dar: Konsumenten sind nach wie vor Menschen aus Fleisch und Blut, sodass eine Besteuerung am Ort des Verbrauchs materiell-rechtlich gut umgesetzt werden kann. Von dieser Besteuerung am Ort des Verbrauchs wurde jedoch in der Vergangenheit aus Vollzugsgründen gerade bei Dienstleistungen vielfach abgewichen. In einer digitalisierten Wirtschaftswelt werden derartige systemimmanente Verwerfungen besonders evident und können ein ganzes Regelungskonzept in Frage stellen.

Das internationale Einkommensteuerrecht erweist sich angesichts seiner traditionellen Anknüpfung an die physische Präsenz des Erzeugers, Händlers oder Dienstleisters in einem Staat hingegen als weniger digitalisierungsfit als das Umsatzsteuerrecht. Durch das internationale Einkommensteuerrecht, wie es in der erste Hälfte des 20. Jahrhunderts konzipiert wurde und wie es seither nur geringfügig modifiziert gilt, werden einerseits die Kehrseiten des zwischenstaatlichen Steuerwettbewerbs als ureigener Ausdruck staatlicher Souveränität und andererseits das Spannungsverhältnis zwischen nationalstaatlichem Besteuerungsanspruch und grenzüberschreitender Wirtschaftsmacht evident. Ob der Versuch der Europäischen Kommission, unerwünschten Steuerwettbewerb zwischen den Staaten durch das europäische Beihilfenrecht einzuschränken, Erfolg haben wird, muss der EuGH erst entscheiden.

3. Wo das Steuerrecht materiell-rechtlich digitalisierungsfit ist, ist nicht auch zwingend dessen wirksamer Vollzug sichergestellt. Auch hier tritt das Spannungsverhältnis zwischen nationalstaatlicher (Eingriffs-)

Macht und grenzüberschreitender Wirtschaftsmacht deutlich zutage. Zur Auflösung dieses Spannungsverhältnisses bedarf es einer Ausdehnung staatlicher Eingriffsmacht auf fremdes Territorium, was nur im Wege der zwischenstaatlichen Amtshilfe möglich ist. Dass diese neue Wege gegangen ist und weiter gehen muss, wird im Folgenden aufgezeigt. Außerdem müssen in einer zunehmend entmaterialisierten Wirtschaftswelt neue Wege der Kontrolle geschaffen werden. Hier stellt sich die Frage, inwieweit die Instrumente der digitalen Wirtschaft auch für den Vollzug von Eingriffsrecht verwendet werden dürfen. Auch hier gilt es wieder ein Spannungsverhältnis aufzulösen: Darf auch der Staat die Instrumente moderner Datensammlung, -verarbeitung und -verwertung verwenden, die private Unternehmen einsetzen, um das Leben der Menschen bequemer zu gestalten, um Menschen zum Konsum zu animieren, und denen sich Menschen freiwillig hingegeben haben? Wo liegt die Grenze zwischen zulässiger Kontrolle und unzulässiger Überwachung?

4. Die zunehmende Digitalisierung könnte uns auch dazu zwingen, über Besteuerungsgegenstände an sich grundlegend nachzudenken. Sollten in naher Zukunft, wie von manchen Zukunftsforschern prognostiziert, tatsächlich viele Arbeitsplätze durch Maschinen ersetzt werden, ohne dass in annähernd gleichem Ausmaß neue Arbeitsplätze für Menschen entstehen, wird der Faktor Arbeit als essentieller Bestandteil von nationalen Steueraufkommen die Finanzierung von Staaten nicht mehr sicherstellen können. Außerdem könnte das soziale Gleichgewicht – so ein solches derzeit noch angenommen wird – zwischen jenen Menschen, die von Arbeitseinkommen leben müssen und solchen, die von Kapitaleinkommen leben können, noch empfindlicher gestört werden. Die in diesem Zusammenhang unter dem Titel „Robotersteuer" angestellten Überlegungen seien hier nur erwähnt (dazu etwa Englisch 2019; Scarcella und Lexer 2019).

3. Technologieneutralität des materiellen Rechts

Nach dem Grundsatz der Technologieneutralität des Rechts soll das Recht in seiner Ausgestaltung nicht auf das technische Medium, das für die oder bei der Verwirklichung des besteuerungserheblichen Sachverhaltes verwendet wird, abstellen, es sei denn, dies ist durch besondere Gründe gerechtfertigt. So sollen generelle Rechtssätze universell anwendbar bleiben, auch wenn vom Gesetzgeber nicht vorhergesehene technische Entwicklungen die Lebensrealität modifizieren, ohne sie grundlegend zu verändern. Der Grundsatz der Technologieneutralität wurde als Bestandteil der „Ottawa Taxation Framework Conditions" von den Ministern der G20 auch für das Steuerrecht anerkannt (OECD 2018a, S. 18).

Im deutschen und österreichischen Abgabenrecht manifestiert sich dieser Grundsatz insbesondere im Grundsatz der wirtschaftlichen Betrachtungsweise, der für die meisten Steuerrechtsmaterien, insbesondere für die Umsatzsteuer und die Einkommen- und die Körperschaftsteuer gilt. Danach ist ein Sachverhalt nicht nach seiner zivil- oder gesellschaftsrechtlichen Form, sondern nach seinem wirtschaftlichen Gehalt zu beurteilen (Ehrke-Rabel 2019a, Tz 104). Dank der wirtschaftlichen Betrachtungsweise ist es den Staaten etwa möglich, Gewinne aus dem Handel mit Bitcoin steuerrechtlich einzuordnen, obwohl Bitcoin vom Gesetzgeber nie explizit erfasst waren.

Praktisch gehen mit diesem Zugang jedoch nicht unerhebliche Unsicherheiten einher: Da der historische Gesetzgeber die heute zur Debatte stehenden Technologien und die daraus entstandenen Geschäftsmodelle nicht antizipieren konnte, muss der Rechtsanwender von heute entscheiden, ob solch ein neues technologiebasiertes Geschäftsmodell vom Regelungszweck einer konkreten Norm erfasst gewesen wäre, wäre dem Gesetzgeber das Geschäftsmodell bekannt gewesen. Dies lässt sich bewerkstelligen, indem man das Geschäftsmodell seines technologischen Unterbaus zu berauben versucht, um zu erkennen, welchem Vorgang es in einer völlig analogen Welt am meisten ähnelt. Gerade dies kann aber sehr schwierig sein. Vergleicht man etwa das „Mining" von Bitcoin mit der Suche nach einem (Gold-)Schatz im öffentlichen Raum, so ist der Fund steuerrechtlich irrelevant. Sieht man diese Aktivität aber als die Teilnahme an einem (Glücks-)Spiel, das von einem menschengeschaffenen Netzwerk angeboten wird, ist Mining plötzlich sowohl steuer- als auch aufsichtsrechtlich relevant (Ehrke-Rabel et al. 2017, S. 220ff). In einer internetbasierten Wirtschaftswelt, die keine Grenzen hat, können derartig unterschiedliche nationalstaatliche Beurteilungen große Rechtsunsicherheit schaffen.

Im Großen und Ganzen kann aber festgehalten werden, dass die in der wirtschaftlichen Betrachtungsweise manifestierte Technologieneutralität des Umsatzsteuer- und des Einkommensteuer- bzw. Körperschaftsteuerrechts die durch die Digitalisierung entstandenen Geschäftsmodelle materiell-rechtlich grundsätzlich zu erfassen vermag.

4. Aufteilung der Besteuerungsbefugnisse zwischen den Staaten

4.1 Umsatzsteuer

Besteuerungsgegenstand der Umsatzsteuer ist der Privatkonsum, wobei in der Logik des europäischen Mehrwertsteuerrechts sowohl Güter als auch Dienstleistungen konsumiert werden können. Beide unterliegen gleichermaßen der Umsatzsteuer.

Dem Belastungsziel der Umsatzsteuer entsprechend müsste daher jener Staat das Recht auf Erhebung der Umsatzsteuer haben, auf dessen Territorium ein Unternehmer den Konsum von Gütern oder Dienstleistungen ermöglicht hat. Das Umsatzsteuersystem ist grundsätzlich auch so konzipiert, dass dies jener Staat ist, in dem der Konsum stattfindet. Ausnahmen werden nach wie vor hauptsächlich dort vorgesehen, wo der Vollzug des Umsatzsteuerrechts am Ort des Konsums mangels ausreichender Kontrollmöglichkeiten als schwierig eingeschätzt wird. Dies ist gerade dort der Fall, wo Unternehmer Dienstleistungen in einem anderen Staat an Endverbraucher erbringen als jenem, in dem sie selbst ansässig sind. Daher galten etwa auf elektronischem Weg erbrachte Dienstleistungen[4] lange Zeit als im Staat der Ansässigkeit oder der festen Niederlassung des leistenden Unternehmers als ausgeführt, obwohl deren Empfänger die Leistungen in einem anderen Staat konsumierten. Diese vollzugstechnisch begründete Ausnahme von der nach dem Belastungsziel der Umsatzsteuer ausgerichteten Zuteilung des Besteuerungsrechts an den Staat des Konsums hatte zur Folge, dass gerade die Unternehmer der

---

[4] Nach Art 7 MwStDVO umfassen elektronisch erbrachte Dienstleistungen Dienstleistungen, die über das Internet oder ein ähnliches elektronisches Netz erbracht werden, deren Erbringung aufgrund ihrer Art im Wesentlichen automatisiert und nur mit minimaler menschlicher Beteiligung erfolgt und ohne Informationstechnologie nicht möglich wäre.

Digitalwirtschaft ihren Unternehmenssitz in jener Jurisdiktion begründeten, in der der (unionsweit nicht harmonisierte) Umsatzsteuersatz am niedrigsten war. Lief das Konzept, auf elektronischem Weg erbrachte Dienstleistungen am Ort des Unternehmenssitzes mit Umsatzsteuer zu belasten, schon immer der Aufteilung der Besteuerungsrechte zwischen den Staaten nach dem Belastungsziel der Umsatzsteuer, nämlich dem Konsum, zuwider, so ist diese Ungleichverteilung durch die Zunahme des Stellenwertes elektronisch erbrachter Dienstleistungen augenscheinlich geworden.

Der Unionsgesetzgeber hat darauf reagiert, indem er seit dem Jahr 2015 auf elektronischem Weg erbrachte Dienstleistungen an dem Ort mit Umsatzsteuer belastet wissen will, an dem der Konsum stattfindet. Um einerseits das Vollzugs- und andererseits das Rechtsbefolgungsproblem zu lösen, das ihn anno dazumal zu einer vom Belastungsziel abweichenden Zuordnung des Besteuerungsrechts an den Sitzstaat des leistenden Unternehmers bewogen hatte, musste er neue Regeln einführen. Dies scheint ihm gelungen zu sein. Jedenfalls ist das Umsatzsteueraufkommen aus auf elektronischem Weg erbrachten Dienstleistungen nach der Verschiebung des Leistungsortes vom Sitz des leistenden Unternehmers an den Ort des Konsums durch den Leistungsempfänger in allen Mitgliedstaaten außer Luxemburg gestiegen. In Luxemburg waren wegen des unionsweit niedrigsten Umsatzsteuersatzes sämtliche Digitaldienstleister ansässig. Wird also das Umsatzsteuerrecht seinem Belastungskonzept entsprechend ausgestaltet und werden Vorkehrungen für die Gewährleistung eines gleichmäßigen und effizienten Vollzuges (dazu genauer unter 5.) getroffen, kann das Umsatzsteuerrecht insgesamt – sowohl materiell-rechtlich als auch aus der Sicht der Aufteilung der Besteuerungsrechte zwischen den Staaten – gut mit digitalen Geschäftsmodellen umgehen (dazu ausführlich Ehrke-Rabel 2019b, S. 372ff.).

4.2 Einkommensteuern

4.2.1 Traditionelles Konzept

Besteuerungsgegenstand der Einkommen- und der Körperschaftsteuer ist das von einer natürlichen oder einer juristischen Person auf einem Markt erzielte Einkommen. Die derzeit geltenden Grundsätze der Einkommensbesteuerung und die Grundsätze der Aufteilung der Befugnisse zur Besteuerung von global erwirtschafteten Einkommen zwischen den Staaten wurden in der ersten Hälfte des 20. Jahrhunderts entwickelt (OECD/G20 2015, S. 20). Dieses Konzept wurde ab Beginn der 1920er-Jahre als für traditionelle Märkte geeignet empfunden. Damals diente die Zuordnung von Besteuerungsbefugnissen zu bestimmten Staaten vor allem der Verwirklichung horizontaler Gleichheit zwischen rein national und grenzüberschreitend tätigen Steuerpflichtigen.[5]

Primärer territorialer Anknüpfungspunkt des Ertragsteuerrechts ist die physische Präsenz eines Erzeugers, Händlers oder Dienstleisters auf dem Gebiet eines Staates, und zwar die physische Präsenz in einer Form, die die „Erzeugung" des gewinngenerierenden „Produkts" ermöglicht. Hinsichtlich des Besteuerungsgegenstandes wird nach wie vor grundsätzlich jenem Staat das Recht auf Besteuerung des Welteinkommens zugestanden, zu dem ein Steuerpflichtiger das stärkste Naheverhältnis aufweist. Dieses drückt sich regelmäßig im Wohnsitz, Sitz, gewöhnlichen Aufenthalt oder Ort der Geschäftsleitung aus (dazu z.b. Kokott 2019, S. 15). Im Zweifelsfall ist der Mittelpunkt der Lebensinteressen ausschlaggebend. Rechtfertigung für diese Anknüpfung ist die Überlegung, dass jener Staat, in dem sich eine Person physisch regelmäßig aufhält, in dem sie lebt, die Jurisdiktion ist, von deren Wohltaten (Sicherheit und Gemeinwohl) diese Person am meisten profitiert (sog Welteinkommens- oder Universalitätsprinzip). Dieser Zugang wird als Umsetzung des Äquivalenzprinzips bezeichnet. Der Nutzen, den ein Wirtschaftsteilnehmer aus einem bestimmten Markt zieht, soll in Form von Steuern zum Teil wieder in diesen Markt zurückfließen (dazu im Detail m.w.N. Englisch und Becker 2019, S. 162). Außerdem wird dem Staat, zu dem ein solcherart qualifiziertes Naheverhältnis besteht, auch die Fähigkeit zuerkannt, die Leistungsfähigkeit des Steuerpflichtigen am besten zu beurteilen, sodass persönliche Verhältnisse, die sich steuermindernd auswirken, in erster Linie in diesem Staat zu berücksichtigen sind.

---

[5] Zwischenstaatliche Gleichheit (sog „inter-nation equity") dürfte damals noch kein Thema gewesen sein, sodass einerseits der Steuerwettbewerb zwischen den Staaten uneingeschränkt akzeptiert wurde und andererseits in Kauf genommen wurde, dass das Konzept der Aufteilung von Besteuerungsbefugnissen zwischen den Staaten vor allem die Entwicklungsländer benachteiligte (dazu IMF 2014; IMF 2019, S. 19ff).

Jener Staat, in dessen Hoheitsgebiet ein Steuerpflichtiger, Einkünfte bezieht, ohne dorthin eine intensive persönliche Bindung zu unterhalten, sollte allenfalls ein auf die auf diesem Territorium bezogen Einkünfte beschränktes Besteuerungsrecht haben (sog Territorialitäts- oder auch Quellenstaatsprinzip). Der Besteuerung sollen solche auf fremdem Territorium bezogenen Einkünfte nur unterliegen, soweit sie auf Grund einer gewissen Beständigkeit in diesem Staat bezogen wurden. So entstand das Betriebsstättenkonzept: Wer eine physische Einrichtung in einem Staat unterhält, in dem er selbst weder wohnt noch sitzt, soll in diesem Staat für die mit Hilfe dieser Einrichtung bezogenen Einkünfte Steuern entrichten, wenn die Einrichtung funktional betrachtet einem eigenständigen Betrieb entspricht. Die dahinterstehenden Überlegungen waren naheliegend: Wer auf fremdem Territorium eine feste örtliche Einrichtung unterhält, um dort Geschäfte abzuschließen, generiert gerade durch oder auf Grund der festen örtlichen Einrichtung Einkünfte, und profitiert von der durch diesen Staat bereitgestellten Infrastruktur, sodass es gerechtfertigt ist, die so bezogenen Einkünfte auch in diesem Staat zu besteuern.

Die Anknüpfung an die feste örtliche Einrichtung lässt sich nicht nur rational rechtfertigen, sondern schafft auch eine vollziehbare Regelung: Wer eine feste örtliche Einrichtung in einem Staat unterhält, ist dem staatlichen Eingriff besser zugänglich als derjenige, der über eine solche Einrichtung nicht verfügt. Alternativ zur festen Einrichtung musste dieses Konzept – um findige Umgehungen hintanzuhalten – um den sog. ständigen Vertreter erweitert werden. Wer in einem anderen Staat seine Geschäfte durch einen ständigen Vertreter macht, der auch befähigt ist, Geschäfte im Namen und für Rechnung seines Geschäftsherrn abzuschließen, wer also im Namen und für Rechnung seines Geschäftsherrn in einem anderen Staat physisch präsent und aktiv ist, der bildet auch einen Anknüpfungspunkt für ein Besteuerungsrecht dieses anderen Staates.

Auf Basis dieser zwei Konzepte, nämlich Besteuerung des Welteinkommens im Ansässigkeitsstaat und Besteuerung des territorial erzielten Einkommens in einem anderen Staat (sog Quellenstaat), musste ein Mechanismus geschaffen werden, der die doppelte Besteuerung desselben Einkommensbestandteils von international tätigen Steuerpflichtigen vermeiden würde. Dies erfolgte und erfolgt nach wie vor durch völkerrechtliche Verträge, sog Doppelbesteuerungsabkommen, in denen sich zwei Staaten darüber einigen, wer zur Erreichung einer Einmalbesteuerung international tätiger Steuerpflichtiger inwieweit auf ein ihm national zustehendes Besteuerungsrecht verzichtet. In den meisten Doppelbesteuerungsabkommen verzichtet der Quellenstaat auf sein Besteuerungsrecht, wenn die territoriale Anbindung des nicht ansässigen Steuerpflichtigen eine gewisse (nachvollziehbare) Signifikanz nicht erreicht. Demgegenüber entlastet der Ansässigkeitsstaat Einkünfte, die im Quellenstaat besteuert werden dürfen und werden, von der Einkommensteuer im Ansässigkeitsstaat. Dafür stehen ihm regelmäßig zwei Methoden zur Verfügung: Entweder er befreit das im Ausland besteuerte Einkommen von der inländischen Einkommensteuer (sog Befreiungsmethode[6]) oder er zieht es zur Ermittlung der Einkommensteuer zwar heran, rechnet aber die im Ausland entrichtete Einkommensteuer auf die inländische Einkommensteuerschuld an (Anrechnungsmethode[7]). Gerade die Befreiungsmethode, die von den meisten Staaten favorisiert wurde, weil sie die Steuersouveränität des jeweils anderen Staates in höherem Maß respektiert als die Anrechnungsmethode (indem im niedriger besteuernden Ausland besteuertes Einkommen endgültig nur mit dem niedrigeren Steuersatz belastet wird[8]), hat den Steuerwettbewerb zwischen den Staaten bei zunehmender Mobilität des Kapitals befeuert.

In der Praxis ist es auch nicht einfach, dieses System umzusetzen: Die nach den beschriebenen Regeln erfolgte Aufteilung der Besteuerungsbefugnisse zwischen zwei Staaten setzt Mechanismen zur Errechnung der den jeweiligen Staaten tatsächlich zuordenbaren Gewinnanteile voraus. Es wird unterstellt, dass die auf verschiedenen Staatsgebieten physisch bestehenden Teile ein- und desselben Unternehmens voneinander unabhängig sind und daher wie fremde Dritte interagieren (sog „Dealing at Arm's Length-Prinzip"). Um jedem Staat den richtigen Gewinnanteil eines Unternehmens zuzuordnen müssen also fiktiv Kosten zwischen den

---

[6] Gerade im englischsprachigen Raum wird dieser Zugang auch als Besteuerung nach dem Territorialitätsprinzip bezeichnet.

[7] Im englischsprachigen Raum wird in diesem Zusammenhang vielfach vom Welteinkommensprinzip gesprochen.

[8] Dieser Vorteil wird auch durch den sog „Progressionsvorbehalt", die Besteuerung des im Ansässigkeitsstaat erzielten Einkommensteils zu dem auf das Welteinkommen anwendbaren Steuersatz, nicht beseitigt. Der Progressionsvorbehalt wirkt faktisch im Übrigen nur bei progressiven Steuertarifen, die es im Bereich der Körperschaftsteuer kaum gibt.

Unternehmen für ihre wechselseitigen Leistungen verrechnet werden, die sich in einem Staat einkünftemindernd und im anderen einkünfteerhöhend auswirken (sog Verrechnungspreisthemen). Erst im Laufe der vergangenen Jahre hat sich dafür eine international akkordierte Technik entwickelt, die willkürliche Verschiebungen von Steuersubstrat in niedrig besteuernde Jurisdiktionen schwierig macht.

In einer Welt, in der Gewerbetreibende in erster Linie mit körperlichen Wirtschaftsgütern handeln und in der, mangels Internet, Dienstleistungen das physische Zusammentreffen zwischen dem Erbringer und dem Empfänger der Dienstleistung verlangen, hat dieses Konzept relativ gut funktioniert. Die Besteuerungsrechte schienen – zumindest aus der Perspektive der Industriestaaten – sachgerecht aufgeteilt.

Dieses System funktioniert aber nicht mehr, wenn – wie oben dargelegt – die Wirtschaftswelt zunehmend digital und unkörperlich wird.

4.2.2 Reaktionen der Steuerpolitik auf die veränderte Wirtschaftswelt

a. Internationale und europäische Steuerpolitik

Auf internationaler wie auf nationaler Ebene wird seit geraumer Zeit daran gearbeitet, das oben kursorisch beschriebene Ertragsteuerrecht in seiner internationalen Dimension an die digitalisierte und globalisierte Wirtschaftswelt anzupassen. In diesem Zusammenhang haben die OECD/G20 im Rahmen eines mehrjährigen, breit angelegten Projekts (sogenanntes „Base-Erosion-and-Profit-Shifting"-Projekt, kurz: BEPS)[9] Maßnahmen empfohlen, die die Probleme einerseits kurzfristig und andererseits langfristig lösen bzw. zumindest mindern sollten. Bemerkenswert an dem Maßnahmenpaket der OECD ist, dass sich nicht nur die Mitgliedstaaten der OECD beteiligt haben, sondern insgesamt mehr als 100 Staaten weltweit. Die OECD hatte Nicht-OECD-Mitgliedstaaten zur Mit-

---

[9] Im Rahmen dieses Projekts wurden 15 „Aktionen" definiert, die als Empfehlungen für Maßnahmen zur Verhinderung von Steuervermeidung und zur Verhinderung der künstlichen Ausnützung von Abkommensvorteilen zu verstehen sind. Begleitet werden diese Maßnahmen durch ein Monitoring und einen Peer Review, dem sich die teilnehmenden Staaten unterworfen haben (dazu z.B. Kirchmayr/Mayr/Hirschler/Kofler 2017).

arbeit an dem Projekt eingeladen (sog „inclusive framework"). Dieser Einladung ist eine Vielzahl von Ländern gefolgt.

Wenngleich nicht sämtliche Maßnahmen im Rahmen von BEPS mit der Digitalisierung der Wirtschaft zusammenhängen, so betreffen sie doch jedenfalls auch Unternehmungen der Digitalwirtschaft und tragen dazu bei, die besonderen Herausforderungen, vor die diese die Staaten stellen, besser zu bewältigen (OECD 2018b). Zur Umsetzung einiger BEPS-Maßnahmen hat die OECD ein sog „Multilaterales Instrument"[10] verabschiedet, das inzwischen von vielen Staaten (mit mehr oder weniger wichtigen Vorbehalten zu einzelnen Bestimmungen) ratifiziert wurde. Das multilaterale Instrument verändert dort, wo es ratifiziert worden ist und soweit keine Vorbehalte ausgesprochen wurden, bestehende Doppelbesteuerungsabkommen, ohne dass die einzelnen Doppelbesteuerungsabkommen gesondert neu verhandelt werden mussten (dazu Lang 2017, S. 624ff).

Die EU hat vor allem die Empfehlungen aufgegriffen, die Verhinderung des als unfair empfundenen Ausnützens des internationalen Steuerwettbewerbs ermöglichen und in bindendes (Richtlinien-)Recht gegossen. Dazu zählen etwa die multinationalen Unternehmen auferlegte Verpflichtung, ihre Gewinne länderspezifisch aufzuteilen und so zu melden, dass alle betroffenen Staaten von dieser Aufteilung Kenntnis erlangen (sog Country-per-Country-Reporting[11]), der internationale Austausch von Finanzinformationen, sowie eine Vielzahl von Maßnahmen zur Verhinderung von Steuervermeidung, die in der Anti-Steuervermeidungsrichtlinie (sog ATAD-Richtlinie[12]) zusammengefasst wurden. Die langfristigen Maßnahmen, die grundlegende Veränderungen der Steuerpolitik der EU nach sich ziehen würden (Gemeinsame Konsolidierte Körperschaftsteuer-Bemessungsgrundlage, signifikante digitale Präsenz oder Einfüh-

---

[10] OECD (2016a): *Multilateral Convention to Implement Tax Treaty Related Measures to Prevent Base Erosion and Profit Shifting.* [http://www.oecd.org/tax/treaties/multilateral-convention-to-implement-tax-treaty-related-measures-to-prevent-BEPS.pdf – letzter Zugriff: 1.12.2019).

[11] Eingeführt durch RL 2016/881/EU zur Änderung der RL 2011/16/EU bezüglich der Verpflichtung zum automatischen Austausch von Informationen im Bereich der Besteuerung (ABl 2016, L 146).

[12] RL 2016/1164/EU mit Vorschriften zur Bekämpfung von Steuervermeidungspraktiken mit unmittelbaren Auswirkungen auf das Funktionieren des Binnenmarkts, ABl 2016, L 193.

rung einer EU-weiten Digitalsteuer) wurden in Entwürfe gepackt, aber von den Mitgliedstaaten entweder bislang nicht beschlossen oder dezidiert abgelehnt.

b. Spezifische Empfehlungen der OECD betreffend die digitale Wirtschaft – der erste Schritt

Im Rahmen der „Action 1" des BEPS-Projekts hat sich die OECD explizit mit den besonderen Herausforderungen auseinandergesetzt, vor die die Digitalisierung der Wirtschaft die Steuerpolitik und das Steuerrecht stellt. Action 1 stellt digitale Geschäftsmodelle umfassend dar und zeigt mögliche weitere zukünftige Entwicklungen auf, identifiziert die besonderen Herausforderungen an das Steuerrecht und schlägt verschiedene Maßnahmen zu ihrer Bewältigung vor. Auf Action 1 ist eine Reihe weitere Papiere der OECD gefolgt.

Als die größte Herausforderung wurde bereits im Jahr 2015 der Umstand identifiziert, dass digital wirtschaftende Unternehmen ihre Leistungen ohne die Notwendigkeit einer physischen Präsenz auf einem (nationalen) Markt erbringen können und hierdurch hohe Gewinne erzielen. Dadurch würden diese Unternehmen ihren (Steuer-)Sitz dort begründen können, wo das Steuersystem eine besonders niedrige Steuerbelastung nach sich zieht. Jener Staat, dem die Konsumenten ihrer Leistungen angehören, würde in Ermangelung einer physischen Präsenz nicht in Form von Ertragsteuern an dem Gewinn des Unternehmens partizipieren können. Dies würde die digital wirtschaftenden Unternehmen im Verhältnis zu jenen „traditionellen" Unternehmen bevorzugen, die durch das Erfordernis einer physischen Präsenz an den Staat des Konsums gebunden sind. Wenngleich das Verhalten der digital wirtschaftenden Unternehmen rechtlich grundsätzlich zulässig ist und war, ist und war es aus globaler Sicht steuerpolitisch nicht wünschenswert.

In Action 1 erörtert die OECD eine Reihe von Maßnahmen, die die Staaten setzen können, um diesen Zustand zu verändern. Sie gibt keiner der verschiedenen Maßnahmen den Vorzug:

1. Eine neue Nexus-Regel, die an Stelle der Betriebsstätte auf die „signifikante digitale Präsenz" abstellen würde;

2. eine Abzugsteuer an der Quelle, die auf bestimmte digitale Transaktionen zur Anwendung kommen sollte; oder

3. die Einhebung einer Ausgleichsteuer, die Disparitäten in der steuerlichen Behandlung von ansässigen und nicht ansässigen Unternehmern beseitigen sollte, wenn das ausländische Unternehmen in dem betreffenden Staat über eine hinreichende wirtschaftliche Präsenz verfügt (OECD 2015, S. 97ff.).

Die von der OECD im Rahmen der BEPS Action 1 vorgeschlagene, inzwischen in einen Richtlinienvorschlag der Europäischen Kommission[13] gegossene neue Nexus-Regel würde das herkömmliche Betriebsstätten-Verständnis insofern verändern, als nicht mehr auf die physische Präsenz im Quellenstaat, sondern auf die sog „signifikante digitale Präsenz" (kurz: SDP) abgestellt würde. Diesem Konzept liegt die Annahme zugrunde, dass bei mehrseitigen Geschäftsmodellen, die stark von Netzwerkeffekten abhängen, die Seite der Nutzer von Gratis-Online-Diensten und jene der zahlenden Kunden so eng miteinander verbunden sind, dass der Wert der Nutzer und ihrer Daten für ein Unternehmen sich grundsätzlich im Umsatz und damit letztlich auch im Einkommen dieses Unternehmens in einem Staat widerspiegeln würde (OECD 2015, S. 107). Letztendlich hat die OECD im Jahr 2015 eine Kombination verschiedener Faktoren empfohlen, um das Vorliegen einer signifikanten digitalen Präsenz zu identifizieren (OECD 2015, S. 111).

Der in Reaktion darauf von der EU verfasste Richtlinienvorschlag definiert die SDP durch eine Kombination von verschiedenen Faktoren (Umsatz auf einem Markt, Zahl der Nutzer des digitalen Wirtschaftsmodells, Zahl der abgeschlossenen Verträge, jeweils in einem bestimmten Zeitraum; siehe im Detail COM 2018, 147 final). Die dieser digitalen Präsenz zuzuordnenden Gewinne sollen dann nur in diesem Mitgliedstaat der Körperschaftsteuer unterliegen (zu den damit zusammenhängenden Problemen siehe im Detail Moreno und Brauner (2019, S. 73ff)). Mit der SDP sollte eine neue eigene Betriebsstätte geschaffen werden, die neben die traditionelle (körperliche) Betriebsstätte treten sollte.

Ein anderer Vorschlag der OECD bestand in der Einführung eines Quellensteuerabzuges auf Zahlungen von ansässigen Personen eines

---

[13] Vorschlag für eine RL des Rates zur Festlegung der Vorschriften für die Unternehmensbesteuerung einer signifikanten digitalen Präsenz, COM (2018) 147 final.

Staates für von nicht-ansässigen leistenden Unternehmern online gekauften Waren und Dienstleistungen. Diese Steuer hätte entweder an Stelle einer neuen Nexus-Regel als endgültige und alleinstehende Quellensteuer erhoben werden können oder aber die neue Nexus-Regel als Vollzugsinstrument ergänzen können. Sie schien aber selbst in den Augen der OECD höchst problematisch, weil sie einerseits bei flächendeckender Implementierung entweder die Letztverbraucher oder deren Zahlungsdienstleister zum Quellensteuerabzug verpflichten hätte müssen, was in den Augen der OECD in verschiedener Hinsicht ineffizient gewesen wäre. Aus Sicht der Verfasserin wäre es vor allem auch verfassungsrechtlich problematisch gewesen. Zudem sah die OECD in einer solchen Quellensteuer mögliche Unvereinbarkeiten mit dem GATT (betreffend Waren), dem GATS (betreffend Dienstleistungen) und den Grundfreiheiten des AEUV.

Als weitere Alternative hat die OECD in Action 1 schließlich eine „Ausgleichsteuer" ins Treffen geführt, die einen Ausgleich zwischen der (hohen) Steuerbelastung ansässiger Unternehmen und der (niedrigen bzw inexistenten) Steuerbelastung nicht-ansässiger Unternehmen schaffen sollte. Um Klarheit, Sicherheit und Gerechtigkeit für alle Betroffenen zu gewährleisten, dürfte eine solche Steuer nur dort erhoben werden, wo sichergestellt ist, dass ein nicht-ansässiges Unternehmen über eine signifikante digitale Präsenz in einem Staat verfügt (OECD 2015, S. 116). Die EU hat dieses Konzept in einem Richtlinienentwurf zur Einführung einer EU-weiten Digitalsteuer umgesetzt (Vorschlag einer Richtlinie über eine gemeinsame Digitalsteuer auf Umsätze aus der Erbringung bestimmter digitaler Dienstleistungen, COM 2018, 148 final). Die Digitalsteuer sollte als kurzfristiges Instrument zur Erreichung von Steuergerechtigkeit bis zur Implementierung des Konzepts der signifikanten digitalen Präsenz dienen. Dieser Entwurf wurde von der Mehrheit der Mitgliedstaaten abgelehnt, sodass die für die Verabschiedung von EU-Steuerrecht notwendige Einstimmigkeit nicht erreicht werden konnte.

Im Rahmen einer öffentlichen Befragung Anfang des Jahres 2019 hat die OECD wieder drei verschiedene Modelle zur Schaffung eines neuen ertragsteuerrechtlichen Anknüpfungspunktes für nicht-ansässige Digitalunternehmen untersucht: 1. Wertschöpfung durch eine aktive und engagierte Nutzerbasis, die Daten und Inhalt bereitstellt; 2. Wertschöpfung durch die Nutzung unkörperlicher Wirtschaftsgüter für Marketingzwecke ("marketing intangibles") und 3. Wertschöpfung über eine signifikante digitale Präsenz (OECD/G20 2019a, S. 14ff). Dieser Ansatz ist, wie es scheint, inzwischen wieder verworfen worden. Zum Zeitpunkt der Endredaktion des vorliegenden Beitrages liegt ein neuer Vorschlag der OECD vor, der eine weltweit einheitliche Lösung herbeiführen will.

c. Reaktionen der OECD-Staaten

Wenngleich die Vorschläge der Europäischen Kommission von den Mitgliedstaaten nicht angenommen worden sind, haben einzelne Mitgliedstaaten und überhaupt einzelne Staaten dieser Welt einzelne Maßnahmen national umgesetzt (für einen Überblick siehe OECD 2018b, S. 135ff). So haben etwa Frankreich und Österreich, aber auch Italien und Großbritannien, Digitalsteuern eingeführt, die als Ausgleichssteuer im oben genannten Sinn konzipiert wurden, im Detail aber voneinander abweichen.

d. Reaktion der OECD – der nächste Schritt

In ihrem Interim-Report zu BEPS stellt die OECD fest, dass die unilateralen Maßnahmen jedenfalls dazu geführt hätten bzw. dazu führen würden, das Steuerbelastungsniveau von Digitalunternehmen zu erhöhen (und jenem von traditionellen Unternehmen anzunähern). Außerdem hätten sie einzelne Unternehmen der Digitalwirtschaft dazu bewegt, eine physische Präsenz auf ihren Zielmärkten zu etablieren. Diese Einzelmaßnahmen würden aber die Gefahr in sich bergen, wirtschaftliche Verwerfungen und neue Doppelbesteuerungen zu erzeugen. Zudem würden sie die Unsicherheit und die Komplexität des Steuerrechts und so die Rechtsbefolgungskosten der grenzüberschreitend tätigen Unternehmen erhöhen und könnten in manchen Fällen sogar in Konflikt zu bestehenden Doppelbesteuerungsabkommen geraten (OECD 2018, S. 159).

Als Reaktion auf die vielen unterschiedlichen unilateralen Maßnahmen und in Folge eines Beschlusses der G 20-Staaten hat die OECD im Oktober 2019 einen gemeinsamen akkordierten Lösungsvorschlag in öffentliche Konsultation geschickt (sog „Unified Approach", OECD 2019b). Die einzelstaatlichen Maßnahmen würden nämlich zu große

Verwerfungen nach sich ziehen. Unkoordinierte unilaterale Steuermaßnahmen würden die Relevanz und Nachhaltigkeit des internationalen Steuerrechtsrahmens unterlaufen und so globales Investment und globales Wirtschaftswachstum behindern (OECD 2019b, S. 4).

Der jüngste Vorschlag der OECD erfasst hochdigitalisierte Geschäftsmodelle und geht darüber hinaus, indem er insgesamt alle Unternehmen erfassen will, deren Zielgruppe private Verbraucher sind. Für diese Art von Unternehmen schafft der Vorschlag einen neuen ertragsteuerrechtlichen Anknüpfungspunkt, der nicht von der physischen Präsenz, sondern von den Verkäufen in einem bestimmten Staat, dem „Marktstaat" abhängt. Dieser neue Anknüpfungspunkt könnte Schwellenbeträge beinhalten, die je nach Größe der betroffenen Volkswirtschaft unterschiedlich kalibriert werden könnten und soll nach Vorstellung der OECD als eigene – unabhängige – Bestimmung in den Doppelbesteuerungsabkommen vorgesehen werden. Die Gewinnzurechnung würde für diesen Anknüpfungspunkt über die traditionelle Gewinnaufteilung nach Verrechnungspreisgrundsätzen hinausgehen. Sie wäre unabhängig von jeglicher physischer Präsenz oder der Präsenz eines ständigen Vertreters in einem Staat. Die bestehenden Grundsätze würden um formelbasierte Gewinnverteilungsregeln ergänzt. Um die Rechtssicherheit für die betroffenen Unternehmen und die Steuerverwaltungen zu erhöhen, würde der neue Anknüpfungspunkt einen dreigliedrigen Gewinnverteilungsmechanismus wählen: Betrag A – ein Anteil an einem angenommenen „residualen", also über einen „Routinegewinn" hinausgehenden Gewinn, der dem Markstaat formelbasiert zugeordnet werden könnte; Betrag B – eine fixe Abgeltung für bestimmte grundlegende Funktionen wie routinemäßige Marketing- und Vertriebsfunktionen, die im Marktstaat stattfinden; Betrag C – ein verbindliches und effektives Verfahren zur Vermeidung und zur Beilegung von Streitigkeiten im Zusammenhang mit allen Elementen des Vorschlags, einschließlich Streitigkeiten über die Zuordnung etwaiger zusätzlicher Gewinnanteile an einen Staat, in dem die tatsächlich ausgeübten Funktionen über jene grundlegenden Funktionen, die in Betrag B erfasst werden, hinausgehen. Zu diesem Vorschlag sind inzwischen zahlreiche Stellungnahmen eingereicht. Die OECD will bis Anfang des Jahres 2020 auf deren Basis einen konkreten Vorschlag machen. Damit ein solcher tatsächlich das Ziel erreicht, rechtspolitisch unerwünschte Steuervermeidung zu beseitigen, bedarf es allerdings eines globalen Konsenses. Diesen haben die USA dem Vernehmen nach jüngst abgelehnt (Le Monde 4.12.2019, S. 17).

5. Vollzug von Steuerrecht auf globalen Märkten

Steuern als zwingende Geldleistungsverpflichtung an den Staat, für die eine unmittelbare Gegenleistung des Staates nicht gewährt wird, die vielfach den einzigen Zweck haben, das Staatswesen zu finanzieren, stehen in einer liberalen offenen Marktwirtschaft vor folgendem Problem: Als Eingriff in das Privateigentum und Beschränkung der Freiheit der Erwerbsausübung bedarf ihre Durchsetzung geeigneter Zwangsinstrumente, die ihrerseits die Kontrollierbarkeit und die effektive Kontrolle der Steuerpflichtigen bzw. ihrer steuerbaren Aktivitäten voraussetzen. Aber gerade dort, wo der Staat in das Privateigentum und in die Erwerbsausübungsfreiheit eingreift und wo das Freiheitskonzept einer Gesellschaft ein hohes Maß an geschützter Privatsphäre voraussetzt, entstehen zu Lasten des Staates Informationsasymmetrien zwischen dem Individuum, das beschränkt wird und dem Staat, der auf das Individuum (auf dessen Vermögen, Erwerbseinkommen etc.) zugreifen will. Deren Überwindung ist die Voraussetzung für die Effektuierung des Ziels, die Steuereinnahmen zu sichern, sodass praktikable Vollzugsinstrumente gefordert sind. Was man von außen sehen kann, wessen man körperlich habhaft werden kann, eignet sich für derartige Einblicke besonders gut.

In einer globalisierten und digitalisierten Welt ist die Kontrolle aus zwei Gründen besonders schwer: Digitale Vorgänge können von außen nicht gut nachvollzogen werden, sie überwinden Staatsgrenzen mühelos und so kann territorial begrenzte Staatsmacht nicht ohne weiteres ausgeübt werden. Jeder Staat muss sein eigenes Steuerrecht vollziehen und ist mit seinen Instrumenten zunächst auf sein eigenes Territorium beschränkt. Nur die Zusammenarbeit mit den anderen Staaten macht es möglich, international tätige Steuersubjekte sachgerecht zu kontrollieren.

Sowohl innerhalb der EU als auch im Verhältnis zu Drittstaaten hat sich in den vergangenen Jahren die zwischenstaatliche Amtshilfe erheblich verbessert, wurde um neue Instrumente der Zusammenarbeit bereichert und durch Automatisierungsprozesse beschleunigt (für einen Überblick siehe Ehrke-Rabel 2019a, Tz 1411ff). Praktisch erschweren aber völlig unterschiedliche Verfahrensordnungen, unterschiedliche Interaktionskulturen und Sprachbarrieren die zwischenstaatliche Zusammenarbeit nach wie vor.

Der Vollzug des Rechts kann daher nur effizienter werden, wenn sich auch Finanzverwaltungen an die Veränderungen, die die Digitalisierung und die Globalisierung mit sich gebracht haben und noch immer bringen, anpassen. So zeigen die Entwicklungen der letzten Jahre, denen zum Teil wieder Studien und Empfehlungen der OECD zugrunde liegen, dass die Instrumente, die die Privatwirtschaft zur Beobachtung von Menschen und Transaktionen verwendet, um einerseits ihre Unternehmen effizient zu führen und andererseits das Konsumverhalten ihrer Kunden positiv zu beeinflussen, Eingang in die Finanzverwaltung gefunden haben. Viele Finanzverwaltungen dieser Welt unterhalten automationsgestützte oder gar automatisierte Risikomanagementsysteme, arbeiten am Einsatz von Machine-Learning zur Durchführung von Big Data Analytics, setzen verhaltensökonomische Erkenntnisse ein, um Steuerpflichtige zu erwünschtem Verhalten zu „nudgen" (statt sie nur durch Ge- oder Verbote anzuleiten). Im Internet of Things und ganz allgemein in der Digitalisierung wird das Potenzial gesehen, die Finanzverwaltung auf lange Sicht nahezu unsichtbar für die Steuerpflichtigen zu machen (OECD 2017, S. 190).

Die OECD geht so weit, in der Verteilung von Macht in einem Staat vorderhand ein betriebswirtschaftliches Organisationsthema zu sehen und empfiehlt daher, sämtliche Informationen, die in einem Staat über einen Bürger gesammelt und bei verschiedenen Institutionen verwahrt und verarbeitet werden, mit allen staatlichen Institutionen zu teilen (sog whole-of-government-approach; vgl. z.B. OECD 2016, S. 80; OECD 2015a).

6. Bewertung

Das Steuerrecht lässt die derzeitige Krise des Nationalstaats als Institution manifest werden. Gerade das internationale Steuerrecht ist mitverantwortlich dafür, dass globales Wirtschaften heute in der uns bekannten Form möglich ist; in Kombination mit dem technologischen Fortschritt hat das internationale Steuerrecht das Potenzial der Steuerpolitik als Instrument für Wirtschaftsstandortpolitik erhöht. So lange die (Wirtschafts-) Welt körperlich war, konnten niedrige effektive Steuersätze nicht in dem Maße Steuersubstrat aus dem Ausland anlocken wie es in einer unkörperlichen Welt möglich ist. Wirtschaftsstandortpolitik ist immer Politik für den einzelnen Nationalstaat und kann bei weitgehend mobilen Faktoren zu Lasten anderer Nationalstaaten gehen. Die Digitalisierung hat zusätzliche Anhaltspunkte geschaffen, dass Steuerwettbewerb zwischen den Staaten zu Ungleichbehandlungen führen und global betrachtet langfristig ineffizient und daher insgesamt unfair sein kann.

Hinzu kommt, dass die Frage, wie Recht auf globalen Märkten effizient und effektiv vollzogen werden soll, wenn der Nationalstaat weiterhin der rechtliche Referenzrahmen ist und (aus demokratiepolitischen Gründen) sein muss, zu Beginn der Globalisierung vernachlässigt wurde. Jetzt, wo fast jeder Wirtschaftsakteur global ist, muss sie beantwortet werden, um einerseits die Gleichmäßigkeit der Besteuerung zu wahren und andererseits die Finanzierung des Staates zu gewährleisten.

Sich dazu einfach nur der Instrumente der digitalen Überwachung zu bedienen, birgt die Gefahr in sich, die liberale Demokratie als solche zu unterlaufen. Unter dem Deckmantel der Bequemlichkeit wird der Einzelne zunehmend daran gewöhnt, seine Daten nicht nur mit den Internetgiganten, sondern auch mit den Verwaltungsbehörden dieser Welt zu teilen. Wir vergessen dabei, dass es Gründe gibt, weshalb ein staatlicher Eingriff in die Privatsphäre strengen gesetzlichen Auflagen unterliegt, und weshalb für die Durchführung von Eingriffsrecht nicht ein Super-Ministerium, sondern mehrere Ministerien zuständig sind.

Wir vergessen, dass eine liberale Demokratie ein gewisses Maß an nicht entdecktem Fehlverhalten in Kauf nehmen muss, wenn sie die Freiheit des Einzelnen als hohes Gut schützt, ihm zutraut, rational entscheiden zu können, was gut ist und ihn folglich (nur) dort begrenzt, wo seine Freiheit der Gemeinschaft zum Schaden gereicht, indem sie ihn im Fall eines die Gesellschaft schädigenden Fehlverhaltens zur Verantwortung zieht.

Wir vergessen, dass Widerstand gegen Regeln auch Weiterentwicklung bedeuten kann. Deswegen tendieren wir dazu, Überwachung zum Zwecke der Bekämpfung von Steuerbetrug einfach hinzunehmen oder sogar gut zu heißen. Um nicht die Grundwerte einer freien Gesellschaft still und leise zu Grabe zu tragen, müssen wir viel grundlegender denken: Wir müssen heute entscheiden, wie wir in Zukunft in einer digitalen, globalisierten Welt leben wollen. Wenn wir unsere alten Grundwerte nicht mehr aufrechterhalten wollen, müssen wir sie bewusst aufgeben.

Wenn heute – wie dargelegt – auf verschiedenen Ebenen überlegt wird, wie digitalisiertes Wirtschaften in einer globalen Welt gerecht besteuert werden kann, drohen wir uns in technischen Details zu verlieren. Der Grund für die oben beschriebene Macht digital wirtschaftender Unternehmen liegt meines Erachtens vor allem darin, dass viele Gewinne in einem unzureichend regulierten Rahmen erwirtschaftet werden. Warum ist selbstverständlich, dass Unternehmen die Daten, deren Verarbeitung wir zugestimmt haben, so umfassend nützen und uns beeinflussen dürfen, ohne dass wir es merken? Warum ist es selbstverständlich, dass Private Wohnungen wie Hotelzimmer vermieten dürfen, ohne den Auflagen eines Hotelgewerbes zu unterliegen? Warum nehmen wir hin, dass Computerprogramme digitale Token generieren, die dann auf privaten Börsen wie Währungen gehandelt werden können? Dies alles zu regulieren, ist im Internet als einem Raum, der nicht an Staatsgrenzen gebunden ist, schwierig, aber gewiss nicht unmöglich. Sollten wir nicht zumindest auch darüber ernsthaft nachdenken? Und die Eigenheiten deregulierter oder unregulierter Wirtschaft nicht nur hinnehmen?

Die Wirtschaftswelt, in der wir leben, haben wir erschaffen. Es liegt an uns zu entscheiden, ob wir sie so aufrechterhalten wollen. Das sollte eine bewusste Entscheidung sein.

Es ist an der Zeit, zuerst zu überlegen, was wir wollen, darauf hinzuarbeiten, die (Wirtschafts-)Welt so zu gestalten, wie wir sie wollen und dann über die Steuern nachzudenken. Derzeit nehmen wir die Welt noch so hin, wie sie sich entwickelt hat und versuchen neue (komplizierte) Steuersysteme zu schaffen, ohne uns mit den wesentlichen Grundfragen zu befassen. Auch wenn Steuerrecht auf geänderte wirtschaftliche Rahmenbedingungen reagieren muss und nicht auf neue Regulierung warten kann und darf, ist zu wünschen, dass auch die Grundsatzfrage gestellt und Regulierung breit diskutiert wird.

Literatur

Becker, Johannes und Englisch, Joachim (2019): Taxing Where Value Is Created: What's 'User Involvement' Got to Do with It?, *Intertax 47*, S. 161-171.

Bräumann, Peter (2019): Digital Permanent Establishment on Its Way to Becoming a Reality? The EU Commission's Proposal on Taxing 'Significant Digital Presence'. In: Haslehner, Werner, Kofler, Georg, Patazatou, Katerina und Rust, Alexander: *Tax and the Digital Economy*. AH Alphen aan den Rijn: Wolters Kluwer, S. 147-176.

Com (2018): Vorschlag für eine Richtlinie des Rates zur Festlegung von Vorschriften für die Unternehmensbesteuerung einer signifikanten digitalen Präsenz. [https://ec.europa.eu/taxation_customs/sites/taxation/files/proposal_significant_digital_presence_21032018_de.pdf – Letzter Zugriff: 11.12.2019]

Ehrke-Rabel, Tina (2019): Big Data in Tax Collection and Enforcement. In: Haslehner, Werner, Kofler, Georg, Patazatou, Katerina und Rust, Alexander: *Tax and the Digital Economy*. AH Alphen aan den Rijn: Wolters Kluwer, S. 283-335.

Ehrke-Rabel, Tina, Eisenberger, Iris, Hödl, Elisabeth und Zechner, Lily (2017): Bitcoin-Miner als Prosumer: Eine Frage staatlicher Regulierung? *ALJ* 3/2017, S. 188-223.

Ehrke-Rabel, Tina (2019a): Steuerrecht II. 8. Auflage *(Doralt/Ruppe)*, Wien: Manz.

Ehrke-Rabel, Tina (2019b): Aspekte grenzüberschreitenden digitalen Wirtschaftens in der Umsatzsteuer. In: Hey, Johanna (Hg.): *Digitalisierung im Steuerrecht*, DStJG 43, S. 371-421.

Englisch, Joachim (2019): Digitalisation and the Future of National Tax Systems: Taxing Robots? In: Haslehner, Werner, Kofler, Georg, Patazatou, Katerina und Rust, Alexander (Hg.): *Tax and the Digital Economy*. AH Alphen aan den Rijn: Wolters Kluwer, S. 261-282.

IMF (2014): *Spillovers in International Corporate Taxation*, IMF Policy Paper, [http://dx.doi.org/10.5089/9781498343367.007
– Letzter Zugriff: 11.12.2019]

IMF (2019): *Corporate Taxation in the Global Economy*, IMF Policy Paper, 19/007. [https://www.imf.org/en/Publications/Policy-Papers/Issues/2019/03/08/Corporate-Taxation-in-the-Global-Economy-46650 – Letzter Zugriff: 11.12.2019]

Kirchmayr, Sabine, Mayr, Gunter, Hirschler, Klaus und Kofler, Georg (Hg.) (2017): *Anti-BEPS-Richtlinie*. Wien: Linde.

Kofler, Georg und Sinnig, Julia (2019): Equalization Taxes and the EU's ‚Digital Services Tax'. In: Haslehner, Werner, Kofler, Georg, Patazatou, Katerina und Rust, Alexander: *Tax and the Digital Economy*. AH Alphen aan den Rijn: Wolters Kluwer, S. 101-146.

Kokott, Juliane (2019): The 'Genuine Link' Requirement for Source Taxation in Public International Law. In: Haslehner, Werner, Kofler, Georg,

Patazatou, Katerina und Rust, Alexander: *Tax and the Digital Economy*. AH Alphen aan den Rijn: Wolters Kluwer, S. 9-23.

Lang, Michael (2017): Die Anwendung des Multilateralen Instruments (MLI) "Alongside Existing Tax Treaties", *Steuer und Wirtschaft International*, S. 624-631.

Mayer-Schönberger, Viktor und Ramge, Thomas (2019): *Reinventing Capitalism in the Age of Big Data*. New York: Hachette Book Group.

Moreno, Andrés Báez und Brauner, Yariv (2019): Tax Policy for the Digitalized Economy under Benjamin Franklin's Rule for Decision-Making. In: Haslehner, Werner, Kofler, Georg, Patazatou, Katerina und Rust, Alexander: *Tax and the Digital Economy*. AH Alphen aan den Rijn: Wolters Kluwer, S. 67-100.

OECD/G20, Base Erosion and Profit Shifting Project (2015): *Addressing the Tax Challenges of the Digital Economy, Action 1: 2015 Final Report*. [https://doi.org/10.1787/9789264241046-en
– Letzter Zugriff: 11.12.2019]

OECD (2015a): *Improving Co-operation Between Tax and Anti-Money Laundering Authorities*. [https://www.oecd.org/ctp/crime/report-improving-cooperation-between-tax-anti-money-laundering-authorities.pdf
– Letzter Zugriff: 11.12.2019]

OECD (2016): *Technologies for a Better Tax Administration*. [https://doi.org/10.1787/9789264256439-en – Letzter Zugriff: 11.12.2019]

OECD (2016a): *Multilateral Convention to Implement Tax Treaty Related Measures to Prevent Base Erosion and Profit Shifting*. [http://www.oecd.org/tax/treaties/multilateral-convention-to-implement-tax-treaty-related-measures-to-prevent-BEPS.pdf – letzter Zugriff: 1.12.2019).

OECD Tax Administration (2017): *Comparative Information on OECD and other Advanced and Emerging Economies*. [https://doi.org/10.1787/tax_admin-2017-en – Letzter Zugriff: 11.12.2019]

OECD (2018a): *The Role of Digital Platforms in the Collection of VAT/GST on Online Sales*. [https://doi.org/10.1787/e0e2dd2d-en – Letzter Zugriff: 11.12.2019]

OECD/G20 (2018b): *Base Erosion and Profit Shifting Project, Tax Challenges Arising from Digitalisation – Interim Report 2018*. [https://doi.org/10.1787/9789264293083-en – Letzter Zugriff: 11.12.2019]

OECD/G20, BEPS Project (2019a): *Public Consultation Document, Addressing the Tax Challenges of the Digitalisation of the Economy*, 13 February to 6 March 2019. [https://www.oecd.org/tax/beps/public-consultation-tax-challenges-of-digitalisation-13-14-march-2019.htm – Letzter Zugriff: 11.12.2019]

OECD/G20, BEPS Project (2019b): *Public Consultation Document, Secretariat Proposal for a "Unified Approach" under Pillar One*, 9 October 2019 – 12 November 2019. [http://www.oecd.org/tax/beps/public-consultation-document-secretariat-proposal-unified-approach-pillar-one.pdf – Letzter Zugriff: 11.12.2019]

Piketty, Thomas (2019): *Capital et idéologie*. Paris: Seuil.

Rochet, Jean-Charles und Tirole, Jean (2003): Platform Competition in Two-Sided Markets, *Journal of the European Economic Association 1, Issue 4*, S. 990-1.029.

Scarcella, Luisa und Lexer, Michaela Georgina (2019): Artificial Intelligence and Labor Markets. A Critical Analysis of Solution Models from a Tax Law and Social Security Law Perspective, *Rivista italiana di informatica e diritto 1 (1)*, S. 103-120.

Zuboff, Shoshana (2019): *Surveillance Capitalism*. Harvard: Harvard Press.

Digitalisierung und die Arbeit der Zukunft

Oliver Suchy[*]

Abstract: We are in the course of a fundamental change, but should not sit still and wait for the end of the vocational world. We expect a structural change dissolving the borders of industries – turning out in new value chains as well as new structural power. But: Digitization is made by humans – and it will remain a human responsibility to shape the digital world, in particular the world of work. It is crucial to understand that the broadly discussed opportunities for a digital transformation are not diametrically opposed to the threats – but will open up only when employees are involved with a direct say about change-processes, job security or data usability and protection. So a new policy of empowerment is indispensable, because the creation of a new working culture will not work by itself.

Keywords: Digitization, Future of work, New Work, Flexibility, Artificial Intelligence

---

[*] Oliver Suchy, DGB-Bundesvorstand, Leiter der Abteilung Digitale Arbeitswelten und Arbeitsweltberichterstattung • oliver.suchy@dgb.de

1. Einleitung

Es ist wie vor einem dieser sommerlichen Unwetter: Deutschland sonnt sich in blendenden Arbeitsmarktdaten. Und doch ist klar, dass sich etwas zusammenbraut. Alle Fachleute sind sich einig: Die Digitalisierung löst einen gewaltigen Strukturwandel aus. Im Unterschied zu Sturm, Blitz und Donner zieht der digitale Wandel aber nicht einfach an uns vorüber. Nach aktuellen Szenarien werden schon in den nächsten gut zehn Jahren rund 2,5 Mio. Arbeitsplätze, wie wir sie heute kennen, nicht mehr da sein. Dafür sollen 2,7 Mio. neue Jobs entstehen. Bis zum Jahr 2035 dreht sich der Saldo allerdings schon deutlich in den roten Bereich (Wolter et al. 2018, S. 38). Ob dies so eintrifft, ist natürlich noch nicht ausgemacht. Die Digitalisierung fällt nicht vom Himmel. Sie wird vorangetrieben, politisch wie ökonomisch. Wir sind mittendrin. Mit neuen Plattformen und Geschäftsmodellen verändern sich Strukturen der Wertschöpfung und Formen der Arbeit.

Die Frage ist: Sind wir vorbereitet? Im Juni 2019 wurde vermeldet, dass der Digitalrat der Bundesregierung von der Politik ein „Digitalisierungsziel" erwartet. Gefragt ist also eine Vision, wenigstens ein Plan. Und dies zu Recht: Die politischen Ansätze sind – zumindest für die Digitalen Arbeitswelten – bislang zu zaghaft bis dürftig und folgen einem Silodenken. Es hat sich zwar eine Community rund um Industrie 4.0, Arbeit 4.0 und auch Künstliche Intelligenz (KI) gegründet, doch es fehlen sowohl die klaren politischen Botschaften als auch die praktische Umsetzung. Genau darauf kommt es aber an. Schließlich ist es die originäre Aufgabe von Politik und insbesondere von Regierungshandeln Strategien konsistent umzusetzen. Stattdessen wird von vielen Seiten viel Dialog organisiert, in dem allerdings auch noch nach Jahren auf dem allgemeinen Niveau von „Chancen und Risiken" philosophiert wird. So ist auch der Slogan vom „Mensch im Mittelpunkt" längst zur Floskel verkommen. Im Kontext von KI heißt das dann „human centered design". Außerhalb der digitalpolitischen Echokammern ist das schwer verdauliche Kost. Was genau gemeint ist, wird nämlich nicht klar. Es klingt jedoch – und das ist fatal – als ginge es um den Kampf der Menschheit gegen (schlaue) Maschinen. Doch die 4.0-Welt ist kein ‚GO'-Spiel. Es geht darum, wie wir die Digitalisierung für eine bessere Arbeitswelt und für eine gerechtere Gesellschaft nutzen können. Leider fehlt bislang ein überzeugender Plan, der überhaupt zeigt, dass es geht – geschweige denn wie.

Der aktuelle politische Zustand lässt viele Menschen hilflos oder zumindest sorgenvoll zurück. Dies korrespondiert besonders negativ nicht allein mit dem politischen Anspruch, die Menschen „mitnehmen" zu wollen, sondern auch mit dem Erleben vieler Menschen in der modernen Arbeitswelt. So haben sich die Versprechungen der Digitalisierung nach mehr persönlicher Freiheit oder selbstbestimmtem Arbeiten bislang nicht eingelöst. Im Gegenteil: Tempo und Druck am Arbeitsplatz haben zugenommen. Die Entgrenzung der Arbeitszeit ist für viele ein Problem für Work-Life-Balance und Familienleben. Neue Technologien führen oft zu Digitalstress, weil die notwendigen Kompetenzen ebenso fehlen wie Qualifizierungsangebote. Dazu kommt die Unsicherheit hinsichtlich der künftigen Beschäftigungs- und Wohlstandserwartungen. Gleichzeitig erleben viele Beschäftigte einen Kontrollverlust und zunehmende digitale Überwachung. Eine Entlastung oder gar Humanisierung der Arbeitswelt durch High Tech ist allenfalls als Ausnahme zu betrachten. Dabei zeigen die Menschen in Deutschland – zum Beispiel nach der „Vermächtnis-Studie" der Wochenzeitung „DIE ZEIT", des Forschungsinstituts infas sowie des Wissenschaftszentrums Berlin[1] (2019) oder der Friedrich-Ebert-Stiftung[2] (2019) – eine große Offenheit für berufliche Weiterentwicklung und Mobilität. Es fehlt allerdings an Bewusstsein für die Dynamik und möglicherweise auch Dramatik, die sich mit der fortschreitenden Digitalisierung am Arbeitsmarkt entwickeln wird. Viele – Beschäftigte wie Unternehmen – „wursteln eher vor sich hin". Der Vorschlag für einen regelmäßigen beruflichen Vorsorgecheck klingt charmant und könnte sicher helfen, die Weiterbildungsberatung mit Leben zu füllen und tatsächlich eine Kultur des lebensbegleitenden Lernens zu entwickeln. Solang sich die Beschäftigten in der Mehrheit aber am Arbeitsplatz wie im Hamsterrad fühlen und keine Freiheiten zur beruflichen Entwicklung oder Neuorientierung haben, läuft dieser Gedanke jedoch leer. Genau deshalb braucht es eine Roadmap „Digitale Arbeit". Im Rahmen einer solchen Roadmap müssen die unterschiedlichen Politikansätze zur Gestaltung der künftigen Arbeitswelt – Mitbestimmung, Qualifizierung, Flexibilität und Datennutzung – miteinander verzahnt werden, damit sie Wirkung, Dynamik und letztlich ein neues Mindset und Zuversicht ermöglichen.

---

[1] DIE ZEIT, infas, WZB(2019)
[2] Kirchner, Stefan (2019)

2. Zur Debatte um die Arbeit der Zukunft

Gleichwohl hat sich mit der Digitalisierung vor einigen Jahren ein neuartiger Diskurs um die Arbeit der Zukunft entwickelt. Dies ist ein hoher Wert an sich, schließlich drehte sich die Debatte zuvor um die Technologien selbst und weniger um die Auswirkungen auf die Arbeitswelten. Strategien wie „Digital First" – also erst handeln, dann nachdenken – helfen sicher nicht weiter. Wichtig ist, dass die Gestaltungsoptionen der Digitalisierung für die Arbeit von Beginn an mitgedacht und arbeitspolitisch präventiv mitgestaltet werden.

Am deutlichsten wird dies im Bereich der KI, wo „Gute Arbeit by design", ein Vorschlag des Deutschen Gewerkschaftsbundes[3] (DGB) vom Januar 2019 bereits in der Entwicklung von intelligenten Systemen mit angelegt werden sollte. Von entscheidender Bedeutung ist gerade hier die Frage, welchen Zielen lernende Maschinen, die sich zu Black Boxes entwickeln können, folgen. Das Spektrum reicht von Assistenzsystemen bis hin zur Überwachung, Automatisierung und Verdrängung menschlicher Arbeit. Die Ziele für den Einsatz neuer Technologien sind weder technisch determiniert noch altruistisch geprägt, sondern in aller Regel Ergebnis ökonomischer Interessen und politischer Strategien. Es geht in der Debatte um den digitalen Wandel also nicht um „Maschine gegen Mensch", sondern um ökonomische und politische Konflikte – und damit um eine in Teilen grundlegende Neukonfiguration von Arbeitsbedingungen, Arbeitsbeziehungen und Kräfteverhältnissen. Dies gilt es zu bedenken, wenn wir über Arbeitsmodelle der Zukunft nachdenken.

Wir befinden uns am Beginn einer epochalen Transformation zu einem Informations- bzw. Plattformkapitalismus, der die Wertschöpfung grundlegend verändert. Dass dies nicht automatisch mit Wertschätzung verbunden ist, zeigen z.B. die Arbeitsbedingungen bei einem der digitalen Weltmarktführer, der sich in Deutschland bis heute anständigen Tarifverträgen verweigert und die Beschäftigten mit mehr als fragwürdigen Überwachungsmethoden traktiert. Von „New Work" im Sinne Guter Arbeit sind wir hier weit entfernt. Bei all der Euphorie über neue Chancen der Digitalisierung und den damit verbundenen Versprechungen darf nicht übersehen werden, dass es auch in Deutschland weite Bereiche von Bad Jobs gibt, die unter miserablen Bedingungen verrichtet werden müs-

---

[3] DGB (2019)

sen. Es darf nicht übersehen werden, dass viele Beschäftigte in prekären Verhältnissen arbeiten und die Gruppe der „Working Poor" trotz der anhaltenden, konjunkturellen Hochphase nicht kleiner geworden ist. Dazu leisten 20 Prozent der Beschäftigten so genannte Einfacharbeit. Die Probleme der Prekarisierung von Arbeit dürfen nicht einfach unter den Teppich gekehrt werden und werden auch durch „die" Digitalisierung nicht einfach verschwinden – im Gegenteil: Das Entstehen von Arbeitsplattformen, die Beschäftigte im Bereich von Crowd- und Gigwork zu scheinbaren Solo-Selbständigen erklären und den (sicheren) Arbeitsplatz zum (unsicheren) Arbeitseinsatz deklarieren, zeigt die Potenziale einer zunehmenden Prekarisierung.

3. Neue Freiheit durch digitale Flexibilität?

Gleiches gilt auch für die zunehmende Flexibilisierung von Arbeitsorten und Arbeitszeiten. Digitale Tools ermöglichen nicht automatisch mehr persönliche Freiheit, sondern führen momentan eher zu Entgrenzungstendenzen, die bestehende Probleme wie bei den boomenden psychischen Belastungen noch verstärken. So ist die Zeitautonomie der Arbeitnehmerinnen und Arbeitnehmer trotz der Flexibilisierung nur eingeschränkt gegeben. Nach dem Arbeitszeitreport der BAuA (2018) haben nur 39 Prozent der Beschäftigten selbst großen Einfluss darauf, wann sie ihre Arbeitszeit beginnen und beenden. Nach dem DGB-Index Gute Arbeit geben gut die Hälfte der Beschäftigten an, gar keinen oder nur geringen Einfluss auf die Arbeitszeitgestaltung zu haben[4]. Die eingeschränkte Selbstbestimmung der Beschäftigten wird durch die Sonderbefragung des DGB-Index Gute Arbeit zur Arbeitszeitgestaltung belegt: Während fast zwei Drittel der Beschäftigten kurzfristig einen Tag freinehmen können, haben 41 Prozent kaum Spielräume, über Lage und Dauer der Arbeitszeit mitzuentscheiden.[5] Auch nach der jüngsten Unternehmensbefragung von Eurofound (2015) bieten nur knapp 32 Prozent der Unternehmen dem Großteil ihrer Mitarbeiter an, Arbeitsbeginn und Ende ihren Bedürfnissen anzupassen. Die Arbeitszeitbefragung der IG Metall (2017) zeigt hin-

---

[4] DGB (2015)
[5] DGB (2017)

gegen, dass es knapp 90 Prozent der Beschäftigten wichtig ist, kurzfristig die tägliche Arbeitszeit an private Bedürfnisse anpassen zu können. Gleiches gilt für eine vorübergehende Absenkung der Arbeitszeit zur besseren Vereinbarung von Arbeit und Privatleben. Die Grenzen zwischen Arbeitszeit und Freizeit haben sich für viele Beschäftigte aufgelöst. Fast ein Viertel der Beschäftigten müssen auch in der Freizeit oft für den Arbeitgeber verfügbar sein. Zwölf Prozent werden dabei von ihrem Arbeitgeber auch häufig in der Freizeit kontaktiert (BAuA 2018). Drei Viertel fühlen sich bei der Arbeit gehetzt (DGB 2017). Mit den Erreichbarkeitserwartungen nehmen auch die psychischen Belastungen und Beeinträchtigungen des Privat- und Familienlebens zu. So gelingt auch das Abschalten von der Arbeit – neudeutsch: „Detachment" – nach Feierabend oder am Wochenende knapp 40 Prozent der Beschäftigten nicht (Barmer 2018). Die Digitalisierung erleichtert also nicht automatisch die Vereinbarkeit von Beruf und Familie. Auch der DGB-Index Gute Arbeit 2016 zeigt, dass der Leistungsdruck mit der Digitalisierung bereits zugenommen hat. So berichten 46 Prozent der Beschäftigten, das ihre Arbeitsbelastungen mit der Digitalisierung gestiegen sind (DGB 2016). Auch mobiles Arbeiten führt nicht automatisch zu mehr Freiheit. So ist Home Office in der Regel nicht vertraglich geregelt (BAuA 2016). Das führt dazu, dass mehr als die Hälfte (ohne vertragliche Regelung) im Home Office ausschließlich außerhalb der regulären Arbeitszeit arbeiten. Fast drei Viertel von ihnen bekommen keinen Ausgleich für Überstunden (BMAS 2015).

4. Digitale Kontrolle

Die Möglichkeiten für unsichtbare Überwachung und Kontrolle von Leistung und Verhalten von Beschäftigten wird durch Arbeit in der Cloud und neue Tracking- oder Screening-Methoden erheblich erleichtert. Hierzu gibt es zwar Grenzen durch die EU-Datenschutz-Grundverordnung (z. B. zum Profiling oder zu automatisierten Entscheidung) sowie ein Mitbestimmungsrecht. Dieser Rahmen ist jedoch unzureichend. Nach der Betriebsräte-Befragung des WSI ist die automatische Erfassung und Überwachung von Arbeitsschritten in rund einem Drittel der Betriebe stark verbreitet (Ahlers 2018). Dabei geht es jedoch nicht um analoge Überwachungskameras, sondern um eine komplexe und unsichtbare Analyse persönlicher Daten zur Vermessung der Leistungsfähigkeit von Beschäftigten. Google hat kürzlich ein Patent zur „Messung der Produktivität von Wissensarbeit" angemeldet. KI-basierte Systeme wie „Workplace und People Analytics" führen dazu, dass aus der Datenanalyse am Arbeitsplatz individuelle Leistungsprofile entstehen, auf deren Grundlage prädiktive Auswertungen möglich sind. Beschäftigte können entsprechend ‚optimiert' werden – bzw. sollen sich selbst optimieren, um die individuelle Produktivität zu steigern. Mit einer solchen Ausrichtung allerdings könnte das gesamte System des Arbeitsschutzes auf den Kopf gestellt werden, denn die Verantwortung für das – optimale – Verhalten am Arbeitsplatz wird auf die Einzelnen übertragen: Danach müssen sich die Beschäftigten den Verhältnissen und Effizienzzielen anpassen – und die Verhältnisse selbst geraten aus dem Fokus. Überwachung und Kontrolle werden so zur individuellen Gesundheitsförderung deklariert. Ein Mitbestimmungsrecht zum Schutz der Privatsphäre gibt es allerdings bislang nicht, ist aber angemessen und sollte rasch entwickelt werden. Denn die Frage zur Nutzung von persönlichen Daten von Beschäftigten wird zur Sollbruchstelle im digitalen Wandel. Sie können genutzt werden, um die Arbeitsbedingungen zu erleichtern, zum Beispiel durch aktive Exoskelette, interaktive Robotik oder andere, KI-basierte Assistenzsysteme. Die entscheidende Frage ist dabei jedoch, wie die Privatsphäre geschützt und am Ende arbeitsrechtliche Konsequenzen ausgeschlossen werden können.

5. Digitalisierung erfordert neue Aushandlungsprozesse

Es gibt zwar viele Beispiele für gelungene Aushandlungsprozesse zum betrieblichen Einsatz moderner Technologien und der Mensch-Maschine-Interaktion (MMI) – u. a. geförderte Arbeitsforschungsprojekte, ausgezeichnete Preisträger Deutscher Betriebsratspreis etc. Diese „Leuchttürme" reichen jedoch für eine erforderliche Breitenwirkung nicht aus. Das gilt ebenso für Handlungshilfen, die sozialpartnerschaftlich in Forschungsprojekten entwickelt wurden (z. B. Offensive Mittelstand/INQA), die Chancen und Risiken analysieren und – durchaus vielversprechende – Lösungsansätze bieten, denn sie bleiben letztlich unverbindlich. Auch die im Kontext von „Arbeit 4.0" vielfach zitierte „Beteiligung" der Beschäftigten reicht allein nicht aus, weil damit Ziele und mögliche Zielkonflikte sowie eine präventive Arbeitsgestaltung des Technologieeinsatzes nicht verhandelt werden. Insbesondere Folgenabschätzung (hinsichtlich der Veränderung von qualifikatorischen Anforderungen, Belastungswirkungen u. a.) erfordern echte Aushandlungsprozesse. Für die erfolgreiche Gestaltung der Schnittstellen der MMI sowie die Akzeptanz des Technologieeinsatzes durch die Beschäftigten ist eine präventive Neu-Orientierung der Mitbestimmungsrechte auf die Prozesse der Planung, Entwicklung und Umsetzung nötig. Dies gilt insbesondere, wenn persönliche Daten der Beschäftigten und deren Handlungsspielräume durch smarte Maschinen tangiert werden. Die betrieblichen Interessenvertretungen haben eine herausragende Bedeutung für die Transformationsprozesse, die Gestaltung der Mensch-Maschine-Interaktion und den Einsatz bzw. die Umsetzung von ADM-/AuDM-Systemen (Algorithmic Decision Making bzw. Automated Decision-Making). Der Einsatz von digitaler Technik ist nicht ohne Grund mitbestimmungspflichtig; dies bezieht sich allerdings auf Leistungs- und Verhaltenskontrollen, nicht aber auf die Datennutzung im Hinblick auf die Veränderung von Arbeitsbedingungen durch den Technikeinsatz. Im Idealfall bindet der Arbeitgeber den Betriebsrat schon in der Planungsphase mit ein, um Art und Umfang des Einsatzes der Technologien konstruktiv mitbestimmen zu können.

Die Praxis besteht jedoch oft im nachträglichen „Absegnen" eines fertigen Produkts oder Konzepts – meist unter ökonomisch begründetem Zeitdruck, so dass jegliche Aktivität des Betriebsrats als „Bremsen" gilt. Die Beispiele guter Praxis sollten zum Standard für die Aushandlungsprozesse und damit die Mitbestimmungsrechte gemacht werden. Die Mitbestimmung ist bislang ergebnisorientiert angelegt und sollte prozessorientiert beziehungsweise prozeduraler ausgerichtet werden. Dafür sind die Mitbestimmungsrechte auf die betriebliche Datennutzung (und entsprechende technisch induzierte Arbeitsgestaltungen) auszuweiten. Dies gilt immer dann, wenn technologische Systeme auf persönlichen Daten von Beschäftigten basieren oder diese tangieren – ebenso die Handlungsspielräume von Beschäftigten. Das Prinzip „Information und informierte Einwilligung" ist hier angesichts der Machtasymmetrie von Beschäftigten unzureichend und kann kein Maßstab im Arbeitsleben sein.

Schließlich führen 4.0-Technologien zu einer neuen Qualität in der Beziehung zwischen Mensch und Maschine, wenn selbstlernende Software steuernd auf die Arbeitsprozesse und soziale Beziehungen wirkt. Dabei sind unterschiedliche Stufen der MMI zu unterscheiden – von (a) Software-Systemen, die Handlungsalternativen anbieten und der Mensch entscheidet (hier stellt sich allerdings auch die Frage nach der Entscheidungsfreiheit von Beschäftigten) über (b) digitale Steuerungstools oder kollaborative Roboter bis zu (c) autonom handelnder Software (AuDM oder ASS), die den Beschäftigten Anweisungen gibt.

Der Einsatz von 4.0-Technologien kann zur Unterstützung und Entlastung von Beschäftigten ebenso beitragen wie zur Verunsicherung und Demotivierung. Es kommt auf die vorausschauende Gestaltung der cyber-physischen Arbeitssysteme an, um die Usability und nicht zuletzt die Akzeptanz und somit das Vertrauen in 4.0-Technologien zu fördern. Angesichts der dynamischen Entwicklung der Technologien sollten kontinuierliche Prozesse (lebende Vereinbarungen) zu KI-/AuDM-Systemen vereinbart werden, mit denen die Entwicklung sozialpartnerschaftlich begleitet werden, um unerwünschte Risiken und Nebenwirkungen zu vermeiden. Dabei geht es nicht zuletzt um eine Folgenabschätzung, insbesondere hinsichtlich der Handlungsträgerschaft (von Maschinen), Interventionsmöglichkeiten und Verantwortung als auch der Qualifikationsanforderungen und Belastungswirkungen sowie – nicht zuletzt – um die Beschäftigungsaussichten im Betrieb. Schließlich ist Optimierung auch immer mit Rationalisierung verbunden. Die Abschätzung möglicher Arbeitsplatzverluste sowie entsprechender Qualifizierungs- und gegebenenfalls Umschulungsbedarfe ist deshalb bereits in der Planungsphase nötig. Hier ist allerdings noch viel Luft nach oben.

6. Qualifizierung – Das A und O, doch ohne Plan?

Der „Transformationsatlas" der IG Metall vom Juni 2019 zeigt allerdings, dass die Mehrheit der Betriebe im Metall- und Elektrobereich keine systematische Planung zu Personalentwicklung und Qualifizierungsbedarfen vorweisen. Auf dem Weg in die Arbeitswelt 4.0 sollte daher ein Qualifizierungsmonitoring, das derzeit vom IAB mit einem „Kompetenzkompass" pilotiert wird, weiterentwickelt werden. Zum einen könnte ein regelmäßiger „Digital-Index Arbeit" aufgebaut werden, mit dem die Auswirkungen des technologischen Wandels auf die Arbeitsqualität in den Betrieben sowie die Entwicklung der Beschäftigungsstrukturen und Beschäftigungsformen erhoben werden. Neben gesundheitlichen Aspekten der Arbeits- und Technikgestaltung soll dabei insbesondere auch die Frage der betrieblichen Weiterbildung sowie Passfähigkeit von Qualifikationen betrachtet werden. Denn so genannter Digitalstress entsteht auch deshalb, weil der Digitalisierungsgrad des Arbeitsplatzes nicht zu den Kompetenzen der Arbeitnehmer passt. Weiterhin könnte dadurch die Prognosefähigkeit für die Entwicklung von branchen- und ggf. auch regionalspezifischen Qualifikationsanforderungen erhöht werden. Darauf aufbauend sollte ein „Transformations-Monitoring" zur Entwicklungs- und Bedarfsanalyse aufgebaut werden, mit dem die betrieblichen Herausforderungen hinsichtlich der Themen Qualifizierung, Gesundheit, Flexibilität, Organisation und Mitbestimmungsprozessen vor dem Hintergrund des Einsatzes digitaler Technologien erhoben werden. Auf dieser Grundlage können die Unterstützungsbedarfe und -angebote durch Sozialpartner und die Politik zielgenauer weiterentwickelt werden. Dies scheint insbesondere für den Bereich der betrieblichen Weiterbildung erforderlich: Nach einer Umfrage von VdTÜV/Bitkom (2018) stehen in deutschen Betrieben durchschnittlich gerade einmal 2,3 Tage je Beschäftigten mit einem Budget von 709 pro Jahr für betriebliche Weiterbildung zur Verfügung. Zudem sollte der Transfer der Arbeitsforschung verbessert und durch neue Formate wie ein „Tinder für Arbeit" über eine Transferplattform „Forschung@Arbeit" ergänzt werden, um Erkenntnisse und Ergebnisse der Forschungsarbeit betrieblich (besser) nutzbar zu machen.

7. Der Mensch im Mittelpunkt?

Es geht beim digitalen Wandel aber nicht nur um die Frage von Respekt oder Wertschätzung. einer „Ressource Mensch" in virtuellen Welten, sondern um eine neue Governance für die Gestaltung der Transformationsprozesse. Neue Technologien sind kein Selbstzweck, sie bieten Chancen und bringen neue Herausforderungen. Allerdings führt uns die Erkenntnis dieser Dichotomie keinen Schritt weiter. Genauso wenig hilft das oft gehörte Bekenntnis, dass der „Mensch im Mittelpunkt" stehen soll – was heißt das schon? Wir müssen uns viel stärker der Frage widmen, wie wir die Chancen technologischer Systeme und Tools für Gute Arbeit, für mehr Selbstbestimmung und ein gutes Leben – und dazu gehört auch wirtschaftlicher Erfolg – nutzen können. Dafür braucht es eine Strategie, die auf Empowerment, Beteiligung und Mitbestimmung basiert. Genauso müssen wir einen politischen Rahmen entwickeln, um negative Folgen für die Arbeitswelten zu vermeiden. Hier helfen allerdings keine kleinteiligen Debatten, wie sie zum Beispiel von der Bundesvereinigung der Deutschen Arbeitgeberverbände penetrant über Ruhezeiten geführt wird. Es braucht eine gemeinsame Strategie von Politik, Sozialpartnern und Wissenschaft, um die technologischen Potenziale für wirtschaftlichen und gesellschaftlichen Fortschritt zu nutzen. Denn es ist ein Problem, dass sich die Debatte um „Arbeit 4.0" inzwischen in einem Leerlauf befindet und kaum politische Fortschritte erkennbar sind.

Es gibt zwar einen breiten Konsens in vielen wichtigen Fragestellungen, der sich aber am Ende oft als oberflächlicher Diskurs entpuppt und ohne konkrete Ergebnisse bleibt. Das ist sowohl wirtschaftlich als auch gesellschaftlich schädlich, denn das Tempo der Veränderung nimmt stetig zu.

8. Mit einer Roadmap durch die Transformation

Mit dem digitalen Wandel sind einerseits politische Versprechen verbunden, die bislang nicht eingelöst worden sind. Auf der anderen Seite bestehen Ängste und Sorgen, die durch eine solche Art politischen Stillstand im Zweifel nur noch größer werden, weil zumindest eine diffuse Unsicherheit bleibt. Diese zeigt sich in allen jüngsten Umfragen, insbesondere im Bereich der KI. Weitgehend bestimmend ist die Ungewissheit vor dem, was da kommt, die Sorge vor Arbeitslosigkeit und sozialem Abstieg oder Sorgen um die Zukunft der Kinder. Hier geht es weniger um „Modernisierungsskeptiker", sondern um eine Form von Hilflosigkeit und Kontrollverlust, da der digitale Wandel weitgehend still, unsichtbar und schwer zu begreifen ist. Auch hier helfen keine rhetorischen Beschwichtigungen, sondern eine gesellschaftliche Aufklärung und ein koordiniertes Vorgehen, um die Potenziale der Digitalisierung für sozialen Fortschritt zu heben. Die Frage nach den Möglichkeiten von KI für die Arbeitswelt, aber auch für das gesellschaftliche Leben, beginnt bereits mit den Zielen, die in lernenden Systemen verankert werden. Hier braucht es nicht nur Transparenz, sondern die Einbeziehung aller Stakeholder – und zwar im gesamten Prozess von der Entwicklung über die Umsetzung bis zur Evaluation. Nur so kann die notwendige Akzeptanz geschaffen und die Systeme für eine Unterstützung, möglicherweise sogar für eine Humanisierung der Arbeit genutzt werden. Die Digitalisierung führt also auf der einen Seite zu einer Entgrenzung von Arbeitsstrukturen und Arbeitsformen. Auf der anderen Seite hat sich in Deutschland – auch über die Strategie „Industrie 4.0" – aber eine neue Form von „Korporatismus 4.0" herausgebildet, der vor allem in den Bereichen der anwendungsorientierten Arbeitsforschung sichtbar wird. Das Land ist zu einem großen Experimentierfeld geworden, doch mangelt es noch an einem tragfähigen Transfer der Forschung in die Breite der Arbeitswelten. Die Erprobung und Erforschung neuer Möglichkeiten ist allerdings auch kein Ersatz für eine politisch breit legitimierte Strategie zum Umgang mit neueren Phänomenen wie dem Einsatz von KI, der Bildung von Datenmonopolen oder dem Wildwuchs auf Arbeitsplattformen (Crowd-work). Es ist zu hoffen, dass der exogene Druck von marktbeherrschenden Entwicklern, Anbietern und Plattformen aus den USA und China zu einer strategischen Weiterentwicklung von Arbeit 4.0 führt. Dabei sollte weniger nach einem „Narrativ" gesucht werden als nach einer strategischen Ausrichtung, die mit konkreten Maßnahmen unterlegt wird.

Auch sollten tradierte „Feindbilder" oder Ideologien überwunden werden. Die Sozialpartner haben an dieser Stelle eine besonders wichtige Funktion: Sie sind zwar auch Konfliktpartner, doch insbesondere in den Veränderungsprozessen sowohl Akteure der betrieblichen Gestaltung als auch ein wichtiges Scharnier für die gesellschaftliche Akzeptanz der digitalen Transformation. Eine klare strategische Ausrichtung, die der Zielsetzung nachhaltigen, gesellschaftlichen Fortschritts und inklusiven Wohlstands folgt, braucht eine Anpassung des bestehenden Rahmens. Dafür braucht es weit mehr als einen politischen Minimalkonsens, der der Dimension der Veränderung durch die Digitalisierung in keiner Weise angemessen ist. Es braucht vielmehr ein politisches Bündnis für eine Roadmap „Digitale Arbeitswelt" mit klaren Entscheidungen für die Zukunft des Sozial- und Gesellschaftsmodell Deutschland (und Europa) unter den Bedingungen der Digitalisierung. Im Zentrum sollte eine „Politik der Ermöglichung" stehen. Nachdem viel zu lange ergebnislos über lebensbegleitendes Lernen diskutiert wurde, braucht es eine schnelle

Umsetzung für berufliche Mobilität im Wandel. Das bedeutet, schnelle und massive Investitionen nicht nur in die digitale Infrastruktur, sondern ebenso in digitale Bildung und Weiterbildung. Der Digitalpakt der Bundesregierung sollte dafür ein Anfang, ist aber – wie auch die „Eckpunkte für eine Strategie Künstliche Intelligenz" – bislang zu vage und wenig belastbar. Vorschläge zur Förderung von individuelle Qualifizierungszeiten für Beschäftigte zum Beispiel durch die Unterstützung tariflicher Vereinbarungen zur digitalen Weiterbildung oder mehr Selbstbestimmung bei der Arbeitszeitgestaltung liegen hingegen längst auf dem Tisch. Das „Qualifizierungschancengesetz" und die „Brückenteilzeit" sind erste Ansätze, doch das kann sicher nur ein Anfang sein. Ob das jüngst angekündigte „Arbeit von Morgen-Gesetz", mit dem vor allem Ansätze zu einem Transformations-Kurzarbeitergeld gefördert werden sollen, mit dem Beschäftigungssicherung und Weiterbildung besser verknüpft werden, ist ungewiss. Ein „Big Picture" – also ein nachvollziehbarer Plan – ist allenfalls in Umrissen erkennbar. Er ist aber nötig.

Literatur

Ahlers, Elke (2018): Forderungen der Betriebsräte für die Arbeitswelt 4.0. *WSI-Policy Brief* 20.

Barmer (2018): Digital arbeiten und gesund leben: Eine repräsentative Längsschnittanalyse [https://www.barmer.de/blob/169900/7099b78742b8b7c8 13a40e40125c8e38/data/studie-digitalisierung-handout-2018.pdf – letzte Überprüfung: 10.12.2019]

BAuA (2016). *Arbeitszeitreport Deutschland 2016.* Dortmund: Bundesanstalt für Arbeitsschutz und Arbeitsmedizin. [https://www.baua.de/DE/Angebote/Publikationen/Berichte/F2398.pdf?__blob=publicationFile&v=9 – letzte Überprüfung 10.12.2019]

BAuA (2018): BAuA-Arbeitszeitbefragung: Vergleich 2015 – 2017. Dortmund: Bundesanstalt für Arbeitsschutz und Arbeitsmedizin (BAuA). [https://d-nb.info/1174688173/34 – letzte Überprüfung: 8.12.2019]

BMAS (2015): *Monitor Mobiles und entgrenztes Arbeiten. Aktuelle Ergebnisse einer Betriebs- und Beschäftigtenbefragung.* Berlin: Bundesministerium für Arbeit und Soziales (BMAS).

DGB (2015): DGB-Index Gute Arbeit – Der Report 2015. [https://index-gute-arbeit.dgb.de/++co++bf0decf0-942a-11e5-82bf-52540023ef1a – letzte Überprüfung: 10.12.2019]

DGB (2016): DGB-Index Gute Arbeit – Der Report 2016. [https://index-gutearbeit.dgb.de/veroeffentlichungen/jahresreports/++co++8915554e-a0fd-11e6-8e36-525400e5a74a – letzte Überprüfung: 10.12.2019]

DGB (2017): DGB-Index Gute Arbeit – Der Report 2017. [https://index-gutearbeit.dgb.de/veroeffentlichungen/jahresreports/++co++fc809f86-bee1-11e7-8629-52540088cada – letzte Überprüfung: 10.12.2019]

DGB (2019): Künstliche Intelligenz und die Arbeit von morgen. Ein Impulspapier des Deutschen Gewerkschaftsbundes zur Debatte um Künstliche Intelligenz (KI) in der Arbeitswelt. Berlin: Deutscher Gewerkschaftsbund (DGB).

DIE ZEIT, Infas, WZB (2019): Das Vermächtnis. Wie wird leben wollen und was wir dafür tun müssen. Ergebnisse 2019. [https://wzb.eu/system/files/docs/gf/2019_ZEIT_VermaechtnisStudie_Broschuere.pdf – letzte Überprüfung: 8.12.2019]

Eurofound (2015): Third European Company Survey – Overview report: Workplace practices – Patterns, performance and well-being. Luxembourg: Publications Office of the European Union. [https://www.euro found.europa.eu/sites/default/files/ef_publication/field_ef_document/ef1502en_0.pdf – letzte Überprüfung: 10.12.2019]

IG Metall (2017): Arbeitszeit – sicher gerecht und selbstbestimmt. Ergebnisse Zahlen und Fakten zur Arbeitszeit. [https://www.igmetall.de/down load/20170529_2017_05_29_befragung_ansicht_komp_489719b89f16daca57 3614475c6ecfb706a78c9f.pdf – letzte Überprüfung: 10.12.2019]

Kirchner, Stefan (2019): *Zeit für ein Update: Was die Menschen in Deutschland über Digitalisierung denken.* Bonn: Friedrich-Ebert-Stiftung.

VdTÜV/Bitcom (2018): Weiterbildung für die digitale Arbeitswelt. Berlin: Bundesverband Informationswirtschaft, Telekommunikation und neue Medien e. V. (Bitkom) sowie Verband der TÜV e. V. (VdTÜV).

Wolter, Marc Ingo, et al. (2018): Wirtschaft 4.0 und die Folgen für Arbeitsmarkt und Ökonomie: Szenario-Rechnungen im Rahmen der fünften Welle der BIBB-IAB-Qualifikations- und Berufsprojektionen. Nürnberg: Bundes-Institut für Berufsbildung (BIBB). [https://www.bibb.de/doku mente/pdf/qube_welle5_W4.0_final.pdf – letzte Überprüfung: 10.12.2019]

Blockchains –
Algorithmen für Nachhaltige Arbeit?

Ingo Matuschek und Georg Jochum [*]

Abstract: The potential use cases of blockchain technologies are associated with both expectations and fears. There are e.g. opportunities to monitor sustainability standards in supply chains and to create more ecological and decent forms of work. However, there are also concerns about an increase in energy consumption and new forms of dependency and labor control. The article discusses these contradictory potentials of blockchain technologies, using the example of fisheries and agriculture. The point of reference is the model of "sustainable work", which combines the objective of decent work with ecological sustainability.

Keywords: sustainable work, blockchain, supply chains, labor control

---

[*] Prof. Dr. Ingo Matuschek, Hochschule der Bundesagentur für Arbeit Schwerin, Professur für Soziologie mit dem Schwerpunkt Arbeit und Sozialstruktur, Wismarsche Str. 405, D-19055 Schwerin [Ingo.Matuschek2@arbeitsagentur.de]; Dr. Georg Jochum, TU München, Lehrstuhl für Wissenschaftssoziologie, Arcisstraße 21, D-80333 München [g.jochum@tum.de]

1. Einleitung

Zu den virulenten Schlagwörtern einer zunehmenden Digitalisierung gehören seit geraumer Zeit so genannte Blockchains – spätestens seit dem Aufsehen erregenden Auf und Ab der zentral mit dieser Technologie verbundenen Bitcoins. Blockchains sind jedoch nicht nur in der gelegentlich schillernden Welt der Cyber-Währungen zentrales technisches Element, sondern können in vielfältiger Weise in der Produktion wie in der Steuerung von globalen Produktionsketten eingesetzt werden. Sie lassen sich auf jedes (Halbfertig-)Produkt wie auf Rohstoffe anwenden, indem mit der Vergabe von eindeutig identifizierbaren Labeln Herkunftsort und Qualitätsstandard, zugrundeliegende Vereinbarungen (z.B. nachhaltige Gewinnung, Einhaltung von Arbeitsschutz etc.) oder Renaturierungsmaßnahmen für jedes Artefakt zertifiziert wird. Insbesondere die lückenlose Nachverfolgung von Produkten eines Zulieferers ist eine unabdingbare Voraussetzung dafür, eine hoch integrierte Prozesskette in globalisierten Wertschöpfungssystemen etablieren zu können. Mit ihrem Einsatz versprechen sich die Anwender allerdings nicht nur Effizienzgewinne und Stabilität, sondern verweisen gerne auch darauf, dass die Technologie geeignet sei, zum Erreichen ökologischer und sozialer Nachhaltigkeit beizutragen. In den Blockchain-Technologien werden große Potentiale zur Realisierung der Sustainable Development Goals gesehen, u.a. die Möglichkeit einer effizienteren Überwachung der Lieferketten (Gesellschaft für Internationale Zusammenarbeit [GIZ] 2018, 2019).

Allerdings ist auch Skepsis gegenüber zu optimistischen Szenarien angebracht: Die Blockchain-Technologien tragen erstens nicht per se zu einer besseren Prüfung von Umwelt- und Arbeitsstandards bei. Vielmehr bedarf es einer sozial-ökologischen sowie ökonomischen Gestaltung und wirksamer Kontrollen. Zweitens ist zu berücksichtigen, dass eine „add-on"-Technologie wie Blockchain selbst mit sozial-ökologisch negativen Aspekten einhergehen kann, deren Berücksichtigung die Nachhaltigkeitsbilanz vielleicht weniger euphorisch ausfallen lässt.

An diesem Aspekt setzt der vorliegende Beitrag an: Unter Bezug auf das Leitbild der „nachhaltigen Arbeit" (UNDP 2015), das menschenwürdige Arbeit mit ökologischer Nachhaltigkeit verbindet (Abschnitt 2), werden die widersprüchlichen Potenziale der Blockchain-Technologie diskutiert. Nach einer in der Perspektive technikorientierter Arbeitssoziologie argumentierenden Skizze der Funktionsweise von Blockchains in Prozessketten (Abschnitt 3) wird anhand einiger empirischer Beispiele diskutiert, inwieweit diese zum Erreichen nachhaltiger Entwicklung im Allgemeinen und von nachhaltiger Arbeit im Speziellen beitragen (Abschnitt 4). Das daran anschließende Kapitel trägt einige der Fakten zum ökologischen Fußabdruck von Blockchains zusammen und bilanziert diese (Abschnitt 5), bevor im abschließendes Fazit ein Plädoyer für eine überlegte Nutzung von Blockchains gegenüber einem unkritischen, weil technikzentrierten Einsatz dieser neuen Technologie gehalten wird.

2. Das Leitbild der nachhaltigen Arbeit

Zentraler Bezugspunkt für die Bewertung der Potenziale von Blockchain-Technologien zur Erreichung von Nachhaltigkeit ist das Leitbild der „nachhaltigen Arbeit" des UNDP-Berichts „Arbeit und menschliche Entwicklung" (UNDP 2015). Hierin wird „Nachhaltige Arbeit (…) definiert als Arbeit, die der menschlichen Entwicklung förderlich ist und gleichzeitig negative Außenwirkungen, die in verschiedenen geographischen und zeitlichen Zusammenhangen erlebt werden können, verringert oder ausschaltet. Sie ist nicht nur für die Erhaltung unseres Planeten entscheidend, sondern auch, um sicherzustellen, dass künftige Generationen weiterhin Arbeit haben." (UNDP 2015, S. 45)

Dieses in den letzten Jahren auch in Deutschland breiter rezipierte Leitbild (vgl. Barth et al. 2016; Jochum et al. 2019) rückt im Gegensatz zu der bisherigen Fokussierung der Nachhaltigkeitsdebatte auf individuelle Konsummuster auf der einen, Produktionsmuster auf der anderen Seite (wobei primär die Unternehmer adressiert werden), die Arbeitenden ins Zentrum der Betrachtung. Dabei wird über eine auf Erwerbsarbeit beschränkte Perspektive hinausgegangen und auch „Arbeit im Haushalt und im Bereich Betreuung und Pflege, Freiwilligenarbeit und ehrenamtliches Engagement sowie kreative Tätigkeiten" (UNDP 2015, S. 3) einbezogen. Bezugspunkt ist ein durch den „Capability Approach" (Sen 1979) inspirierter umfassender Entwicklungsbegriff. Übergeordnetes Ziel ist die Erweiterung der Wahlmöglichkeiten von Menschen. In diesem

Zusammenhang wird der Arbeit eine besondere Bedeutung zugeschrieben, da durch Arbeit menschliches Potenzial freigesetzt werde. Nicht-nachhaltige Arbeit ist dadurch gekennzeichnet, dass sie sowohl in der Gegenwart dem Ziel der guten, entwicklungsfördernden Arbeit widerspricht, als auch zukünftige Arbeitsmöglichkeiten untergräbt. Exemplarisch nennt der Bericht sozial wie auch ökologisch nicht nachhaltige Zwangsarbeit auf Hochseefischtrawlern (UNDP 2015, S. 17). Nachhaltige Arbeit ermöglicht hingegen die gegenwärtige Entfaltung von Arbeitspotenzialen und minimiert zugleich die ökologischen Nebenfolgen dieser Aktivitäten, um die zukünftige Verwirklichung der menschlichen Potenziale zu gewährleisten. In einer entlang der Achsen Nachhaltigkeit und Entwicklung aufgebauten Matrix stellt sich diese doppelte Zielsetzung wie in Abb. 1 dar.

Abb. 1: Matrix Nachhaltiger Arbeit

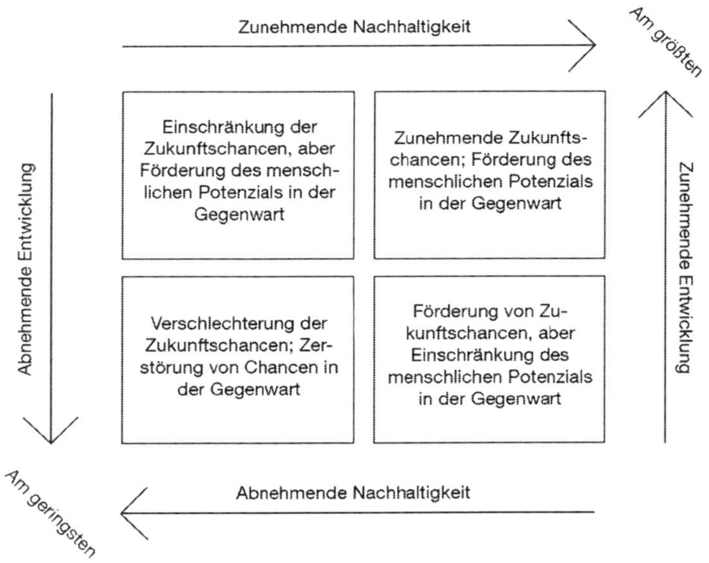

Quelle: Eigene Darstellung nach UNDP (2015: S. 17)

Das Leitbild Nachhaltige Arbeit vereint so Entwicklungs- mit Umweltzielen. Es zielt darauf ab, mittels einer sozial-ökologischen Transformation der globalen Arbeitsgesellschaft und der Wirtschaftssysteme die Bewahrung der natürlichen Grundlagen jetziger wie zukünftiger Arbeit einschließlich der psychischen wie physischen Integrität der Menschen zu verwirklichen. Nachhaltige Arbeit in diesem Sinne hat sowohl ökologische wie soziale Aspekte zu beachten und ökonomischen Entscheidungen vor diesem Hintergrund zu bewerten und ggf. neu zu modellieren.

Das gilt auch angesichts neuer technischer Entwicklungen, die verschiedentlich mit effizienterem Ressourcenmanagement sowie humaneren Arbeitsformen und damit aus unserer Perspektive einem höheren Gehalt an Nachhaltigkeit auch in der Arbeit angepriesen werden. In den globalen Debatten um die Digitalisierung (vgl. z.B. für Deutschland die Debatten um Industrie 4.0 und Künstliche Intelligenz) kristallisieren sich zwei Versprechen heraus. Einerseits wird unter dem Stichwort der Dematerialisierung der ökologische Nutzen einer digitalisierten Wirtschafts- und Arbeitsgesellschaft hervorgehoben: Ohne den eingeschlagenen Wachstumspfad verlassen zu müssen, lasse sich Wirtschaft effizienter gestalten und der Umweltverbrauch reduzieren, wenn auf digitalisierte Produktionsnetzwerke umgestellt werde. Andererseits wird in Bezug auf Arbeit auf menschliche Anstrengungen reduzierende Möglichkeiten der digitalen Technologie verwiesen. So ließe sich eine menschenzentrierte Gestaltung zukünftiger Arbeitswelten verwirklichen, die nicht nur ergonomische Vorteile (Stichwort Heben/Tragen) mit sich bringt, sondern in Bezug auf Arbeitszeiten und -orte eine größere Wahlfreiheit ermögliche und anstelle routinisierter Monotonie die Chance auf kreative Tätigkeiten erhöhe (vgl. z.B. Kagermann et al. 2012). Kritiker der Entwicklung sehen dagegen auch hohe Risiken, u.a. einer Verdrängung von Beschäftigung, einer Reduzierung der Vielfalt von Tätigkeiten in verschiedenen Berufen und eines Verkümmerns professioneller Standards inklusiver der De-Qualifizierung von Beschäftigten (vgl. als Überblick Hirsch-Kreinsen et al. 2018).

Diese Aspekte lassen sich auch in Bezug auf die Blockchain-Technologie als einer besonderen Steuerungstechnologie im Rahmen der Digitalisierung heranziehen. Ihr wird insbesondere von Wirtschaftskreisen ein vielversprechendes Steuerungs- wie Kontrollpotenzial zugeschrieben, mit dem sich u.a. ökologische wie soziale Standards in Lieferketten nachvollziehen und schließlich auch erhöhen ließen. Bevor dies eingehender diskutiert wird, ist zu klären, was technisch existiert und wie Blockchains wirken könnten.

3. Blockchain: eine internetbasierte Zertifizierungstechnologie

Blockchains sind eine erst in jüngster Zeit entwickelte Technologie, mit deren Hilfe sich der Zustand von Prozessketten abgesichert abbilden lässt. Es wird jeder Prozesszustand erfasst und vorgenommene Veränderungen werden durch die Vergabe eines Zertifikats dokumentiert. In automatisierten, digitalen Prozessketten ist die echtzeitnahe Dokumentation unverzichtbarer Bestandteil. Dazu wird jedem einzelnen Schritt respektive Zustand (Aktion) ein Hash zugeordnet. Die so genannten ‚Hashes' bilden eine Reihe von Zahlen und Buchstaben und werden durch ein Softwareprogramm jeweils pro Datensatz mit jeder (Trans-)Aktion neu erzeugt. Die einzelnen Datensätze (frühere Transaktionen bzw. Aktionen) sind im Nachhinein nicht mehr veränderbar, was die Bedeutung der Blockchain als Dokumentation erhöht. So entsteht eine digital erstellte Folge von Ziffern und Zahlen, die zusammen mit allen weiteren einen so genannten Hash-Baum ergibt. Diese werden als eine Art Historie der vergangenen Prozesszustände dokumentiert, zugleich wird auf jeder Prozessstufe ein neuer Hash produziert. Die Blockchain ist eine fortzuschreibende verkettete Liste von kumulierten Datensätzen, die mittels kryptografischer Verfahren geschützt wird (Meinel et al. 2018)

Letztlich handelt es sich bei den Blockchains um eine Art kybernetischer Steuerungstechnologie, mit der wirtschaftliche (Trans-)Aktionen automatisiert organisierbar sind. Als Zertifizierungstechnologie auf der Basis verteilter Netze ist deren Architektur prinzipiell offen, was erhebliche Erwartungen an ein hohes wirtschaftsdemokratisches Potenzial der Technologie auslöst. Mit ihrer Hilfe lassen sich etwa Herkunftsregionen von Waren identifizieren, ganze Lieferketten verfolgen oder beteiligte Unternehmen erkennen. Auf der anderen Seite stellen sich Fragen nach den materiell-energetischen Voraussetzungen der Technologie sowie zu den sozialen Aspekten, die zum einen mit ihrer Systemarchitektur und zum anderen mit der Kontrollhoheit über die Zertifikate einhergehen. Darauf ist im folgenden Abschnitt gesondert einzugehen.

4. Nachhaltige Arbeit durch Blockchains – Ambivalenzen einer Steuerungstechnologie

Informationen zur manipulationssicheren Zertifizierung durch Blockchains ermöglichen es, automatisierte Produktion aufzubauen und damit zum Beispiel auch Arbeitserleichterungen umzusetzen. Die eingangs erwähnten Hoffnungen auf positive Effekte einer digitalisierten Ökonomie und Arbeitswelt sind auf manchen Gebieten (z.b. Assistenzsysteme) durchaus konkret (s.o.). Die Gesellschaft für internationale Zusammenarbeit (GIZ) nennt weitere potenziell wichtige Aspekte (auch wenn gegenüber deren Realisierung durchaus Skepsis entgegengebracht wird, vgl. auch GIZ 2019, S. 52): So könnte es durch Blockchains möglich werden, jeden Produzenten eines Wertschöpfungssystems in seinem Beitrag auszuweisen und damit Konsumenten und Konsumentinnen einen vertieften Einblick in die Wertschöpfungskette zu ermöglichen. Eine solche Informationssymmetrie versetzt die Kunden in die Lage, ihr Kaufinteresse für ein bestimmtes Produkt anhand ihm oder ihr wichtiger Parameter zu dessen Produktionsumständen zu verifizieren und damit eine informierte Entscheidung herbeizuführen. Für die in der Wertschöpfungshierarchie fokalen Endproduzenten bedeutet dies unter Umständen eine erhöhte Verantwortung; sie müssen im Eigeninteresse sicherstellen, dass die Zulieferer den Kundenwünschen entsprechende Verfahren, soziale Standards oder ökologische Ziele einhalten, wodurch zum Beispiel kritische Entwicklungen wie Überfischung in bestimmten Regionen oder die Entwaldung ganzer Gebiete eingeschränkt werden könnten (GIZ 2018, 2019).

Beispiele hierfür sind etwa Bemühungen in der deutschen Automobilbranche: So will der Daimler-Konzern in Kooperation mit dem Blockchain-Akteur *Icertis* eine Einhaltung von Anforderungen an Arbeitsbedingungen, Menschenrechte und Umweltschutz mit Hilfe von Blockchain-Technologien gewährleisten und so die Nachhaltigkeit von Lieferketten verbessern (Trend Report 2019). Auch BMW kündigte den Einsatz von Blockchain-Technologien zur Kontrolle des Produktionswegs von Kobalt an (BTC Echo 2019). Damit versprechen Blockchains ein geeignetes Instrument für die Erreichung des Ziels sozialer und ökologischer Nachhaltigkeit zu sein. Das sei an zwei Beispielen aus der Lebensmittelproduktion illustriert: dem Einsatz im Fischereiwesen und bei Automatisierung der Landwirtschaft.

4.1 Blockchain im Fischereiwesen

Mit dem Einsatz von Blockchain-Technologien in der Fischerei ist die Hoffnung verbunden, Mängel bisheriger Systeme zur Zertifizierung von nachhaltiger Fischerei und des Lieferkettenmanagements zu beseitigen. Die bestehenden Kontrollsysteme blenden in der Regel soziale Fragen aus und tragen faktisch kaum zur Durchsetzung nachhaltiger Fangpraktiken bei. Protagonisten der Blockchaintechnologie kritisieren, dass die bisherige Lieferkettenkontrolle fehleranfällig sei, mit mühsamer manueller Aufzeichnung einhergehe, und in der Konsequenz illegale Fischereipraktiken sowie Betrug bei der Kennzeichnung der Waren nicht verhindere. Folge sei eine negative Beeinträchtigung der Ernährungssicherheit und Produktqualität. Die nachhaltige Nutzung von Ressourcen könne nicht gewährleistet werden und das Vertrauen in das System würde untergraben (Sawtooth 2018).

Vertreter der Kleinfischerei verweisen insbesondere auf die ambivalenten Folgen der Zertifizierungspraktiken der Marine Stewardship Council (MSC). Die Praktiken dieser weltweit bedeutsamen Vereinigung zu Zertifizierung von nachhaltige Wildfischerei hätten demnach zu einer Monopolisierung des Marktes für nachhaltigen Fisch und zu einer Marginalisierung der Fischer insbesondere in Entwicklungsländern beigetragen. Ponte (2012) macht deutlich, dass die positiven Umwelteffekte der Zertifizierung nicht erkennbar sind und global betrachtet die Fischerei im Norden begünstigt und letztlich „*to the creation of a market for 'sustainable fish' rather than 'sustainable fisheries'*" beitragen (Ponte 2012, S. 300).

Die damit verbundene Förderung industrieller Großfischerei und Verdrängung traditioneller Kleinfischer ist unter Berücksichtigung des Leitbildes der nachhaltigen Arbeit als problematisch anzusehen: In der industriellen Fischerei sind ca. 200 Personen für den Fang von 1000 Tonnen Fisch notwendig während in der Kleinfischerei für die gleiche Menge etwa 2400 Personen tätig sind. Damit sind die Beschäftigungseffekte der Kleinfischerei weitaus höher. Man könnte diese Zahlen jedoch auch als Indiz für die Ineffizienz kleiner Betriebsgrößen deuten. Allerdings lässt eine Gesamtanalyse erkennen, dass unter Berücksichtigung des Ressourcenverbrauchs und der Nutzung der Fischbestände die Kleinfischerei eine bessere Bilanz aufweist. Ein Vergleich zwischen industrieller Fischerei und Kleinfischerei macht deutlich, dass erstere mehr Subventionen erhält, einen weitaus höheren Energieverbrauch aufweist und mehr nichtverwerteten Beifang erzeugt. Auch ist der Anteil der zu Fischmehl und Ölen verarbeiteten Fische höher, während der Fang der Kleinfischerei in der Regel für den unmittelbaren menschlichen Konsum bestimmt ist und dabei vor allem zur Versorgung der lokalen Bevölkerung beiträgt (Jaquet und Pauly 2008, S. 833).

Blockchain-Projekte wie Hyperledger-Sawtooth (Sawtooth 2018) versprechen nun eine umfassende digitale Kontrolle der Lieferkette von der Fischerei bis zu den Verbrauchern, welche die skizzierten Probleme der bisherigen Zertifizierung von Lieferketten im maritimen Bereich überwinden könnte. Bereits beim Fangnetz fängt diese Überprüfung an, indem ein Sensor aufzeichnet, welche Bahnen das Netz zieht und welches Gewicht die Ladung aufweist. Auch auf den Containern sind Sensoren angebracht und registrieren Temperatur, Luftfeuchtigkeit u.a.m. Alle Daten werden auf Blockchains geschrieben, wodurch dem Endverbraucher eine umfassende Produktinformation vom Meer bis zum Tisch zur Verfügung gestellt werden kann. Damit werden Lücken bisheriger Kontroll- und Zertifizierungssysteme geschlossen.

Bewertet man dieses Projekt aus der Perspektive des Leitbildes „Nachhaltiger Arbeit", so kann durchaus konstatiert werden, dass es in ökologischer Hinsicht Nachhaltigkeit befördern könnte. In Hinblick auf die Arbeitsbedingungen sind allerdings eher ambivalente Folgen zu erwarten, auch wenn eine Evaluation der gegenwärtig sich nur im prototypischen Stadium befindlichen Blockchaintechnologie schwierig ist: Die Anwendung zielt primär auf an nachhaltigem Konsum interessierte Verbraucher ab und die Arbeitenden stehen nicht im Zentrum. Zwar dürften besonders problematische oder gar sklavenähnliche Arbeitsformen verhindert werden. Zugleich kann aber die digitale Kontrolle auch zu neuen Belastungen für die in der Fischerei Beschäftigten führen. Offen bleibt insbesondere, ob der Einsatz der neuen Technologien auch den Kleinfischern zu Gute kommt, oder es aber aufgrund der Kosten für digitale

Technologien zu einer weiteren Marginalisierung dieser Gruppe kommt, was dem Ziel einer nicht nur ökologisch sondern auch sozial nachhaltigen Arbeit widersprechen würde.

Explizit Berücksichtigung finden dagegen die Kleinfischer bei der Blockchain-Anwendung Fishcoin (Fishcoin 2018), die stärker auf die Akteure in der Fischerei fokussiert ist. Das Programm kann auch auf Basis einfacher Smartphones verwendet werden, wodurch eine basale Technik Exklusion aus dem Zertifizierungsprogramm vermeidet und die Möglichkeit der dezentralen Nutzung durch Kleinfischer ermöglicht. Hier werden demzufolge ökologische und soziale Ziele besser vereint (Fishcoin 2018, S. 15). Zwar findet auch die Fishcoin-Technologie bisher noch keine reale Anwendung. Jedoch baut sie auf der Applikation mFish auf, die nach Angaben der Betreiber bereits erfolgreich in einem Pilotprojekt bei Kleinfischern, die mit Mobiltelefonen ausgestattet wurden, in Indonesien erprobt wurde (Kaplan 2018). Aktuell werde mFisch von 7000 Nutzern verwendet und liefere Information z.b. über Fischbestände und das Wetter, lasse eine Dokumentation des Fanges zu und erleichterte den Marktzugang (Fishcoin 2018, S. 11).

Fishcoin soll nun durch Einbeziehung einer größeren Anzahl von Akteuren eine „Blockchain Based Traceability for the Seafood Industry" (Fishcoin 2018, S. 10) ermöglichen, und so die oben genannten Probleme beheben. Insbesondere ist mehr Transparenz für die bisher durch viele Zwischenakteure stark fragmentierten und durch Informationsasymmetrien geprägten Lieferketten das Ziel. Auf der Grundlage der Ethereum-Blockchaintechnologie soll eine dezentrale, auf Peer-to-Peer-Netzwerken basierende Gewinnung und fälschungssichere Speicherung von relevanten Informationen entlang der Lieferketten etabliert werden. Grundlage sind smart-contracts zwischen den Akteuren in den verschiedenen Stufen der Kette, die dann in einem Blockchain-Protokoll gebündelt werden. Dies geht mit einem weitgehenden Versprechen einher:

„...each mile of seafood supply chains will be transformed to become more sustainable, responsible and profitable. Fishcoin can be the reward for the millions of fishers and fish farmers who harvest the seafood we eat, as they harvest the data we need" (Fishcoin 2018, S. 6)

Weiterführende Möglichkeiten werden in einem Einsatz von Sensoren gesehen, durch welche nähere Informationen zum Fang, Temperatur und Bakterienbelastung während des Transports erfasst und in der Blockchain gespeichert werden können (Fishcoin 2018, S. 26).

Abb. 2: Blockchain-Lieferkette mit Einsatz von Sensorik

Wild Capture	Farm Raised	Processing	Distribution
Gear: Video, Tension, Depth, Temp / Hold: O3, Ions, Temp / Reports: Log, VMS, Fuel	Effluent: TDS, BOD, TAN, TC / Water: PH, DO, NO2, NO3 / Fish: SGR, FCR, MR, Image	Product: TPC, Temp, Yeld, QM	Logistics: GPS, Temp, Humid, Carbon / Retailers: TPC, Temp, Humid, QM

→ Fish Coin ←

Input Providers — Retailers & Hotels
Fishers & Farmers — Government Agencies — Equipment Manufacturers — Wholesalers
Certifiers & Conformity Assessment Bodies — Logistic Companies

Temp – Temperature
O3 – Ozone
VMS – Vessel Monitoring System
TDS – Total Dissolved Solids
BOD – Biological Oxygen Demand
TAN – Total Asset Number
TC – Total Coliforms
DO – Dissolved Oxygen
NO2 – Nitrite
NO3 – Nitrate
SGR – Specific Growth Rate
FCR – Feed Conversion Ratio
MR – Mortality Rate
TPC – Tactical Pilot Chat
QM – Quality Management

Quelle: Eigene Darstellung basierend auf Fishcoin (2018, S. 26)

Im Vergleich zu dem Hyperledger-Sawtooth-Konzept scheint die Fishcoin-Anwendung auf den ersten Blick mehr mit den Zielen des Leitbildes „Nachhaltiger Arbeit" kompatibel zu sein. Durch die stärkere Konzentration auf eine Befähigung der Kleinfischer durch die Technologie könnten deren Arbeitsbedingungen verbessert werden. Allerdings ist auch bei Fishcoin die Verbesserung der Arbeitsstandards kein prioritäres Ziel, der Fokus liegt auf der Qualität der Waren und Aspekte ökologischer Nachhaltigkeit dominieren.

Auch lässt sich fragen, ob langfristig das Versprechen eines dezentralen, hierarchiefreien peer-to peer-Netzwerks tatsächlich eingelöst werden kann – oder ob das Versprechen von mehr Transparenz und Zurechenbarkeit nicht auch in eine für die Arbeitenden problematische Kontrolle umschlägt. Diesbezüglich ist anzumerken, dass soziale und ökologische Nachhaltigkeitsziele nicht harmonisieren müssen, sondern die Gewährleistung ökologischer Nachhaltigkeit tendenziell von den Beschäftigten auch als Einschränkung ihres Handlungsspielraums erfahren werden kann. Aber auch unabhängig von diesem Zielkonflikt könnte die zunehmende Rückverfolgbarkeit und Transparenz zu einer zunehmenden kommerziellen Macht von Endabnehmern in den Industriestaaten führen – und zwar nicht nur über die ökologisch besonders problematischen industriellen Fischereiflotten, sondern gerade auch gegenüber den Kleinfischern. Hinzuzufügen ist, dass das Versprechen der Einbindung dieser Gruppe in globale Lieferketten und Absatzmärkte auch kritisch zu sehen ist – ausgeblendet bleibt die Alternative einer (Wieder-)Belebung regionaler Absatzmärkte, die stärker zu lokalen Ernährung beiträgt.

Notwendig wäre u.a. die Setzung von regulierenden staatlichen und transnationalen Rahmenbedingungen, in welche die Lieferkettenkontrolle durch Blockchaintechnologien einzubetten wäre, um allgemeingültige Arbeits- und Umweltstandards durchzusetzen. Schließlich lässt das Szenario eines Einsatzes von Sensorik erahnen, dass das Versprechen einer einfachen, auch für Kleinfischer in Entwicklungsländern finanzierbaren Technologie nicht einfach einzulösen ist und u.U. eher der Weg in eine hochtechnisierte, industrielle Smart Fishery eingeschlagen wird.

Vor allem jedoch sind die skizzierten Technologien derzeit noch weitgehend im Stadium der Entwicklung bzw. prototypischen Erprobung, so das offen ist, inwiefern hierdurch eine ökologisch nachhaltige sowie die Arbeitsbedingungen in der Fischerei verbessernde und auch die Arbeit der Kleinfischer unterstützende Kontrolle der Lieferketten ermöglicht wird – oder ob letztlich doch ein weiterer Schub der Industrialisierung der Fischerei befördert wird. Ein Blick auf die Landwirtschaft, in der die Digitalisierung bereits weiter fortgeschritten ist, macht deutlich, dass diese Entwicklung nicht unwahrscheinlich ist.

4.2 Blockchain in der Landwirtschaft

Für die Automatisierung der Landwirtschaft könnten sich Technologien mit Blockchain-Bezug als fundamental erweisen. Insbesondere die Fähigkeit, automatisiert Daten von Prozessen zur Steuerung desselben zu prozessieren, ist von Bedeutung, wenn es um umweltabhängigen Einsatz von Maschinen (vgl. Busse 2015), den mit sich verändernden Daten von Feldern schwankenden Düngemitteleinsatz oder die automatisierte Stallhaltung von Nutzvieh geht. Ebenso ließe sich der Pestizid-Verbrauch anhand echtzeitnaher Daten automatisiert bewerkstelligen. Auch könnten Verträge, Saatgutdatenbanken oder Bodenkataster über Blockchains verwaltet werden, sowie Transaktionskosten, Lieferzeiten und Lebensmittelverschwendung reduziert werden (Drechsel und Dietz 2019, S. 187) – alles auf den ersten Blick Vorteile der Blockchains, welche in Verbindung mit anderen digitalen Technologien das Entstehen einer „smarten Landwirtschaft" (BMEL 2017) ermöglichen.

Prinzipiell könnten hiervon auch kleinere Betriebe profitieren. Diese sind insbesondere im globalen Süden allerdings nur bedingt in der Lage, auf die zunächst teuren Technologien umzustellen. Sie sind gegenüber den größeren Betrieben und Agrargroßkonzernen strategisch im Nachteil, wie auch Drechsel und Dietz hervorheben:

„Blockchains versprechen dezentrales und transparentes, manipulationssicheres Handeln in Netzwerken .... Dieses Versprechen basiert allerdings auf der Annahme gleichmächtiger Akteure im Netzwerk. De facto ist die Macht im Netz extrem ungleich verteilt, je größer die Rechenkraft eines Akteurs, desto größer die Einflussnahme. Blockchains in der Landwirtschaft sind nichts anderes als die digitale Durchsetzung des ‚Rechts des (Rechen-)Stärkeren'." (Drechsel und Dietz 2019, S. 191)

In Regionen mit einer solchen hochtechnisierten, u.U. satellitengesteuerten Landwirtschaft (z.B. die Sojaanbaugebiete Brasiliens) wird als Folge der Digitalisierung ein Verlust an Arbeitsplätzen und eine steigende Umweltzerstörung bilanziert (Coy et.al 2019). Ökologisch gesehen scheint die smarte Landwirtschaft zwar nachhaltiger zu sein als die industrielle Landwirtschaft der letzten Jahrzehnte. Verglichen mit der weniger maschinen- und ressourcenintensiven kleinbäuerlichen Landwirtschaft, wie sie noch in vielen Weltregionen praktiziert wird, ist die Bilanz dagegen negativ und untergräbt die Ernährungssouveränität. In Bezug auf die ökologische wie soziale Nachhaltigkeit zeigen insbesondere die mit Monopolbildung einhergehende Technisierung negative soziale Folgen. Daran könnte die Blockchain-Technologie als Part einer globalen Digitalisierungsstrategie insbesondere der Ausrüsterindustrien einen weiteren Anteil haben. Die bisher nur skizzierten ökologischen Aspekte dieser Technologie stehen im folgenden Abschnitt im Mittelpunkt der Betrachtung.

5. Die Öko-Bilanz der Blockchain

Die digitalen Technologien, welche die Voraussetzung für die Anwendung von Blockchains sind, sind bezüglich ihrer ökologischen Auswirkungen ambivalent zu bewerten. Wie die Digitalisierung (vgl. dazu Pilgrim et al. 2017) insgesamt unterliegt auch die Blockchain-Technologie erheblichen materiellen wie energetischem Aufwand. Zwar argumentiert das Bundeswirtschaftsministerium, dass:

> „durch die Digitalisierung (…) die deutsche Wirtschaft nachhaltiger (wird), da sie erheblich zu Ressourcenschonung und Energieeffizienz beiträgt [und es] entsteht gute Arbeit in Deutschland, weil neue qualitativ hochwertige Arbeitsplätze geschaffen (…) werden." (BMWi 2015, S. 5)

Kritiker warnen hingegen vor einem „Ressourcenfluch 4.0" (Pilgrim et al. 2017), da mit Digitalisierung ein erneuter Anstieg globaler Materialströme und ein vermehrter Energieverbrauch einhergehe und die „Dematerialisierung (als) uneinlösbares Versprechen der Industrie 4.0" (Pilgrim et al. 2017, S. 38) zu gelten habe.

Nicht nur die Bereitstellung der für die digitalisierte Wirtschaft notwendigen Geräte und Infrastruktur, sondern auch deren Betrieb ist dafür verantwortlich – hinzu kommen Rebound-Effekte einer sich global ausweitenden Digitalisierung. In materieller Hinsicht ist damit zunächst die Frage nach Rohstoffen verbunden, die in den Endgeräten wie in der Infrastruktur verbaut werden. Bereits der Blick auf die Ressourcen, also den bekannten Lagerstätten, zeigt an, dass insbesondere Metalle und die so genannten Seltenen Erden nicht unendlich zur Verfügung stehen. Gleichzeitig ist ihre Recyclingfähigkeit eingeschränkt. Blickt man auf die Reserve, also die mit den derzeitigen technologischen Mitteln abbaubaren Rohstoffmenge, reduziert sich die Zeit, in der diese zur Verfügung stehen, zum Teil dramatisch: Chrom zum Beispiel steht als Ressource bei stabilem Verbrauch noch bis 2477 zur Verfügung, als wirklich abbaubare Reserve sind die Lager bereits 2033 erschöpft (Brumme 2016). Dabei steht dem Abbau solcher Seltenen Erden ein ungleich höherer Aufwand gegenüber: aus einer Tonne indiumhaltigen Erzes werden zum Beispiel nur 50 Gramm Indium gewonnen (Wuppertal Institut 2011). Hinzu kommen Umweltschäden durch den Abbau – aufgelassene Landschaften, verdrängte Bewohner, verseuchte Wasserreserven durch das Ausschlämmen von Metallen oder deren Vorprodukten (vgl. Muster 2007). Bezogen auf die soziale wie auf die biologische Nachhaltigkeit zeigt sich der mineralische bzw. materielle Aufwand der digitalen Wirtschaft mindestens als bedenklich, wenn nicht kontraproduktiv.

Damit ist die Digitalisierung schon in der Produktion mit einem erheblichen Energieverbrauch und Ressourceneinsatz verbunden; darüber hinaus ist auch der Betrieb der digitalisierten Wirtschaft keineswegs ohne umweltbelastende Effekte. Bereits die Herstellung eines Desktop Computers verbraucht etwa das Zehnfache an Energie, als dieser in seiner durchschnittlichen Nutzungszeit verbraucht (Sühlmann-Faul und Rammler 2018). Weniger als zwei Prozent der bei der Produktion eingesetzten Materialien verbleiben im Gerät (ebd.). Der Hauptproduktionsstandort digitaler Technologien ist durch relativ umweltschädliche Energieproduktion gekennzeichnet. Und auch die Nodes für die Blockchain-Technologie (s.o.) werden zu über 80 Prozent in China erstellt, einem Land mit einem relativ hohen Anteil ökologisch bedenklicher Energiegewinnung.

Die Steigerungsrate des globalen Datendurchsatzes hat sich von 2002 mit 100 GigaByte pro Sekunde auf 52.000 GigaBytes pro Sekunde immens erhöht – dafür braucht es Endgeräte wie Infrastruktur und damit einen erhöhten Verbrauch materieller wie energetischer Rohstoffe. Der CO_2-Footprint des Internets belief sich bereits 2010 auf 300 Millionen Tonnen (ebd.). Für die Blockchains insbesondere der Finanzsparte (Bitcoin und Co.) wird ein immenser Energiebedarf bilanziert (BUND-rvso 2019); eine größere Verbreitung würde einen entsprechenden Aufwuchs mit sich bringen. Und schließlich sind Fragen des Recycling und der Entsorgung zu klären, ebenfalls mit erheblichen Implikationen für die soziale wie ökologische Nachhaltigkeit. Nicht alles ist recycelbar und häufig entsprechen die Bedingungen in keiner Weise den Zielen einer nachhaltigen Entwicklung: Offene Feuer auf Müllhalden in den südlichen Peripherien der globalen Wirtschaftszentren, mit denen E-Waste von ungesicherten (Kinder-)Arbeitern bearbeitet wird, bergen die Gefahr schwerer Erkrankungen (Sühlmann-Faul und Rammler 2018). Insgesamt lässt sich konstatieren: *„In ihrer materiellen und energetischen Basis ist Digitalisierung bislang alles andere als nachhaltig.*" (Lange und Santarius 2018, S. 27).

In Bezug auf Blockchains sind mit dem vermutlich anstehenden Übergang vom proof-of-work-Konzept zum proof-of-stake-Konzept eine Reduzierung notwendiger Nodes und damit eine Absenkung des Energiebedarfs zu erwarten. Gleichzeitig wird sich das Geschäftsmodell Blockchain wahrscheinlich ausbreiten – erste Start-ups- weisen entsprechende Vereinbarungen mit Unternehmen etwa aus der Automobilbranche vor. Damit ist ein veritabler Rebound-Effekt zu erwarten: Ein energetisch durch Reduzierung der Nodes effizienteres Blockchainsystem wird über seine Verbreitung anwachsend Energie verbrauchen (klassischer Rebound-Effekt), von den materiellen Grundlagen der Bereitstellung der technischen Infrastruktur inklusive der Endgeräte insgesamt einmal abgesehen. Schätzungen erwarten einen steigenden Energiebedarf für die digitale Kommunikation (Hintemann 2016). Zukünftige Effizienzsteigerungen scheinen den ökologisch fragwürdigen Energieverbrauch also nicht kompensieren zu können.

6. Fazit: Blockchain zwischen Hype und Ernüchterung

Die vor wenigen Jahren euphorisch begrüßte Blockchain-Technologie hat zwar an Zugkraft eingebüßt, diffundiert dafür aber in andere Bereiche als die ursprünglich dominante Finanzindustrie. Damit geht die Technologie den Weg vieler hochgelobter Technologien des so genannten Hyper Cycle (Gartner 2018). Das Tal der Tränen wurde offensichtlich mit dem Absturz der Bitcoin-Währung erreicht, die auf der Blockchain-Technologie basiert. Die skizzierten Anwendungsfelder in anderen Industrien deuten an, dass die Technologie geeignet ist, auch in anderen Wirtschaftsbereichen Fuß zu fassen und insbesondere in der Inter- wie Intralogistik automatisierter Prozesse eine wichtige Rolle zu spielen. In Bezug auf eine Analyse, die soziale wie ökologische Standards von Lieferketten fokussiert, ist es dagegen mit dem Einsatz von Blockchains alleine nicht getan. Die zu verfolgenden Ziele nachhaltiger Arbeit, Produktion und Distribution müssen zunächst fundamental entwickelt werden, soll das Instrument nicht eines der bloßen Effizienzsteigerung sein (was ja durchaus auch ein lohnenswertes ökologisches Ziel sein kann). Ist dem allerdings eine Orientierung an dem bekannten Wachstumspfad eigen, könnten sich nicht nur missliche Rebound-Effekte einstellen. Vielmehr könnte die bereits vorhandene Ausbeutung von Natur und Menschen noch verstärkt werden. Blockchains sind keine wertneutrale Technologie, letztlich bestimmt ihr sozial definierter Einsatz, ob sie eher zur Überwindung oder zur Intensivierung der sozial-ökologischen Krise beitragen.

Aus arbeitssoziologischer Perspektive ist Technologie nicht nur gegenständliche Technik, sondern auch Organisationstechnologie – wie und zu welchem Zweck Technik eingesetzt wird, ist also ein sozialer Prozess, der von ökonomischen Erwägungen mindestens stark konturiert wird. Insoweit stellen Blockchains keine Besonderheit dar – sie sind eine Technologie mit dem Potenzial, sowohl der Beschädigung von Nachhaltigkeit als auch deren Beförderung dienen zu können. Dies scheint insgesamt für die Digitalisierung und für Algorithmen zu gelten. Dass sozialwissenschaftliche Einschätzungen zu einem ambivalenten Ergebnis kommen, kann daher ebenso wenig verwundern wie der Ruf nach sozialer Ausgestaltung. Die Geschichte lehrt immerhin, dass frühzeitige Gestaltung die Chancen auf Verwirklichung sozialer Ziele verbessert. Das dies auch für das Ziel nachhaltiger Arbeit gilt, ist anzunehmen. Wie das konkret in Bezug auf Blockchains aussehen kann, wäre im Einzelfall zu diskutieren. Sie zu verdammen scheint jedenfalls ebenso wenig sinnvoll wie sie mit überstiegenen Erwartungen auszustatten.

In Bezug auf die Arbeitsbedingungen ist insbesondere der Aspekt der personalen Kontrolle zu bedenken. Menschen wie Objekte in Überwachungssysteme einzubinden (etwa mittels am Körper zu tragende Tracker, die per Funksignal Aufenthaltsorte offenlegen und damit Rückschlüsse auf Aktivitäten zulassen), wäre kaum als Verbesserung in Richtung nachhaltiger Arbeit sondern eher als erhöhte Kontrolle m Sinne der aufkommenden „People Analytics" zu verstehen. Weniger Blockchains allein als vielmehr deren Verbindung mit weiteren Techniken aus dem Bereich Big Data sind daher ebenfalls hinsichtlich ihrer Folgen zu bewerten. Auch die Überlegung, ob mittels der Blockchain-Technologie eher dezentrale regionale Produktion befördert oder Konzentrationsprozessen hin zu Global Playern verstärkt werden, spricht für eine genaue Analyse der Versprechen von Blockchain. Ebenso muss die Bilanz im Hinblick auf den Verbrauch von Ressourcen und Reserven sowie die energetischen Aufwendungen kritisch in den Blick genommen werden. Das alles deutet an, dass der Einsatz von Blockchains für die Zielsetzung sozialer wie ökologisch nachhaltiger Arbeit insbesondere angesichts der intergenerationell zu hebenden Entwicklungspotenziale nicht ein Projekt des globalen Nordens allein sein darf. Auch innerhalb der entwickelten Wirtschaftsnationen sollten nicht allein die Betriebe über Einsatz und Ausgestaltung entscheiden, sondern Arbeitnehmer und deren Organisationen Mitspracherechte einräumen. Letztlich kann man dies auch als demokratische Aufgabe der gesamten Gesellschaft verstehen: Die *„Verwendung von Blockchains und Kryptowährungen [scheint] eher weitere Konzentrationsprozesse zu befördern, anstatt Macht zu dezentralisieren."* (Mooney 2018, S. 25) heißt es in der Streitschrift „Blocking the chain". Allerdings:

„Dies schließt nicht aus (…), dass Blockchains und Kryptowährungen als neue Managementtechnologien unter lokaler Kontrolle eine konstruktive Rolle spielen könnten". (Mooney 2018, S. 37).

Festzuhalten ist auch, dass die Blockchain-Technologie als solche kaum geeignet ist, etwa die Einhaltung von Umweltstandards oder sozialen Zielen zu kontrollieren – dazu bedarf es jenseits der Zertifizierungsarchitektur weiterer Schritte. Im Zusammenhang mit dem aus energetischen Gründen sicher vorteilhaften Wechsel vom proof-of-work zum proof-of-stake-Konzept wäre dementsprechend zu beobachten, wie Transparenz gesichert wird. Neue Formen der Blockchain könnten sich jenseits der intendierten Überwachung durch ein (demokratisches) Ganzes durchaus in Richtung eines an Marketinggesichtspunkten ausgerichteten Zertifizierungsprogramms nach dem Gusto von (globalen) Produzenten entwickeln. Blockchains sind damit ein zweischneidiges Instrument, deren konkreter Einsatz über ihren Beitrag zur Durchsetzung nachhaltiger Arbeit und Wirtschaft bestimmt. Daran zu arbeiten scheint in den nächsten Jahren mindestens genauso notwendig zu sein, wie die ökologischen Probleme der Technologie in den Griff zu bekommen.

Auch in weiteren Punkten ist eine kritische Begleitung angebracht. Dabei geht es beispielsweise um Fragen nach Macht und Ungleichheit der unterschiedlichen Akteure in neuen Wertschöpfungssystemen. Diese ziehen insbesondere die Einschätzung der positiven Wirkungen von Transparenz in Zweifel und hinterfragen deren singuläre Bedeutung. Risse in der häufig euphemistischen Bilanzierung der Technologie zeigen sich bereits im Übergang von der wirtschaftsdemokratischen Idee der Blockchains als Partizipationsoption zum Geschäftsmodell. Damit ist häufig eine Abkehr vom ursprünglichen peer-to-peer-Modell wie auch von der prinzipiell offenen Architektur verbunden. Dies soll die Effizienz innerhalb des Systems steigern, indem etwa die Anzahl der Nodes reduziert wird. Damit ist ein Übergang vom bislang dominanten proof-of-work- zu einem proof-of-stake-Konzept verbunden. Dieser Übergang beinhaltet jedoch Auswahlprozesse und eröffnet damit die Frage nach der Steuerung des Blockchainsystems als solches. Wer stellt also Zertifikate aus und wie ist es um die Unabhängigkeit von Node-Betreibern bestellt? Vorstellbar ist etwa, dass Unternehmen ihre Nodes angliedern und diese dann im Auftrag, also gebunden handeln. Inwieweit dies mit der Grundidee einer Zertifizierung durch Dritte vereinbar ist, wäre jedenfalls zu diskutieren.

Zudem stellen sich ambivalente Entwicklungen ein: Mit einer ausgeweiteten Transparenz zur Sicherung von Umwelt- und Sozialstandards in den Lieferketten steigt auch die Macht der Konzerne über Zulieferer und Arbeitende. Nachhaltigkeit könnte dann lediglich ein Vorwand zur Ausweitung von hierarchischen Verhältnissen und einer ausgeweiteten Dominanz in den Netzwerken sein. Ob damit Schutz vor Prekarisierung noch zentraler Inhalt sein kann, erscheint fraglich. Damit scheint Transparenz unter Druck zu geraten und die Blockchain-Technologie ihrer demokratischen Potenziale beraubt. Sie hätte dann immerhin noch ihren Beitrag zur Automatisierung von Handels- wie Produktionsprozessen geleistet – spätestens damit aber rückt ihre ökologische Bilanz in das Zentrum der Analyse.

Literatur

Barth, Thomas, Jochum, Georg und Littig, Beate (2016, Hg.): *Nachhaltige Arbeit. Soziologische Beiträge zur Neubestimmung der gesellschaftlichen Naturverhältnisse.* Frankfurt/New York: Campus.

Brumme, Doreen (2016): Rohstoffverknappung: Wie lange reichen unsere Rohstoffe noch? [https://wertstoffblog.de/2016/11/16/rohstoffverknappung-wie-lange-reichen-unsere-rohstoffe-noch/ – Letzter Zugriff: 17.10.2019]

BMEL (Bundesministerium für Ernährung und Landwirtschaft) (2017): Digitalpolitik Landwirtschaft Zukunftsprogramm: Chancen nutzen – Risiken minimieren. Berlin: BMEL.

BMWi (Bundesministerium für Wirtschaft und Energie) (2015): Industrie 4.0 und Digitale Wirtschaft. Impulse für Wachstum, Beschäftigung und Innovation. Berlin: BMWi.

BTC Echo (2019): BMW setzt für ethische Kobalt-Produktion auf Blockchain. [https://www.btc-echo.de/bmw-setzt-fuer-ethische-kobalt-produktion-auf-blockchain/ – Letzter Zugriff: 17.10.2019]

BUND-rsvo (2019): Bitcoin Kritik! Energieverbrauch, Stromverbrauch, Umweltzerstörung, Klimawandel, Betrug, Verluste & Gier. [http://www.bund-rvso.de/bitcoin-strom-energie-verbrauch-umwelt-gier.html – Letzter Zugriff 29.09.2019]

Busse, Tanja (2015): Die Wegwerfkuh. Wie unsere Landwirtschaft Tiere verheizt, Bauern ruiniert, Ressourcen verschwendet und was wir dagegen tun können. München: Blessing.

Coy, Martin, Zirkl, Frank und Töpfer, Tobias (2019): Peripher und doch global vernetzt. Das brasilianische Agrobusiness und seine Folgen für räumliche Prozesse und Arbeitswelten. *WSI-Mitteilungen* 1/2019: Schwerpunktheft „Nachhaltige Arbeit", S. 31-38.

Drechsel, Franza und Dietz, Kristina (2019): Drohnen, Roboter, synthetische Nahrungsmittel. Digitalisierung in der Landwirtschaft. In: Butollo, Florian und Nuss, Sabine (Hg.): *Marx und die Roboter. Vernetzte Produktion, Künstliche Intelligenz und lebendige Arbeit.* Berlin: Dietz, S. 178-195

Fishcoin (2018): Fishcoin. A Blockchain Based Data Ecosystem. For The Global Seafood Industry. [https://fishcoin.co/files/fishcoin.pdf – Letzter Zugriff: 29.09.2019]

Gartner (2018): Gartner Hype-Cycle 2018. [https://www.gartner.com/smarterwithgartner/5-trends-emerge-in-gartner-hype-cycle-for-emerging-technologies-2018/ – Letzter Zugriff: 29.09.2019]

GIZ (2018): Blockchain for Sustainable Development. Promising use cases for the 2030 Agenda, Bonn. [https://www.giz.de/de/downloads/giz2019-EN-Blockchain-Promising-Use-Cases.pdf – Letzter Zugriff 17.10.2019]

GIZ (2019): Blockchain: A World Without Middlemen? Bonn: Eigenverlag [https://www.giz.de/en/downloads/giz2019-EN-Blockchain-A-World-WIthout-Middlemen.pdf – Letzter Zugriff: 29.09.2019]

Hintemann, Ralph (2016): Trotz verbesserter Energieeffizienz steigt der Energiebedarf der deutschen Rechenzentren im Jahr 2016. [https://www.borderstep.de/wp-content/uploads/2017/03/Borderstep_Rechenzentren_2016.pdf – Letzter Zugriff: 29.09.2019]

Hirsch-Kreinsen, Hartmut, Ittermann, Peter und Niehaus, Jonathan (2018): *Digitalisierung industrieller Arbeit. Die Vision Industrie 4.0 und ihre sozialen Herausforderungen.* Baden-Baden: Nomos.

Hiß, Stefanie (2006): *Warum übernehmen Unternehmen gesellschaftliche Verantwortung? Ein soziologischer Erklärungsversuch.* Frankfurt am Main: Campus

Idel, Anita und Beste, Andrea (2018): *Vom Mythos der klimasmarten Landwirtschaft – oder warum weniger vom Schlechten nicht gut ist.* Wiesbaden: Europabüro Hessen.

Jacquet, Jennifer und Pauly, Daniel (2008): Funding priorities: big barriers to small-scale fisheries. *Conservation Biology* 22 (4), S. 832-835.

Jochum, Georg, Barth, Thomas, Brandl, Sebastian, Cardenas Tomazic, Ana, Hofmeister, Sabine, Littig, Beate, Matuschek, Ingo, Stephan, Ulrich und Warsewa, Günter (2019): Nachhaltige Arbeit – Die sozialökologische Transformation der Arbeitsgesellschaft. *Positionspapier der Arbeitsgruppe „Nachhaltige Arbeit" im Deutschen Komitee für Nachhaltigkeitsforschung* [http://www.dkn-future-earth.org/data/mediapool/190820_dkn_working_paper_19_1_ag_nh_arbeit.pdf – Letzter Zugriff 17.10.2019]

Kagermann, Henning, Wahlster, Wolfgang und Helbig, Johannes (2012): Deutschlands Zukunft als Produktionsstandort sichern. Umsetzungsempfehlungen für das Zukunftsprojekt Industrie 4.0, Berlin. [http://forschungsunion.de/pdf/industrie_4_0_umsetzungsempfehlungen.pdf – Letzter Zugriff: 29.09.2019]

Kaplan, Mark (2018): A Brief History of mFish. [https://medium.com/fishcoin/a-brief-history-of-mfish-e89ebd653fc2 A Brief History of mFish – Letzter Zugriff: 29.9.2019]

Lange, Steffen und Santarius, Tillman (2018): *Smarte grüne Welt? Digitalisierung zwischen Überwachung, Konsum und Nachhaltigkeit.* München: oekom.

Meinel, Christoph, Gayvoronskaya, Tatiana und Schnjakin, Maxim (2018): *Blockchain: Hype oder Innovation.* Potsdam: Universitätsverlag Potsdam.

Mooney, P. (2018): Blocking the chain. Konzernmacht und Big-Data-Plattformen im globalen Ernährungssystem, Berlin. [http://www.etcgroup.org/sites/www.etcgroup.org/files/files/blocking thechain_english_web.pdf – Letzter Zugriff: 17.10.2019]

Muster, Frank (2007): Rotschlamm – Reststoff aus der Aluminiumoxidproduktion. Ökologischer Rucksack oder Input für Produktionsprozesse. *Entwicklungsperspektiven* 88 [http://www.uni-kassel.de/upress/online/frei/978-3-89958-359-5.volltext.frei.pdf – Letzter Zugriff: 29.9.2019]

Pilgrim, Hannah, Groneweg, Merle und Reckordt, Michael (2017): Ressourcenfluch 4.0. Die sozialen und ökologischen Auswirkungen von Industrie 4.0 auf den Rohstoffsektor. Berlin: Verein für eine ökologisch-solidarische Energie-und Weltwirtschaft e.V. [https://power-shift.de/ressourcenfluch-4-0/ – Letzter Zugriff: 29.09.2019]

Ponte, Stefano (2012): The Marine Stewardship Council (MSC) and the Making of a Market for 'Sustainable Fish'. *Journal of Agrarian Change* 12, S. 300-315.

Sawtooth (2018): Revolutionizing the supply chain. [https://sawtooth.hyper ledger.org/examples/seafood.html – Letzter Zugriff: 29.09.2019]

Sen, Amartya (1979): Utilitarianism and Welfarism. *The Journal of Philosophy* LXXVI, S. 463-489.

Sühlmann-Faul, Felix und Rammler, Stephan (2018): *Digitalisierung und Nachhaltigkeit.* München: oecom.

Trend Report (2019): Mit der Blockchain die Nachhaltigkeit der Lieferketten verbessern. [https://www.trendreport.de/mit-der-blockchain-die-nachhalt igkeit-der-lieferketten-verbessern/ Letzter Zugriff: 17.10.2019]

UNDP (United Nations Development Programme) (2015, Hg.): Bericht über die menschliche Entwicklung 2015: Arbeit und menschliche Entwicklung. Berlin: Deutsche Gesellschaft für die Vereinten Nationen. [http://hdr.undp.org/sites/default/files/hdr_2015_web.pdf
– Letzter Zugriff: 17.10.2019]

Wuppertal Institut (2011): Umweltrelevante metallische Rohstoffe, Wuppertal [https://epub.wupperinst.org/frontdoor/deliver/index/docId/3970/file/Ma Ress_AP2_1.pdf – Letzter Zugriff: 29.09.2019]

Digitale und sozial-ökologische Transformation – Chance oder Widerspruch?

Benjamin Held [*]

Abstract: In this paper the question of the relationship between digital and social-ecological transformation is investigated. Does the digital transformation help with the realization of the social-ecological transformation or does it stand in the way? To this end, the central theses from "Zero Marginal Cost Society" by Jeremy Rifkin are being presented, followed by those from "The Age of Surveillance Capitalism" by Shoshana Zuboff. This is followed by a brief analysis of their consequences for a socio-ecological transformation. Afterwards, the core theses of the book "Smarte grüne Welt?" by Tilman Santarius and Steffen Lange are presented. The paper ends with the conclusion, that the goals of social-ecological transformation must be given a clear priority over those of digital transformation.

Keywords: sustainability, digitization, digital transformation, social-ecological transformation, Surveillance Capitalism, Zero Marginal Cost Society

JEL-Klassifikation: Q01, E61, L10, O10, O30, P00, P50

---

[*] Dr. Benjamin Held, Forschungsstätte der Evangelischen Studiengemeinschaft e.V. – Institut für Interdisziplinäre Forschung (FEST), Arbeitsbereich Nachhaltigkeit, Schmeilweg 5, D-69118 Heidelberg • [benjamin.held@fest-heidelberg.de]

1. Einleitung

Die Digitalisierung hat die Gesellschaft und das Wirtschaftssystem innerhalb weniger Jahre in vielen Bereichen stark verändert. Für die Zukunft ist mit dem Fortschreiten der Digitalisierung zu erwarten, dass dieser Prozess weiter an Bedeutung gewinnen und sich möglicherweise sogar noch beschleunigen wird. Dabei reichen die prognostizierten Folgen der digitalen Transformation auf das Wirtschaftssystem vom utopisch anmutenden „System der kollaborativen Commons", das Jeremy Rifkin auf Basis der These der „Null-Grenzkosten-Gesellschaft" entwirft (Rifkin 2014), bis zu den in den Bereich der Dystopie fallenden Entwicklungen eines Untergangs des liberalen demokratischen Systems und des Verlustes des freien Willens, die Shoshana Zuboff auf Basis des von ihr ausgemachten „Überwachungskapitalismus" auf die Gesellschaft – sollte sich diese nicht widersetzen – zukommen sieht (Zuboff 2018).

Im vorliegenden Beitrag wird der Frage nachgegangen, in welchem Verhältnis digitale und sozial-ökologische Transformation zueinanderstehen. Hilft die digitale Transformation bei der Verwirklichung der sozial-ökologischen Transformation oder steht sie dieser im Wege? Dazu werden zunächst die zentralen Thesen der erwähnten Werke von Rifkin und Zuboff vorgestellt. Es folgt eine kurze Einordnung der Folgen dieser Thesen für eine sozial-ökologische Transformation. Danach wird die als zwischen diesen beiden Polen der Utopie und Dystopie einzuordnende Publikation „Smarte grüne Welt?" von Tilman Santarius und Steffen Lange vorgestellt (2018), bevor ein Fazit den Beitrag beschließt.

2. Die Utopie der Null-Grenzkosten-Gesellschaft

2.1 Ursache und Folge der fallenden Grenzkosten

Für Jeremy Rifkin, der zuvor insbesondere Mitte der 1990er-Jahre mit seinem Buch über das Ende und die Zukunft der Arbeit (Rifkin 1995) für Furore gesorgt hatte, ist es die unabwendbare Folge der Grundprinzipien des Kapitalismus, dass die Grenzkosten der Produktion immer weiter sinken (Rifkin 2014, S. 11). Da die Unternehmen im Wettbewerb stehen, müssten diese um im Markt bestehen zu können, permanent nach Produktivitätssteigerungen und technischem Fortschritt streben. Konsequent zu seinem „logischen Schluss" zu Ende gedacht, führten „diese Leitsätze kapitalistischer Wirtschaftstheorie" dazu, dass „jede zusätzlich zum Verkauf gebrachte Einheit Grenzkosten von ›nahezu null‹ entgegengeht". (ebd., S. 13) Bei Grenzkosten nahe Null bliebe jedoch „der Profit und damit der Lebenssaft des Kapitalismus aus" (ebd.). Denn „wenn Verbraucher nur für die Grenzkosten bezahlen und diese in rasendem Tempo gegen null gehen, könnten die Unternehmen weder die Renditen für ihre Investitionen garantieren noch ausreichende Profite, um ihre Aktionäre zufriedenzustellen" (ebd., S. 18f).

Der einzige Ausweg für die Kapitalisten liege im Aufbau von Marktmacht, also in der Bildung von Monopolen und Oligopolen. Dadurch ließen sich höhere Preise als die Grenzkosten und damit weiterhin Profite realisieren, sowie die Innovation hemmen und damit verhindern, „dass die unsichtbare Hand den Markt in Richtung der effizientesten Wirtschaft treibt, einer Wirtschaft mit nahezu null Grenzkosten." (ebd., S. 19)

Dies, also auf der einen Seite der Markt, der über Wettbewerb eine stetige Effizienzsteigerung zum Ziel habe und auf der anderen Seite der Versuch über Marktmacht möglichst große Profite abzuschöpfen und zu diesem Zwecke die Innovation zu hemmen, sei „der unauflösbare Widerspruch im Herzen aller kapitalistischen Theorie und Praxis" (ebd., S. 19), mit dem sich unter anderem schon John Maynard Keynes (1930), Oskar Lange (1937) und – 80 Jahre später – auch J. Bradford DeLong zusammen mit Lawrence Summers (2001) auseinandergesetzt hätten.

Die Geschichte habe jedoch gezeigt, dass durch neue Mitbewerber oder technische Durchbrüche der Markt sich vom „Würgegriff des Monopols" (Rifkin 2014, S. 13) immer wieder befreien konnte, was dann zu einem Anstieg der Produktivität und fallenden Grenzkosten führte. Letztlich schaffe sich der Kapitalismus durch seine permanenten Produktivitätssteigerungen, die damit einhergehenden Grenzkostensenkungen und daraus folgenden fallenden Profitraten selbst ab. Zwar sei der Kapitalismus momentan noch weit davon entfernt, aber:

> Je näher er uns einer Nahezu-Grenzkosten-Gesellschaft bringt, desto geringer wird seine einst unangefochtene Leistungsfähigkeit und weicht in einer Zeit, die sich eher durch Überfluss auszeichnet als durch Knappheit, einer ganz und gar neuartigen Organisationsform des Wirtschaftslebens. (ebd., S. 21)

2.2 Das Internet der Dinge

Bevor diese neue Organisationsform näher vorgestellt wird, soll auf die von Rifkin als zentralen Treiber sinkender Grenzkosten ausgemachte Entwicklung eingegangen werden: das Internet der Dinge. Diese technologische Plattform bestehe in einem „Verschmelzen des Kommunikationsinternet mit einem eben in der Entwicklung begriffenen Energie- und Logistikinternet zu einer nahtlosen intelligenten Infrastruktur" (ebd., S. 24) und habe eine dritte industrielle Revolution eingeleitet.

Das Internet der Dinge habe die Produktivität in vielen Bereichen bereits so befördert, dass viele Güter schon heute zu Grenzkosten von nahe Null hergestellt werden könnten. Als Beispiele werden die Verlags-, Kommunikations- und Entertainmentbranche aufgeführt. Inzwischen habe sich das Internet der Dinge auch auf weitere Bereiche begonnen auszuwirken, etwa die erneuerbaren Energien, den 3-D-Druck und das Online-Studium (ebd., S. 14). Gerade die erneuerbaren Energien sind zentral für Rifkin, weil sie zum einen erst durch das Internet der Dinge in effizienter Weise in großem Maßstab ermöglicht würden (Smart Grids) und zum anderen durch ihre Dezentralität und relativ niedrigen Investitionskosten große Potenziale für alternative Wirtschaftsformen aufweisen. Zudem könnten erneuerbare Energien, sobald die Anlagen und Infrastruktur errichtet ist, Energie zu Grenzkosten nahe Null Energie erzeugen und eröffneten dadurch viele weitere Potenziale.

Das Ziel des Internets der Dinge sei „die unablässige Suche nach Möglichkeiten zur Erhöhung der thermodynamischen Effizienz und der Produktivität bei der Organisation von Ressourcen, der Produktion und Verteilung von Gütern und Dienstleistungen sowie dem Recycling von Abfallstoffen" (ebd., S. 30). Da es quelloffen und dezentral aufgebaut sei, die Zusammenarbeit von Milliarden von Menschen und damit auch das Prosuming und Sharing ermögliche, sei das Internet der Dinge der „technologische ›Seelenverwandte‹ der sozialen Commons – ein im Entstehen begriffenes kollaboratives Common" (ebd., S. 36f).

2.3 Das neue Paradigma: „Die kollaborativen Commons"

Angetrieben vom Internet der Dinge – das uns „schneller denn je einer Ära nahezu kostenloser Güter und Dienstleistungen entgegenbringt" (ebd., S. 32) – wird laut Rifkin im nächsten halben Jahrhundert die Relevanz des Kapitalismus immer weiter abnehmen und die kollaborativen Commons werden zum „dominante[n] Modell zur Organisation wirtschaftlichen Lebens" (ebd.). Die heutigen Commons seien der Ort, „wo Milliarden von Menschen miteinander den bedeutungsvollen sozialen Aspekten des Lebens nachgehen" (ebd., S. 32f). Als Beispiele nennt Rifkin unter anderem karitative Einrichtungen, Religionsgemeinschaften, Amateursportvereine, Erzeuger-Verbraucher-Gemeinschaften und Kreditgenossenschaften. Gemein sei ihnen, dass die Gesellschaft in ihnen Sozialkapital generiere, weswegen sich heute auch der übergreifende Begriff „soziale Commons" etabliert habe (ebd., S. 34). In Abgrenzung vom kapitalistischen Markt beschreibt Rifkin die sozialen Commons folgendermaßen:

> Während der vom materiellen Gewinn getriebene kapitalistische Markt auf Eigennutz basiert, charakterisiert die sozialen Commons das Interesse an der Zusammenarbeit, hinter dem ein aufrichtiges Verlangen nach Kontakt mit anderen und Teilhabe steht. Während ersterer Eigentumsrecht, Vorsicht und das Streben nach Autonomie propagiert, bevorzugt letzterer quelloffene Innovation, Transparenz und die Suche nach Gemeinschaft. (ebd., S. 35)

Der „Kollaboratismus" bediene sich bei den „Kardinaltugenden der Kapitalisten und Sozialisten" (ebd., S. 37). So würden Märkte durch Netzwerke ersetzt, Zugang wichtiger als Eigentum und Eigennutz durch kollaborative Interessen gemildert. Gleichzeitig eliminiere der Kollaboratismus – ermöglicht durch das Internet der Dinge – „das auf Zentralisation ausgerichtete Wesen sowohl des freien Marktes als auch des bürokratischen Staates" (ebd.).

In Zukunft werde es sicherlich noch Güter und Dienstleistungen geben, in denen die Grenzkosten hoch genug sind, so dass sich ein Markt kapitalistischer Prägung halten kann und sinnvoll ist. In den Bereichen, in denen Güter so gut wie kostenlos seien, werde jedoch „soziales Kapital eine weit bedeutendere Rolle spielen als Finanzkapital, und das Wirtschaftsleben wird sich zunehmend in den kollaborativen Commons abspielen" (ebd., S. 41).

Dabei stelle der Übergang vom Kapitalismus zu den kollaborativen Commons einen Paradigmenwechsel dar, da neben den herrschenden ökonomischen Modellen auch das sie legitimierende Weltbild und Glaubenssystem in Frage gestellt würden. Dies würde zu „immensen ökonomischen, sozialen, politischen und psychologischen Veränderungen [...] führen" (ebd., S. 46). Einen Effekt dieses Paradigmenwechsels sieht Rifkin in der Abkehr vom Materialismus und der Hinwendung zu einer nachhaltigen Lebensqualität (ebd., S. 414). Begründet beziehungsweise verursacht würde diese Abkehr vom Materialismus zum einen durch den größeren Stellenwert der Teil- und Tauschwirtschaft (ebd.) und zum anderen dadurch, dass durch die Nahe-Null-Grenzkosten nicht mehr Knappheit, sondern Überfluss herrsche. Dadurch verliere der Konsum an Bedeutung, zum einen weil keiner mehr Sorge haben müsse zu kurz zu kommen, zum anderen weil Konsum nicht mehr zur sozialen Distinktion tauge. „Es ist Knappheit, die für Konsum sorgt, nicht Überfluss" (ebd., S. 413), stellt Rifkin fest. Die Abkehr vom Materialismus und Hinwendung zu einer nachhaltigen Lebensqualität eröffne dabei die Möglichkeit einer deutlichen Reduzierung des ökologischen Fußabdrucks, womöglich sogar in dem Maße, dass dieser die Biokapazität der Erde nicht mehr übersteige. Ob dies wirklich gelinge, sei allerdings noch eine offene Frage (ebd., S. 414).

2.4 Zwei große Unbekannte und das Biosphärenbewusstsein

Rifkin weist auf „zwei große Unbekannte" (ebd., S. 416) hin, die der erfolgreichen Umsetzung der kollaborativen Commons beziehungsweise der für ihn damit verbundenen nachhaltigen Gesellschaft im Wege stehen könnten: Erstens der Klimawandel; zweitens der Cyber-Terrorismus. Beim Klimawandel biete das Internet der Dinge zwar „eine realistische Hoffnung auf einen raschen Wechsel von fossilen auf regenerative Energien und damit auf eine Verlangsamung des Klimawandels" (ebd., S. 424). Ob dies rechtzeitig geschehe, bevor die Klimaveränderungen zum Beispiel den Wasserkreislauf des Planeten unwiderruflich schädigten, sei derzeit jedoch nicht sicher. Bezüglich der zweiten großen Unbekannten, dem Cyber-Terrorismus, stellt Rifkin fest, dass es immer häufiger zu Cyber-Attacken gegen staatliche Einrichtungen, Privatunternehmen und Infrastruktur komme und dass deren Schädigungspotenzial mit der fortschreitenden Vernetzung und dem Internet der Dinge weiter zunehmen werde (ebd., S. 425). Auch hier gebe es Lösungsmöglichkeiten, zum Beispiel beim Energieinternet über „grüne Mikronetz-Strominfrastruktur" (ebd., S. 430). Ob diese schnell genug umgesetzt würden, sei allerdings ebenfalls unsicher. Seine Überlegungen schließt Rifkin mit der Feststellung, dass es einer „fundamentale[n] Änderung in unserem Bewusstsein" (ebd., S. 431) bedürfe, damit der „Wechsel in eine nachhaltigere und gerechtere kohlenstofffreie Zeit" (ebd.) gelinge. Als zentrale Eigenschaft macht er dabei die Empathie aus. Jeder große Paradigmenwechsel der Menschheitsgeschichte habe zu einer Erweiterung des empathischen Impulses in zeitlicher und räumlicher Hinsicht geführt (ebd., S. 433f.). Der Aufstieg der kollaborativen Commons biete nun die Möglichkeit einer erneuten Erweiterung, nämlich der hin „zum Biosphärenbewusstsein in einer empathischen Zivilisation" (ebd., S. 440), bei dem die Empathie ausgeweitet sei „auf die ganze Menschheit als unsere Familie und auf unserer Mitgeschöpfe als evolutionäre Großfamilie" (ebd.). Derzeit sei die Verwirklichung dieses Biosphärenbewusstsein „zwar mehr von Wunschdenken geprägt als von konkreten Erwartungen" (ebd., S. 442), dennoch liege „ein unverkennbares Gespür für die Möglichkeiten in der Luft" (ebd.).

3. Die Dystopie des Überwachungskapitalismus

3.1 Die „Rendition" der menschlichen Erfahrung

Für Shoshana Zuboff haben die durch die Digitalisierung geschaffenen Infrastrukturen und Möglichkeiten der Datensammlung und -analyse (zusammenfassend „Big Other" genannt) und deren rücksichtslose Einsatz durch die Digitalkonzerne – insbesondere Google und Facebook – zu einer neuen Form des Kapitalismus geführt, den sie als „Überwachungskapitalismus" bezeichnet (Zuboff 2018). Für Zuboff, die sich seit über 30 Jahren ausführlich mit den Folgen des Heraufziehens des Informationszeitalters beschäftigt (vgl. z.B. Zuboff 1988; Zuboff und Maxmin 2004, Zuboff 2015), ist die zentrale Eigenschaft dieser „plausibelste(n) aller Versionen des Informationskapitalismus" (ebd. S. 27), dass sie die menschliche Erfahrung als (kostenlosen) Rohstoff zur Generierung von Vorhersageprodukten einsetzt und diese dann verkauft (ebd., S. 23). Diesen Vorgang bezeichnet Zuboff als „Rendition" (ebd., S. 270). Aus dem Blickwinkel Karl Polanyis betrachtet, tritt zu den drei Warenfiktionen

Boden, Arbeit und Geld (Polanyi 1978 [1944]) nun die „menschliche Erfahrung" als vierte hinzu (ebd., S. 588). Im Gegensatz zum Industriekapitalismus bestehe das Ziel des Überwachungskapitalismus „in der Beherrschung nicht der Natur, sondern des menschlichen Wesens" (ebd., S. 589).

3.2 Auflösung der Reziprozität

Da der eigentliche Kunde des Überwachungskapitalisten (zum Beispiel Google) nicht der Konsument (zum Beispiel der Nutzer der Google-Suchmaschine), sondern andere Unternehmen (zum Beispiel eines, das Online-Werbung einsetzt) sind und die Konsumenten bezüglich der konkreten Verwendung ihrer Daten zum Zwecke der Gewinnung möglichst umfangreicher und aussagekräftiger persönlicher Information absichtlich im Dunkeln gelassen werden, ist die den Industriekapitalismus kennzeichnende konstruktive Reziprozität zwischen Produzent und Konsument laut Zuboff aufgelöst (ebd., S. 25). Stattdessen ist das Ziel des Überwachungskapitalisten die Gewinnung möglichst vieler und genauer Daten, um so die Vorhersageprodukte so aussagekräftig und damit so wertvoll wie möglich zu machen. Hinzu kommt, dass „die großen Überwachungskapitalisten in historischer Perspektive eine relativ geringe Zahl an Arbeitskräften [beschäftigen]" (ebd., S. 572). Diese Verbindung einer kleinen Anzahl hochqualifizierter Angestellter mit einer massiven kapitalintensiven Infrastruktur wird als „Hyperscale" bezeichnet und führe zu einer weiteren Auflösung der Reziprozität zwischen Überwachungskapitalisten und Gesellschaft, diesmal im Verhältnis Arbeitgeber und Arbeitnehmer. Im Gegensatz zum Industriekapitalismus – der durch Globalisierung und die Shareholder-Value-Bewegung auch schon ausgehöhlt worden sei (ebd., S. 572) – sorge der Überwachungskapitalismus „eher für Ausgrenzung als Inklusion" (ebd., S. 577).

3.3 Instrumentarismus und Berechenbarkeit des Marktes

Der klassische Einsatzzweck von Vorhersageprodukten ist die zielgerichtete, personalisierte Onlinewerbung. Inzwischen gehen die Einsatzgebiete jedoch weit darüber hinaus. Denn unser Verhalten wird mittlerweile nicht mehr nur auf Basis zuvor gesammelter Daten vorhergesagt, sondern durch „Verhaltensmodifikationsmittel" (ebd., S. 23) aktiv und gezielt beeinflusst, was den Verkauf noch deutlich zielsicherer und wertvollerer Vorhersageprodukte zulässt. Durch diese Möglichkeiten der Verhaltensbeeinflussung entsteht laut Zuboff eine neue Form von Macht, die sie als „Instrumentarismus" bezeichnet (ebd., S. 441). Ermöglicht durch die zunehmend allgegenwärtige Vernetzung „kennt und formt [instrumentäre Macht] menschliches Verhalten im Sinne der Ziele anderer" (ebd., S. 23), mit dem Ziel der Automatisierung des Marktes und der Gesellschaft um der Gewissheit garantierter Ergebnisse willen (ebd., S. 441). Dabei verfolge der Überwachungskapitalismus keine Ideologie im klassischen Sinne, sondern zeichne sich durch eine „radikale Indifferenz" aus; wichtig ist nicht der Inhalt (Stichwort Fake News), sondern allein dessen Potenzial zur Gewinnerzielung.

Durch die Vorhersageprodukte und die Verhaltensmodifikationsmittel ist laut Zuboff beim Überwachungskapitalismus ein wesentliches Charakteristikum des „Kapitalismus alter Prägung" (ebd., S. 570) – den sie mit Adam Smith und Friedrich Hayek verbindet – nicht mehr gegeben, nämlich dass „Märkte von ihrem Wesen her sich unserem Wissen entziehen" (ebd., S. 568). Deswegen dürfe auch das darauf aufbauende Argument „nach einer weitreichenden Handlungsfreiheit für die Akteure des Markts" (ebd.) nicht mehr gelten. Denn ansonsten werde – angetrieben durch das Profitstreben und das Konkurrenzprinzip des Kapitalismus und ermöglicht durch die fortschreitende digitale Vernetzung (Internet der Dinge, Smart Cities, Smart Home, ...) – die instrumentäre Macht zukünftig immer weiter ausgedehnt. Diese Ausweitung führe dazu, dass der Überwachungskapitalismus uns „(u)m seines eigenen geschäftlichen Erfolgs willen [...] ins Kollektiv des Schwarms [manövriert]" (ebd., S. 577).

3.4 Radikaler Behaviorismus und Demokratie

Zuboff sieht den Überwachungskapitalismus dabei in der Tradition des radikalen Behaviorismus von B. F. Skinner, dessen Visionen nun mit Hilfe der technischen Möglichkeiten von „Big Other" schrittweise umgesetzt würden beziehungsweise werden könnten (ebd., S. 442f.). Dadurch unterminiere der Überwachungskapitalismus das „selbstbestimmte(n)

Individuum als Dreh und Angelpunkt demokratischen Lebens" (ebd., S. 592) und entziehe so – im Zusammenspiel mit der Auflösung der Reziprozität zwischen Überwachungskapitalisten und Gesellschaft – der demokratischen Gesellschaft ihre Grundlage (ebd.). Genau in dieser demokratischen Gesellschaft sieht Zuboff jedoch auch die Möglichkeit der Überwindung des Überwachungskapitalismus beziehungsweise der Vermeidung dessen unerwünschten Wirkungen. Ob und wann dies gelinge, sei abhängig von der Stärke der Institutionen der Demokratie.

> In einer demokratischen Gesellschaft vermögen Debatte und Wettbewerb, wie gesunde Institutionen sie ermöglichen, die öffentliche Meinung durchaus umzustimmen gegen unerwartete Quellen der Unterdrückung oder Ungerechtigkeit; Gesetzgeber und Rechtsprechung werden dann folgen. (ebd., S. 592)

Gemeinsam müssten synthetische Deklarationen in Angriff genommen werden, „die die digitale Zukunft als einen Ort für die Menschheit beanspruchen, die den digitalen Kapitalismus als integrative Kraft an den Mensch binden, denen er dient, und die die Wissensteilung in der Gesellschaft als Quelle wahrhafter demokratischer Erneuerung verteidigen." (ebd., S. 598).

4. Was folgt daraus für die sozial-ökologische Transformation?

Die Ausführungen zur Null-Grenzkosten-Gesellschaft und zum Überwachungskapitalismus zeigen die enorme Bandbreite der möglichen gesellschaftlichen Auswirkungen der digitalen Transformation. Doch was folgt nun daraus im Hinblick auf die sozial-ökologische Transformation?

Bei Rifkin ist die Verknüpfung sehr direkt, seine den Kapitalismus ablösenden kollaborativen Commons stellen – ermöglicht über das Internet der Dinge, 3D-Druck und erneuerbare Energien – eine nachhaltigere, auf Sozialkapital fußende Wirtschaftsform dar, sind insofern also von Haus aus Teil der sozial-ökologischen Transformation. Durch die nahe null liegenden Grenzkosten vieler Produkte würde statt Knappheit nun Überfluss herrschen, was zu einer Abkehr vom Materialismus und damit sinkendem Konsum führe. Spätestens mit der Ausformung eines Biosphärenbewusstseins, würde der Mensch erkennen, dass er innerhalb der planetaren Grenzen wirtschaften muss und dies – aus intrinsischer Motivation – auch umsetzen. Da Rifkin seine Analysen allerdings nicht empirisch unterfüttert, bleibt sehr unklar, in welchem Umfang beispielsweise eine Dematerialisierung durch seinen prognostizierten Aufstieg der kollaborativen Commons tatsächlich möglich wird.

Bei Zuboffs Überwachungskapitalismus sind die Auswirkungen auf die sozial-ökologische Transformation nicht ganz so offensichtlich, zumindest was die ökologische Dimension angeht. Was soziale und gesellschaftliche Aspekte angeht, so ist die Warnung vor der Gefährdung der Demokratie und des freien Willens sehr explizit. Ob der Überwachungskapitalismus nun aber zum Beispiel zu einem steigenden oder sinkenden Ressourcenverbrauch führt, wird nicht ausgeführt. Indirekt lässt die Ausrichtung des Überwachungskapitalismus auf die Verhaltensmodifikation und Bedürfnisweckung über möglichst passgenaue Werbung im Zusammenspiel mit dem Kapitalismus innewohnenden Profitinteresse jedoch den Schluss zu, dass dies voraussichtlich mit einem erhöhten Ressourcenverbrauch einherginge, insofern also auch aus ökologischer Sicht problematisch wäre. Hinzu kommt, dass die für den Überwachungskapitalismus benötigte Infrastruktur bereits jetzt enorm ressourcenintensiv ist. Sollten dessen Möglichkeiten noch erweitert werden, so ist auch davon auszugehen, dass der dafür benötigte Ressourcenverbrauch ebenfalls weiter ansteigen wird. Da dieser Aspekt nicht den Kern von Zuboffs Untersuchungen darstellt, werden diesbezüglich auch keine quantitativen Ergebnisse vorgestellt.

Letztlich hängt die Frage des Eintritts möglicher zukünftiger Entwicklungen jedoch maßgeblich von den in der Gegenwart getroffenen Entscheidungen ab. Als Beispiel sei die Anfang der 1980er-Jahren stattfindende Debatte um das Waldsterben genannt, bei der ein großflächiges Absterben des Waldes in den nächsten fünf Jahren als ein wahrscheinliches Szenario diskutiert wurde. Dieses Szenario trat aber nie ein, (auch) weil Maßnahmen dagegen ergriffen wurden (z.B. Einbau von Filtern zur Rauchgasentschwefelung bei Kohlekraftwerken). Deutlich fruchtbarer ist deswegen die Frage, welche Schritte zu tun sind, um die Digitalisierung so zu gestalten, dass sie der sozial-ökologischen Transformation nicht im Wege steht, sondern diese befördert.

Sowohl Rifkin als auch Zuboff bleiben diesbezüglich eher vage. Während bei Rifkin der Kapitalismus aufgrund der durch technischen Fortschritt gegen null tendierenden Grenzkosten quasi zwangsläufig durch die kollaborativen Commons abgelöst wird und deswegen keiner explizit fördernder Maßnahmen bedarf, ist das Bild bei Zuboff schon etwas differenzierter. Sie sieht durchaus die Möglichkeit der Verhinderung beziehungsweise Einhegung des von ihr beschriebenen Überwachungskapitalismus, ihr gesamtes Buch ist diesem Ziel gewidmet. Allerdings führt auch sie keine konkreten Maßnahmen an, sondern sieht die demokratische Gesellschaft in der Pflicht die Debatte darüber nun zu führen (ebd., S. 593). Auch wenn im „Augenblick [...] der Überwachungskapitalismus und seine instrumentäre Macht unbesiegbar erscheinen", so müssten wir nun „Sand im Getriebe sein" (ebd., S. 598) und „die Arbeit an gemeinsamen synthetischen Deklarationen in Angriff [zu] nehmen" (ebd.). Ganz im Sinne der von Karl Polanyi beschriebenen Doppelbewegung (Polanyi 1978 [1944]) könne dies zur gesellschaftlichen und gesetzgeberischen Eindämmung des Überwachungskapitalismus führen (ebd., S. 593).

5. Zwischen Utopie und Dystopie – eine Agenda für eine vernetzte Gesellschaft

Andere Autoren werden bezüglich der Frage, was zu tun sei, deutlich konkreter. Besonders hervorzuheben sind hier Tilman Santarius und Steffen Lange. In ihrem Buch „Smarte grüne Welt? Digitalisierung zwischen Überwachung, Konsum und Nachhaltigkeit" (2018) gehen sie ausführlich der Frage nach, welche Chancen und Risiken die Digitalisierung für eine sozial-ökologische Transformation bietet. Lange und Santarius identifizieren dabei drei Wirkmechanismen der Digitalisierung.

5.1 Smarte grüne Welt? Wirkmechanismen der Digitalisierung

Erstens, eröffne die Digitalisierung unzählige Möglichkeiten der Effizienz- und Optionensteigerung (ebd., S. 145-147), so zum Beispiel durch und über E-Book-Reader, Videostreaming, vernetzte Verkehrsplanung, Smart Grids, digital optimierte Herstellungsverfahren, Onlineshopping und Carsharing. Potenziell ergäben sich dadurch enorme Potenziale zur Reduktion des Ressourcenverbrauchs und der damit einhergehenden negativen Umweltwirkungen. Dieser Wirkmechanismus lässt sich direkt verknüpfen mit der Argumentationskette der Null-Grenzkosten-Gesellschaft von Rifkin. Allerdings sind Lange und Santarius sehr viel vorsichtiger, was das tatsächliche Potenzial dieses Wirkmechanismus angeht. Denn zum einen muss die scheinbar effizientere digitale Option nicht wirklich immer die umweltfreundlichere Wahl sein, da die digitalen Dienstleistungen ebenfalls nicht stofflos bereitgestellt werden. Als anschauliches Beispiel dient der E-Book-Reader, der erst bei der Lektüre von 30 bis 60 Büchern (je nach Umfang) umweltfreundlicher ist als der Kauf analoger Druckexemplare (ebd., S. 30). Zum anderen werden tatsächliche Effizienzgewinne oft durch Rebound-Effekte, also die Nutzung der freigewordenen Mittel für andere Zwecke, vermindert beziehungsweise möglicherweise sogar überkompensiert („backfire"). Von dem durch Carsharing eingesparten Geld wird beispielsweise eine Flugreise finanziert. Zudem bestehe die Gefahr, dass die neuen Möglichkeiten das Lebenstempo so beschleunigten, dass der zusätzliche Konsum nicht zu mehr Zufriedenheit führe, sondern im Gegenteil, zu mehr Stress und Überforderung (ebd., S. 146f.). Momentan stelle sich deswegen „die Digitalisierung für den Energie- und Ressourcenverbrauch bestenfalls als Nullsummenspiel dar" (ebd., S. 146).

Der zweite Wirkmechanismus der Digitalisierung bestehe in der Fülle der Informationen. Durch Digitalisierung bieten sich ganz neue Möglichkeiten bezüglich der Sammlung, Verarbeitung und Bereitstellung von Daten und daraus abgeleiteter Dienstleistungen. Außerdem können sich Akteure weltweit vernetzen. Positiv betrachtet kann dadurch beispielsweise die Energiewende unterstützt werden, in dem die Energienachfrage flexibel an das fluktuierende Angebot erneuerbarer Energie angepasst wird (Smart Home, Speichertechnologien). Telearbeit und flexible Tätigkeiten wie Crowdworking werden ermöglicht. Im Konsumbereich wird es deutlich einfacher, sich zu informieren und nachhaltiger einzukaufen, zu teilen (Sharing) und wiederzuverwenden (Second-Hand). Die Vernetzung bietet auch das Potenzial, dass Konsumenten ohne viel Aufwand zu Prosumern werden (z.B. selbst genähte Kleidung oder selbst erzeugter Strom). Durch Big Data besteht aber auch die Gefahr „einer steigenden staatlichen sowie kommerziellen Überwachung. [...] Insgesamt tendieren wir alle dazu, gläserne Arbeitnehmer*innen, gläserne Konsument*innen und gläserne Hausbewohner*innen zu werden" (ebd., S. 147-148). Geheimdienste können sich Zugang zu diesen Daten verschaffen und Unternehmen nutzen diese Daten, um über personalisierte Werbung und Preisgestaltung das aus Nachhaltigkeitssicht bereits heute viel zu hohe Konsumniveau noch weiter zu steigern. Hier findet sich die Argumentationslinien von Zuboffs Überwachungskapitalismus wieder, wobei dieser hier nicht konkret beim Namen genannt wird.

Der dritte Wirkmechanismus der Digitalisierung besteht laut Lange und Santarius darin, dass „sie in sozialer Hinsicht zu einer Umverteilung und Polarisierung der Gesellschaft beiträgt" (ebd., S. 149). Die Digitalisierung biete zwar durchaus Chancen für eine offener und demokratischer gestaltete Gesellschaft, z.b. durch besseren Zugang zu Bildungsmöglichkeiten und politischen Informationen. Zudem werde die politische Partizipation insofern erleichtert, als dass es über das Internet leichter möglich ist, die eigene Stimme in den politischen und gesellschaftlichen Prozess einzubringen, z.b. über soziale Netzwerke oder Online-Petitionen. Aus ökonomischer Perspektive ermögliche die Digitalisierung es, dezentral vernetzte Organisationsformen zu etablieren und regionale und lokale Produkte preisgünstiger anzubieten. „Doch für viele Menschen bleiben diese Chancen bisher theoretischer Art". (ebd., S. 148) Stattdessen überwögen die polarisierenden Tendenzen: Die Digitalisierung spalte den Arbeitsmarkt. Viele Arbeitsplätze würden wegfallen und nur wenige finden gut bezahlte neue Jobs, während für viele andere nur schlecht bezahlte und prekäre Arbeitsverhältnisse übrig blieben. Befeuert werde dieser Trend durch den sinkenden Anteil der Löhne am gesamtgesellschaftlichen Volkseinkommen.

> Zugespitzt formuliert entzweit Digitalisierung die Gesellschaft in digitale Gewinner*Innen einerseits, die die Anwendungen und Geräte entwickeln, die Roboter programmieren oder denen sie gehören, und in die digitalen Verlierer*Innen andererseits, deren Arbeitsplätze ersetzt werden und die nicht über Aktien an den entsprechenden Unternehmen verfügen. (ebd., S. 149)

Eine dezentrale und demokratische Ökonomie wäre zwar prinzipiell möglich, allerdings nähmen in der Praxis die Ungleichheiten zwischen Unternehmen zu. Wenige Plattform-Anbieter sammeln das Gros der Daten und teilen sich die daraus generierten (Werbe)Einnahmen auf. Gleichzeitig zahlen sie relativ geringe Steuern. Bei der „Realwirtschaft" steigt hingegen der Druck, da sie Marktanteile abtreten und trotzdem die Hauptlast der Finanzierung der Pflege des Gemeinwesens tragen muss.

Im Ergebnis läuft die derzeitige Ausgestaltung der Digitalisierung daher große Gefahr, die Gesellschaft ungerechter zu machen und in der Wirtschaft zu einer historisch beispiellosen Konzentration von Marktmacht und damit auch politischer und gesellschaftlicher Macht in der Hand einiger weniger Internet-Plattformen und IT-Konzerne zu führen. (ebd.)

Auch bei diesem dritten Wirkmechanismus zeigen sich wie beim zweiten sehr deutliche Überschneidungen zum Überwachungskapitalismus von Shoshana Zuboff, er geht aber vor allem durch die Frage der sozialen Verteilungswirkungen über die Ausführungen von Zuboff hinaus.

5.2 Leitprinzipien für eine zukunftsfähige Digitalisierung und konkrete Maßnahmen

Auf Grund dieser Wirkmechanismen beziehungsweise deren Ambivalenz besteht laut Lange und Santarius die Gefahr, dass die Digitalisierung – insbesondere im Hinblick darauf, wie diese sich im letzten Jahrzehnt entwickelt habe – eher zu einer Verschärfung viele gesellschaftlichen Probleme führe, anstatt bei deren Lösung behilflich zu sein (ebd., S. 200).

Lange und Santarius entwickeln deswegen – anders als Rifkin und Zuboff – darüber hinaus sogenannte „Leitprinzipien für eine zukunftsfähige Digitalisierung" (siehe Abb. 1) und schlagen darauf aufbauend konkrete Maßnahmen vor (siehe Tabelle 1), um eine „vernetzte und zugleich zukunftsfähige Gesellschaft" (ebd., S. 167) zu ermöglichen. Zwei der drei Leitprinzipien lassen sich dabei grob den vorgestellten Ansätzen von Rifkin und Zuboff zuordnen.

Das Leitprinzip „Gemeinwohlorientierung" (ebd., S. 161-166) mit seinem Motto „Kollaborativ statt kapitalistisch" und den Unterpunkten „Internet als Commons", „Open Source" und „Kooperative Plattformen" ist sowohl was die Begrifflichkeiten als auch den Inhalt angeht stark an dem Konzept der „kollaborativen Commons" von Jeremy Rifkin orientiert. Als Maßnahmen, um die Gemeinwohlorientierung zu fördern, schlagen Lange und Santarius unter anderem vor, die Gründung und Etablierung kooperativer Plattformen zu fördern, zum Beispiel durch Steuererleichterungen für Start-Ups, Bevorzugung bei Auftragsvergaben der öffentlichen Hand und die Organisation von Vernetzungsveranstaltungen (ebd., S. 176f). Zudem solle die Care-Ökonomie ausgebaut werden, zum einen über eine bessere personelle und finanzielle Ausstattung im formellen Sektor, zum einen im informellen Sektor über die Umsetzung einen „Kurzen Vollzeit" (ebd., S. 182-184) und der damit einhergehenden frei werdenden Zeitressourcen (ebd., S. 184-185).

Abb. 1: Leitprinzipien für eine zukunftsfähige Digitalisierung

Leitprinzipien für eine zukunftsfähige Digitalisierung		
Digitale Suffizienz	**Konsequenter Datenschutz**	**Gemeinwohl-orientierung**
Techniksuffizienz	Privacy by Design	Internet als Commons
Datensuffizienz	Datensuffizienz	Open Source
Nutzungs-suffizienz	Dateneigentum den Nutzern	Kooperative Plattformen
Motto: *So viel Digitalisierung wie nötig, so wenig wie möglich.*	Motto: *Wessen Daten? Unsere Daten!*	Motto: *Kollaborativ statt kapitalistisch.*

Quelle: Lange und Santarius (2018, S. 150)

Das Leitprinzip „Konsequenter Datenschutz" kann hingegen (unter anderem) als Lösungsansatz für den Überwachungskapitalismus interpretiert werden. Kernziel dieses Leitprinzip ist es, den Nutzer*innen wieder eine echte Souveränität über ihre Daten zu ermöglichen. Dazu müsse die Sammlung, Speicherung, Verwendung und Weitergabe von Daten stark begrenzt und klareren Regeln unterworfen werden (ebd., S. 160). Dies sei aus zwei Gründen nötig: Zum einen zur Sicherung der Demokratie, da nur über einen konsequenten Datenschutz die Privatsphäre geschützt und die Integrität der Person sowie die Meinungsfreiheit gewährleistet werden könnten, welche zentrale Grundbedingungen einer funktionierenden Demokratie darstellten (ebd., S. 156). Lange und Santarius heben hier – ganz im Sinne des Überwachungskapitalismus von Zuboff – die übermäßige Konzentration von Daten in den Händen weniger IT-Konzerne hervor, die einer funktionierenden Demokratie zuwiderliefen, die Manipulation von Meinungen erlaube und die Handlungsautonomie einschränke (ebd., S. 157). Zum anderen wäre ein konsequenter Datenschutz auch aus ökologischen Gründen zur Einhaltung der planetaren Grenzen wichtig, da sonst aufgrund von in noch größerem Umfang und auf noch ausgefeiltere Weise eingesetzter personalisierter Werbung und situativem Marketing eine weitere Steigerung des bereits heute nicht nachhaltig hohen Konsumniveaus drohe (ebd.). Aus diesen Gründen müsse die „staatliche und privatwirtschaftliche Datenspeicherung und -nutzung streng limitiert werden" (ebd.). Konkret schlagen Lange und Santarius dafür unter anderem die Einführung von selektiven Werbeverboten und eines Passivitätsgebots vor (ebd., S. 169-170). Zudem sollten bestehende Gesetze zur Datensparsamkeit und zum Kopplungsverbot konsequenter durchgesetzt, ein Algorithmus-Gesetz entwickelt und das Monopolrecht reformiert werden (ebd., S. 171-175).

Mit dem Leitprinzip „Digitale Suffizienz" fügen Lange und Santarius hingegen einen Aspekt hinzu, der bei Rifkin und Zuboff so nicht vorkommt. In gewisser Weise spiegelt sich darin zwar die bei Rifkin prognostizierte Abkehr vom Materialismus wider, allerdings wird dies bei Lange und Santarius nicht als Folge einer höchstwahrscheinlich stattfindenden Entwicklung verstanden, sondern als ein Leitprinzip, das mittels konkreter Maßnahmen unterstützt werden muss und sich keineswegs von alleine verwirklicht. So seien im Sinne von Techniksuffizienz „Informations- und Kommunikationssysteme so zu konzipieren, dass nur wenige Geräte nötig sind und diese selten erneuert werden müssen" (ebd., S. 152). Befördert werden könne dieses Ziel zum Beispiel über klare gesetzliche Vorgaben zu ökologischem Produktdesign und der Verpflichtung Programmcodes und Baupläne entsprechend des Open Source-Konzepts frei zur Verfügung zu stellen.

Datensuffizienz soll dabei helfen, dass so wenig wie nötig Infrastruktur zur Übermittlung und Auswertung der Daten benötigt wird. Hier könnten beispielsweise gesetzliche Vorgaben helfen, die das „Sufficiency by Default"-Prinzip verankern, das heißt, dass z.B. bei Streaming Videos oder Musik heruntergeladen werden anstelle diese jedes Mal neu zu laden. Besonders wichtig ist es hier aber vor allem schon bei der Entwicklung neuer Technologien im Zuge von Smart Home, Smart Cities und Smart Mobility, den Aspekt der Datensuffizienz miteinzubeziehen.

Tabelle 1: Maßnahmen einer Agenda für eine vernetzte Gesellschaft

Politik: Elemente einer transformativen Digitalpolitik
Selektive Werbeverbote durchsetzen
Passivitätsgebot einführen
Datensparsamkeit und Kopplungsverbot vollziehen
Algorithmus-Gesetz entwickeln
Monopolrecht reformieren
Plattform-Kooperativen stärken
Digitalisierung in selektiven Bereichen vorantreiben
Re-Regionalisierung der Wirtschaft anstreben
Digital-ökologische Steuerreform verabschieden
Kurze Vollzeit schaffen
Care-Ökonomie ausbauen
Nutzer*innen: Was können Nutzer*innen tun?
Digital nachhaltig konsumieren
Nur gute Sharing-Angebote nutzen
Soziale Innovationen generieren
Das Lebenstempo entschleunigen
Zivilgesellschaft: Die Rolle der Zivilgesellschaft
Debatten zur Digitalisierung prägen
Kritische digitale Bildung vermitteln
Eine breite Bewegung bilden

Quelle: Eigene Darstellung nach Lange und Santarius (2018)

Schließlich fügen Lange und Santarius noch die Nutzungssuffizienz an. Denn durch smarte Technologien allein seien die Nachhaltigkeitsziele nicht erreichbar. Die Nutzer*innen müssten Umdenken und ihre Verhaltensweisen ändern. Nur so ließen sich Rebound-Effekte in ausreichendem Maße verhindern (ebd., S. 154). Natürlich liegen Fragen der Nutzungssuffizienz in einem liberalen demokratischen System zuallererst in der individuellen Verantwortung jedes einzelnen, allerdings kann und sollte die Politik auch hierfür die richtigen Rahmenbedingungen setzen, zum Beispiel durch kritische Bildungsangebote und Produktkennzeichnungen, die den Nutzer*innen in die Lage versetzen informierte (Kauf-)Entscheidungen zu treffen sowie eine digital-ökologische Steuerreform, die Preise zum einen die ökologische Wahrheit sagen lässt und zum anderen dafür sorgt, dass alle Unternehmen zur Finanzierung des Gemeinwesens beitragen.

Die von ihnen vorgeschlagenen Maßnahmen sehen Lange und Santarius keineswegs als vollumfängliche Lösung dafür an, die Digitalisierung mit der notwendigen sozial-ökologischen Transformation kompatibel zu machen, sondern als einen Ausgangspunkt für Diskussionen und um erste konkrete Schritte zu gehen. Einen Masterplan könne es auch nicht geben, vielmehr müsse „die Agenda für eine vernetzte und zugleich zukunftsfähige Gesellschaft Schritt für Schritt entwickelt werden" (ebd., S. 167).

Abschließend weisen Lange und Santarius noch auf einen zentralen Aspekt der Digitalisierung hin: deren Disruptivität. Während sie diese anfangs noch als mögliches Potenzial für eine schnelle und umfassende sozial-ökologische Transformation ausmachten, kommen sie schließlich zu einer gegenteiligen Erkenntnis: Die Disruptivität und hohe Geschwindigkeit, die die Digitalisierung in vielen Bereichen kennzeichnet und „die viele der digitalen Entwicklung voraussagen, könnte eher ein Teil des Problems als Teil der Lösung sein." (ebd., S. 201) Die Zivilgesellschaft, Politik und Nutzer*innen benötigten Zeit, um die Auswirkungen der Digitalisierung zu verstehen, diese zu diskutieren und um schließlich gegebenenfalls Alternativen zu entwickeln. Viele der vorgeschlagenen Maßnahmen zur sozial-ökologischen Ausgestaltung der Digitalisierung würden einer beharrlichen und langfristigen Förderung bedürfen, um sich etablieren zu können und wirksam zu werden. Hinzu komme, dass sich „Eigenschaften wie Empathie, gesellschaftliche Vielfalt oder auch das Tempo biologischer Regenerationszyklen einer solch raschen Veränderung schlicht entziehen" (ebd., S. 203). Deswegen plädieren Lange und

Santarius für eine „sanfte und bedachte Digitalisierung" (ebd.), die an unsere gesellschaftlichen Vorstellungen angepasst und die klar „auf einen nachhaltigen Beitrag zur Lösung gesellschaftlicher Herausforderungen […] ausgerichtet" (ebd.) sein müsse.

6. Fazit

Ist die Digitalisierung nun ein Hindernis für eine sozial-ökologische Transformation oder kann sie bei deren Verwirklichung behilflich sein? Die Ausführungen zeigen, dass es darauf keine eindeutige Antwort gibt. Zu vielschichtig sind zum einen die Aufgaben und Ziele einer sozialökologischen Transformation und zum anderen die Anwendungsgebiete, Auswirkungen und potenziellen Entwicklungspfade, die mit der Digitalisierung verbunden sind. Es gilt also jedes Anwendungsgebiet spezifisch daraufhin zu untersuchen, ob die Digitalisierung zu Auswirkungen führt, die die sozial-ökologische Transformation befördern oder zu solchen, die dieser im Wege stehen und dann zu untersuchen, wie sich dies gegebenenfalls ändern ließe. Ob die voranschreitende digitale Transformation unter den derzeitigen wirtschaftlichen und rechtlichen Rahmenbedingungen genügend Zeit und Raum für die aus sozial-ökologischer Sicht notwendigen Anpassungen lässt, bleibt dabei eine offene Frage. Beispielsweise die Klagen der EU-Kommission gegen Google und Facebook lassen hier aber zumindest auf eine Entwicklung in die richtige Richtung hoffen.

Als zentrale – wenn auch auf den ersten Blick unbefriedigende, auf den zweiten Blick jedoch sehr weitreichende – Erkenntnis beziehungsweise als Fazit dieses Beitrags kann gelten, dass den Zielen der sozialökologischen Transformation ein klares Primat gegenüber der digitalen Transformation eingeräumt werden sollte. Denn von alleine wird die Digitalisierung – anders als Rifkin in seiner Null-Grenzkosten-Gesellschaft teilweise vermuten lässt – höchstwahrscheinlich nicht zur Realisierung der Ziele einer sozial-ökologischen Transformation beitragen, sondern im Gegenteil, diesen in vielen Fällen sogar im Wege stehen. Als Beispiel hierfür kann das Internet der Dinge herangezogen werden, dessen Auswirkungen deutlich ambivalenter sind, als sie Jeremy Rifkin im hier vorgestellten Buch beschreibt. So stehen dem ohne Frage vorhandenen

Potenzial im Bereich der Effizienzsteigerung, dem Prosuming und Sharing auch verschiedene problematische Aspekte gegenüber. Beispielsweise stellen sich Fragen der Datensicherheit und des Datenschutzes in immer drängender Form, da Smart Home Devices wie beispielweise Googles Home (Google Assistant) oder Amazons Echo (Alexa) in immer größerem Umfang in alle – teilweise auch sehr intime – Lebensbereiche vordringen (vgl. z.B. Spiegel Online 2019). Aus ökologischer Perspektive ist die zunehmende Vernetzung von Geräten problematisch, weil dafür zum einen teilweise zusätzliche Geräte eingesetzt werden, die alle einen gewissen Materialverbrauch aufweisen, und zum anderen weil bei deren Nutzung durch die ständige Vernetzung zusätzlicher Strom verbraucht und zusätzliches Datenvolumen benötigt werden (vgl. z.B. OECD und IEA 2014; Andrae 2019). All dies führt zu erhöhten Umweltbelastungen. Ob die ökologische Gesamtbilanz des Internets der Dinge positiv oder negativ ausfällt, bleibt daher bislang eine offene Frage, die von vielen Stellschrauben abhängt, die oft nur mittelbar mit diesem in Verbindung stehen (Art der Stromerzeugung, Ökodesign-Richtlinien, Abbaubedingungen von Rohstoffen, …). Auch ob das Internet der Dinge sich wirklich – wie Rifkin es darstellt – zu einem kollaborativen Common entwickelt, oder nicht doch in erster Linie den kapitalistischen Profitinteressen von privaten Unternehmen dienen wird, ist eine offene Frage. Ohne entsprechende Rahmenbedingungen, die zum Beispiel das Open-Source-Prinzip sicherstellen, kann dies zumindest angezweifelt werden.

Von zentraler Bedeutung wird es auch sein, ob es gelingt die zum Zweck der Absatz- und Gewinnsteigerungen von den Unternehmen angefachte weitere Beschleunigung des Lebenstempos zu vermeiden oder zumindest so zu gestalten, dass sie nicht mit weiterer Umweltinanspruchnahme und -zerstörung einhergeht. Denn wie beispielsweise die Konzepte der planetaren Grenzen (Rockström et al. 2009) und des Ökologischen Fußabdrucks (Global Footprint Network 2019) zeigen, sind hier aus Sichtweise der Nachhaltigkeit keine weiteren Steigerungen möglich, sondern deutliche Reduktionen gefragt. Bisherige, mit der Digitalisierung in Verbindung stehende Entwicklungen, wie beispielsweise die massenhafte Verbreitung von Smartphones gepaart mit deren kurzen Lebensdauer (Deutsche Umwelthilfe 2018) oder die Verbreitung von Bitcoin mit dessen enormem Stromverbrauch (Stoll et al. 2019), zeigen die Problematik auf, die sich in Zukunft mit der noch größeren Verbreitung und

Weiterentwicklung der Informations- und Kommunikationstechnik – beispielsweise im Zuge des Internets des Dinge – voraussichtlich noch weiter verschärfen wird. Deswegen ist es essentiell, dass die Ziele der sozial-ökologischen Transformation den Ausgangspunkt darstellen, auf deren Basis die Möglichkeiten, die die Digitalisierung bietet, gestaltet und ausgeschöpft werden. Neben den in diesem Beitrag vorgestellten Überlegungen vertritt diese Position beispielsweise auch der Wissenschaftliche Beirat der Bundesregierung Globale Umweltveränderungen (WBGU), der empfiehlt, „die Digitalisierung ausdrücklich in den Dienst der Nachhaltigkeit zu stellen" (WGBU 2019, S. 7). Ansonsten drohe die Gefahr, dass durch den digitalen Wandel, die natürlichen Lebensgrundlagen der Menschheit in noch schnellerem Maße zerstört würden (ebd.). Ähnlich sieht das auch der Rat für Nachhaltige Entwicklung, der in diesem Zusammenhang unter anderem fordert, dass die Digitalpolitik sich an der Deutschen Nachhaltigkeitsstrategie orientieren und die Umsetzung der Agenda 2030 befördern müsse (Rat für Nachhaltige Entwicklung 2018, S. 3). André Reichel sieht auf dem Weg zu einer Digitalen Nachhaltigkeit die Funktion der Nachhaltigkeit in einem „hegemoniale[n] Diskurszusammenhang und als Sinn- und Wertehintergrund der Digitalisierung", die dann kombiniert mit der „Digitalisierung als technologisches wie als soziales Phänomen einer ko-kreativen und ko-produktiven Wirtschaft", dass „Herzstück einer mehrdimensionalen Transformation" bilden könne (Reichel 2018, S. 95).

Eine digitale Transformation, die die Ziele der sozial-ökologischen Transformation befördert, scheint also durchaus möglich und ist für deren Erreichung voraussichtlich sogar notwendig, sie muss aber aktiv gestaltet werden.

Literatur

Andrae, Anders (2019): Prediction Studies of Electricity Use of Global Computing in 2030. *International Journal of Science and Engineering Investigations 8*, S. 27-33.
Deutsche Umwelthilfe (2018): Nachhaltigkeit von Geschäftsmodellen in der Informations- und Kommunikationstechnik. Analyse und Empfehlungen am Beispiel von Smartphone, Telefon und Router. [http://www.duh.de/

fileadmin/user_upload/download/Projektinformation/Kreislaufwirtschaft
/Elektroger%C3%A4te/180115_DUH-Studie_Nachhaltigkeit-IKT-
Industrie.pdf – Letzter Zugriff: 22.09.2019]

DeLong, J. Bradford und Summers, Lawrence H. (2001): The 'new economy': background, historical perspective, questions, and speculations, in: *Economic Review* Issue Q IV, Federal Reserve Bank of Kansas City, S. 29-59.

OECD und IEA (2014): More Data, Less Energy: Making Network Standby More Efficient in Billions of Connected Devices. [https://www.iea.org/publications/freepublications/publication/MoreData_LessEnergy.pdf – Letzter Zugriff: 20.09.2019]

Keynes, John Maynard (1930): Economic Possibilities for our Grandchildren. In: Keynes, John Maynard (1930): *Essays in Persuasion.* London: Macmillian and Co., S. 358-375.

Lange, Oskar (1937): On the Economic Theory of Socialism: Part Two, *The Review of Economic Studies*, Volume 4, Issue 2, February 1937, S. 123-142.

Lange, Steffen und Santarius, Tilman (2018): *Smarte grüne Welt? Digitalisierung zwischen Überwachung, Konsum und Nachhaltigkeit.* München: oekom.

Global Footprint Network (2019): Open Data Plattform. Ecological Footprint Explorer. [http://data.footprintnetwork.org/ – Letzter Zugriff: 22.09.2019]

Polanyi, Karl (1978[1944]): *The Great Transformation. Politische und ökonomische Ursprünge von Gesellschaften und Wirtschaftssystemen*, Frankfurt a.M.: Suhrkamp.

Rat für Nachhaltige Entwicklung (2018): nachhaltig_UND_digital. Nachhaltige Entwicklung als Rahmen des digitalen Wandels. Empfehlung des Rates für Nachhaltige Entwicklung an die Bundesregierung. [https://www.nachhaltigkeitsrat.de/wp-content/uploads/2019/01/20181219_RNE_Empfehlung_Digitalisierung.pdf – Letzter Zugriff: 23.05.2019]

Reichel, André (2018): Nachhaltige Digitalisierung, digitale Nachhaltigkeit? In: Rogall, Holger, Binswanger, Hans-Christoph, Ekardt, Felix et al. (Hg.): *Zukunft des nachhaltigen Wirtschaftens in der digitalen Welt. Jahrbuch nachhaltige Ökonomie 2018/19*, S. 87-100.

Rifkin, Jeremy (1995): *Das Ende der Arbeit und ihre Zukunft.* Frankfurt a.M., New York: Campus.

Rifkin, Jeremy (2014): *Die Null-Grenzkosten-Gesellschaft. Das Internet der Dinge, kollaboratives Gemeingut und der Rückzug des Kapitalismus.* Frankfurt a.M.: Campus.

Rockström, Johan, Will, Steffen und Noone, Kevin et al (2009): Planetary boundaries:exploring the safe operating space for humanity. *Ecology and Society* 14(2): 32.

Spiegel Online (2019): Amazon-Mitarbeiter hören sich Privatgespräche mit Alexa an. [https://www.spiegel.de/netzwelt/gadgets/amazon-mitarbeiter-hoeren-sich-tausende-privatgespraeche-mit-alexa-an-a-1262315.html – Letzter Zugriff: 20.09.2019]

Stoll, Christian, Klaaßen, Lena und Gallersdörfer, Ulrich (2019): The Carbon Footprint of Bitcoin. In: *Joule 3* (7), S. 1.647-1.661. DOI: 10.1016/j.joule.2019.05.012.

WBGU (2019): Digitalisierung. Worüber wir jetzt reden müssen. Empfehlungen. Berlin: [https://www.wbgu.de/fileadmin/user_upload/wbgu/publikationen/hauptgutachten/hg2019/pdf/WBGU_HGD2019_Empfehlungen.pdf – Letzter Zugriff: 23.05.2019]

Zuboff, Shoshana (1988): *In the age of the smart machine. The future of work and power.* New York: Basic Books.

Zuboff, Shoshana und Maxmin, James (2004): *The support economy. Why corporations are failing individuals and the next episode of capitalism.* London: Penguin Books.

Zuboff, Shoshana (2015): Big other: Surveillance Capitalism and the Prospects of an Information Civilization. *Journal of Information Technology 30 (1)*, S. 75-89.

Zuboff, Shoshana (2018): *Das Zeitalter des Überwachungskapitalismus.* Frankfurt, New York: Campus.

Arbeitswelt, Demokratie und Digitalisierung

Lisa Herzog[*]

Abstract: In this short essay I discuss some themes concerning the transformations of the world of work that are triggered by the "digital transformation", i.e. the intensification of the use of digital technologies. Taking a normative perspective, I argue that the regulative ideal for this transformation should not be an "end of work", but rather just and meaningful work for all members of society. In order to achieve this aim, the potentials of digital technologies for more participatory and democratic forms of governance of work need to be explored.

Keywords: digital transformation, good work, participation, workplace democracy

JEL-Klassifikation: D63

---

[*] Prof. Dr. Lisa Herzog, Faculty of Philosophy, University of Groningen, Oude Boteringestraat 52, NL-9712 GL Groningen • [l.m.herzog@rug.nl]

1. Einleitung

In der öffentlichen Debatte über die Zukunft der Arbeitswelt und die Veränderungen, die die „digitale Transformation" – der verstärkte Einsatz digitaler Technologien, inklusive Künstlicher Intelligenz – bringen wird, überwiegen Extremszenarien. Das sind einerseits utopische Fantasien, in denen Roboter und Algorithmen alle Arbeit erledigen und der Menschheit ewige Freizeit jenseits aller Knappheitsprobleme versprochen wird, und andererseits Schreckensszenarien, in denen eine immer weitergehende gesellschaftliche Spaltung, die Abhängigkeit der Mehrheit der Bevölkerung von prekären app-basierten Verdienstmöglichkeiten, und teilweise sogar die Versklavung der Menschheit unter die Maschinen beschrieben werden. Gemeinsam ist diesen Szenarien, dass sie von einer seltsamen Passivität geprägt sind: Die digitale Transformation *geschieht* wie ein Naturereignis, ohne dass sie politisch und gesellschaftlich gesteuert werden könnte (z.B. Harari 2017).

In diesem kurzen Beitrag[1] sollen drei programmatische Thesen – eine deskriptive und zwei normative – zur Zukunft der digitalen Arbeitswelt vorgestellt werden. Zum Ersten: Digitale Arbeitsteilung ist nicht fundamental anders als die existierende technische Arbeitsteilung, die seit Jahrhunderten praktiziert wird (Abschnitt 2). Zum Zweiten: Die normative Zielvorgabe der digitalen Transformation sollte nicht ein „Ende der Arbeit", wie z.B. von Rifkin (1995) befürwortet, sondern gute und gerechte Arbeit für alle Mitglieder der Gesellschaft sein – was darunter verstanden werden kann, wird weiter unten genauer erläutert (Abschnitt 3). Zum Dritten: Um dies zu erreichen, sollten vor allem die Potenziale der digitalen Transformation zum Ausbau von Partizipation und Demokratisierung in der Arbeitswelt in den Blick genommen werden (Abschnitt 4).

2. Digitale Arbeitsteilung

Dass der Mensch ein Tier ist, das Werkzeuge verwendet, ist ein uralter Topos der Anthropologie. Auch wenn andere Tierarten, z.B. Schimpan-

---

[1] Eine ausführliche Darstellung der Themen findet sich in Herzog (2019). Dieser Beitrag folgt dem Vortrag auf der Tagung *Blockchained – Digitalisierung und Wirtschaftspolitik* am 18. bis 20. März 2019 in Tutzing.

sen, zu rudimentärem Werkzeuggebrauch in der Lage sind, zeichnet sich der Mensch darin durch ein viel höheres Maß und größere Raffinesse aus. Werkzeuggebrauch und Technisierung gehen einher mit Arbeitsteilung, denn oft erlaubt erst die Spezialisierung auf bestimmte Arbeitsschritte das vertiefte Verständnis, das zur Herstellung, Nutzung und Weiterentwicklung von Werkzeugen nötig ist. Werkzeuggebrauch ist einer der Faktoren, die Effizienzgewinne durch Arbeitsteilung und Skaleneffekte erlauben, wie seit dem 18. Jahrhundert am berühmten Beispiel der Stecknadelherstellung in proto-industriellen Manufakturen diskutiert wird (z.B. Smith 1976 [1776], I.I).

Seit langem wird die Diskussion über Arbeitsteilung und Werkzeuggebrauch aber auch begleitet von der Befürchtung, dass der Mensch durch sie – in Karl Marx berühmten Worten – zum bloßen „Anhängsel" der Maschine wird (Marx 1962 [1867], 445). Wer acht Stunden oder mehr nur Stecknadelköpfe flach hämmert oder einen einzelnen Arbeitsschritt an einem Fließband erledigt, kann seine Fähigkeiten und Talente kaum entwickeln (siehe auch Smith 1976 [1776], V.I). Aus dem historischen Kontext heraus ist dies allzu verständlich: Physische und psychische Schäden, soziale Entfremdung und unmenschliche Formen der Unterwerfung – all dies ging oft mit geteilter Arbeit einher.

Doch die *technische* Arbeitsteilung – die wesentlich für Effizienzgewinne und technische Weiterentwicklungen ist – kann mit unterschiedlichen Formen der *sozialen* Arbeitsteilung einhergehen (siehe z.B. Arnold 2012). Letztere beschreibt, wie Aufgaben auf Menschen verteilt werden, und dies ist durch die Zerlegung in Einzelschritte noch nicht entschieden.

Mit anderen Worten: Welche einzelnen Schritte mit welchen Werkzeugen oder Maschinen erledigt werden müssen, determiniert noch nicht, wer sie erledigt, wieviel Druck dabei herrscht, welche Möglichkeiten der Rotation es gibt, etc. Wie menschenfreundlich geteilte Arbeit und der Einsatz von Technologien sind, hängt maßgeblich von dieser sozialen Ausgestaltung der Arbeitswelt ab. Entscheidend dafür wiederum sind vor allem die Machtverhältnisse am Arbeitsplatz: Wer entscheidet, wie Werkzeuge und Maschinen eingesetzt werden, welche Sicherheits- und Schutzmaßnahmen dabei eingehalten werden müssen, welche Arbeiten höhere Ausgleichszahlungen verdienen, etc.? Während die von Smith und anderen Denkern der Aufklärung beschriebene Stecknadelmanufaktur den Charakter eines freundlichen Familienunternehmens zu haben scheint, war die Lage am Arbeitsmarkt in der Hochphase der Industrialisierung im 19. Jahrhundert derart, dass durch die „Reservearmee" von Arbeiter*innen die strukturell mächtigeren Arbeitgeber*innen selbst die unmenschlichsten Praktiken verlangen konnten. Die jahrzehntelangen Kämpfe von Arbeiterbewegung, Gewerkschaften und Sozialdemokratie erreichten nach und nach eine Einhegung dieser kapitalistischen Exzesse durch gesetzliche Regulierung (siehe auch Herzog 2018c).

Dies ist nicht grundsätzlich anders, wenn es sich bei den technischen Weiterentwicklungen um *digitale* Technologien handelt. Vernetzte und mit intelligenter Software ausgestattete Maschinen können dabei mehr und andere Schritte übernehmen, als dies in der Vergangenheit der Fall war. Doch es bleibt bei der grundlegenden Tatsache, dass diese Maschinen in Prozesse geteilter Arbeit eingebettet sind, bei denen zu erwarten ist, dass menschliche Arbeit weiterhin eine wichtige Rolle spielen wird – sei es bei der Wartung der Maschinen, bei der Qualitätskontrolle oder bei der Vermittlung an Endkund*innen. Einzelne Berufsprofile werden sich verändern oder auch ganz wegfallen, doch dafür werden neue entstehen – aus der historischen Perspektive heraus erscheinen Prophezeiungen einer anhaltenden, massenhaften Arbeitslosigkeit unwahrscheinlich. Zentral ist die Frage der Gestaltung des Übergangs, z.b. durch eine entsprechende Anpassung von Sozialversicherungs- und Weiterbildungssystemen.

Wenn freilich durch digitale Werkzeuge der Mensch bei Arbeitsschritten, die früher nur von ihm erledigt werden konnten, ersetzt werden kann, stellen sich neue Fragen nach dem Sinn und Zweck unterschiedlicher Arten von Arbeit – und zwar sowohl aus Sicht der Empfänger*innen als auch aus Sicht derjenigen, die in den entsprechenden Berufen tätig sind. Das betrifft insbesondere alle Bereiche, bei denen die zwischenmenschliche Dimension bislang unvermeidbar war, z.B. in der Erziehung oder Pflege. Was können hier Roboter oder digitale Programme leisten, wo ist die Begegnung von Mensch zu Mensch unverzichtbar? Was bedeutet dies für das Erleben der Arbeit? Und auch hier stellt sich wieder die Machtfrage: Wer hat darüber das Entscheidungsrecht?

3. Ziel: Gute und gerechte Arbeit

Welche Zielrichtung ist aus gesamtgesellschaftlicher Perspektive wünschenswert, wenn es um die Gestaltung der zukünftigen Arbeitswelt geht? Einige Kommentator*innen in der Diskussion über die Zukunft der Arbeit sehen ein „Ende der Arbeit", oder zumindest eine möglichst starke Reduktion von Arbeitszeit als wünschenswertes Ziel an (z.b. Rifkin 1995). Doch es ist höchst fraglich, ob dies normativ zu rechtfertigen ist. Wie würden Individuen ihre freie Zeit verbringen – wenn nicht mit Tätigkeiten, die man im weitesten Sinne als „Arbeit" beschreiben würde?

„Arbeit" zu definieren und von anderen Tätigkeiten abzugrenzen ist freilich selbst eine schwierige Aufgabe; es spricht viel dafür, dass es sich um ein Familienähnlichkeitskonzept im Wittgensteinschen Sinne handelt, bei dem wir zwar einen Kern paradigmatischer Fälle klar erkennen können, die Ränder des Konzepts aber unscharf sind.

Geht man jedoch davon aus, dass es bei „Arbeit" darum geht, tätig zu sein, die materielle (oder auch nicht-materielle) Umwelt zu formen und dadurch eigene und fremde Bedürfnisse der unterschiedlichsten Art zu befriedigen, dann wird schnell klar, dass Arbeit als eine grundlegende Komponente des menschlichen Lebens und menschlicher Sinnstrukturen verstanden werden muss. Es muss nicht unbedingt „Lohnarbeit" im klassischen Sinne sein, und wo die Grenzen zwischen bezahlter und unbezahlter Arbeit liegen sollten, ist selbst eine hochgradig politische Frage. Doch ein „Ende der Arbeit", in diesem Sinne verstanden, würde einer Verdammung zur Passivität entsprechen. Wenn man, gut aristotelisch, davon ausgeht, dass menschliches Glück in hohem Maß durch das aktive Streben nach Werten und dem Weiterentwickeln der eigenen Fähigkeiten in diesem Prozess entsteht, dann wäre ein „Ende der Arbeit" auch ein Ende eines wesentlichen Elements eines erfüllten Lebens.

Auf den ersten Blick mag es paradox wirken, doch gerade *geteilte* Arbeit ist dabei ihrer Natur nach sozial ausgelegt: Die einzelnen Schritte sind nur sinnvoll, weil sie sich in einen sozialen Zusammenhang einfügen, in dem *andere* Individuen *andere* Schritte erledigen. Und so bringt Arbeit Individuen oft auch mit anderen Individuen zusammen, die ihnen im Privatleben nie begegnet wären – auch über soziale Grenzen anhand von Klassen, Ethnien oder politische Weltanschauungen hinaus (Estlund 2003). Das soziale Miteinander am Arbeitsplatz ist für viele Menschen ein wichtiger Faktor, der Arbeit attraktiv macht – wenn diese positiven Züge nicht durch zu viel Druck, Mikromanagement, Konkurrenz oder die schiere Inkompatibilität von Charakteren unterminiert werden.

Doch natürlich kann Arbeit auch eine Last sein, von der eine Befreiung höchst wünschenswert ist – wenn es sich um „schlechte" Arbeit handelt. Die negativen, problematischen Aspekte von Arbeit, die sie zu einer Bürde machen – oft in besonders hohem Maße für unterprivilegierte Gruppen, die über keinerlei Mitspracherechte und Entscheidungsspielräume verfügen – sind es, die im Rahmen der digitalen Transformation als erstes adressiert werden sollten. Wo zum Beispiel können geisttötende Routineaufgaben an Algorithmen abgetreten werden? Wo können körperlich einseitige Formen von Arbeit durch intelligente Maschinen übernommen oder unterstützt werden, etwa durch Exo-Skelette? Wie kann das soziale Miteinander am Arbeitsplatz durch digitale Tools positiver gestaltet werden?

Fragt man, über die negative Abgrenzung von „schlechter" Arbeit hinausgehend, danach, was „gute" Arbeit ist, die es zu erhalten gilt, so stößt man oft auf den Einwand, dass dies ein rein subjektives Konzept sei: Was für den einen der Traumjob schlechthin sei, sei für den anderen ein Albtraum. Richtig daran ist, dass die Passung zwischen Individuen und ihren Aufgaben eine zentrale Rolle für das Erleben „guter" Arbeit spielt; Menschen haben schließlich sehr unterschiedliche Talente und Interessen. Dass diese Talente und Interessen in das Netz geteilter Arbeit eingebracht und fruchtbar gemacht werden können, gehört gerade zu dessen Stärken. Entscheidend dafür, dass ein gutes „Matching" gelingt, sind nicht nur hinreichende Informationen über unterschiedliche Berufswege, sondern auch Aus- und Weiterbildungsmöglichkeiten, über das gesamte Arbeitsleben hinweg. Wenn im Laufe der digitalen Transformation Berufe ihr Profil verändern und manche Jobs vielleicht komplett wegfallen, dafür aber neue entstehen, müssen die Arbeitsmärkte und die sozialen Sicherungssysteme entsprechend flexibel sein, um Menschen in Jobs zu bringen, die ihnen wirklich liegen. Der Druck, aus finanziellen Gründen schnellstmöglich *irgendeine* Arbeit anzunehmen, steht dabei nicht nur im Widerspruch mit dem Anliegen, den Mitgliedern einer Gesellschaft ein einigermaßen erfülltes Arbeitsleben zu ermöglichen, sondern kann auch ineffizient sein, weil er ein gutes „Matching" zwischen zu erledigenden Aufgaben und Individuen mit ihren unterschiedlichen Interessen und Fähigkeiten verhindert.

Kann man über die Frage des Matchings hinaus weitere Kriterien für „gute" Arbeit benennen? Eine Durchsicht unterschiedlicher philosophischer und soziologischer Ansätze (Gheaus und Herzog 2016) führt zu vier Kategorien: 1) der Möglichkeit, eigene Fähigkeiten zu entwickeln, 2) der Möglichkeit, positive Formen von Sozialität zu erleben, 3) der Möglichkeit, Sinn in der eigenen Arbeit zu sehen, und 4) dem Erhalt sozialer Anerkennung für die eigene Arbeit. Diese Dimensionen lassen sich analytisch trennen; in der Realität liegt freilich oft eine Bündelung vor: Manche beruflichen Positionen vereinen viele dieser vier Dimensionen (und gehen darüber hinaus noch mit einem hohen Gehalt einher), während andere in allen vier Dimensionen nur sehr geringe Werte aufweisen. Ob und in welchem Maß dies der Fall ist, hängt maßgeblich von den Gleichgewichten am Arbeitsmarkt und dessen gesetzlicher Regulierung ab; hinzu kommen Faktoren wie der gewerkschaftliche Organisationsgrad oder das Interesse der Presse daran, Missstände aufzudecken und über sie zu berichten. Die derzeit in Deutschland und auch vielen anderen Ländern zu beobachtende Spaltung in „gute" (i.e. unbefristete, gut bezahlte, mit Sozialversicherungsleistungen und Kündigungsschutz versehene) und „schlechte" (prekäre, schlecht bezahlte, nicht mit Sozialleistungen ausgestattete) Jobs ist keineswegs in Stein gemeißelt. Durch digitale Technologien könnte sich der Druck, „flexiblere" Arbeit zuzulassen erhöhen – wobei diese „Flexibilität" oft auf Kosten der Arbeitnehmer*innen geht. Doch die Frage, wie politisch mit diesem Druck umgegangen wird, ist damit noch nicht beantwortet. Gerade im Bereich der lokalen Dienstleistungen – bei denen das Argument einer Gefahr der Verlagerung ins Ausland nicht greift – ist es vor allem eine Frage der Regulierung, als wie „gut" solche Arbeit erlebt werden kann.

Dies führt zu einer letzten Dimension „guter" Arbeit, die jedoch im weiteren gesellschaftlichen Zusammenhang gesehen werden muss: die nach einer gerechten Verteilung „guter" Arbeit und gerechter Entlohnung. Dass Arbeitsmärkte nicht rein meritokratisch funktionieren, sondern von zahlreichen Ungerechtigkeiten anhand von Merkmalen wie Klasse, Geschlecht, ethnischer Hintergrund, Gesundheitszustand etc. durchzogen sind, muss hier nicht weiter ausgeführt werden (siehe z.B. Gould et al. 2016 zum „Gender Pay Gap"). Hiergegen vorzugehen – sowohl durch kluge Regulierung als auch durch die Entwicklung entsprechender sozialer Normen – ist eine Aufgabe, die sich auch jenseits aller Fragen der digitalen Transformation stellt.

Es ist ein altes soziologisches Argument, dass eine ausdifferenzierte Gesellschaft, die von ihren Mitgliedern nicht als gerecht empfunden wird, auf lange Frist ihre eigenen Grundlagen untergräbt, weil die Bereitschaft zur friedlichen Zusammenarbeit zerstört wird, die für die Integration der ausdifferenzierten Sphären unerlässlich ist. (Durkheim 1933

[1893], siehe auch Herzog 2018b). Dass in dieser Hinsicht die Weichen umgestellt werden müssen, ist seit Längerem klar (siehe z.B. Piketty 2013). Eine digitale Transformation, die hochgradig ungleiche Gesellschaften erreicht, kann diese Spaltungen weiter verschärfen, nicht zuletzt durch die „Winner Takes All"-Mechanismen, die viele digitale Geschäftsmodelle prägen (e.g. Frank and Cook 1996).

Gute und gerechte Arbeit für alle Mitglieder einer Gesellschaft zu ermöglichen, ist somit eine drängende politische Gestaltungsaufgabe – die „digitale Transformation" erhöht den Handlungsdruck, eröffnet eventuell aber auch neue Möglichkeiten, weil es nicht mehr möglich ist, die Augen vor den Herausforderungen zu verschließen. Dies betrifft auch die Frage der Arbeitszeitverkürzungen: Insofern solche Verkürzungen möglich sind, muss gefragt werden, welchen gesellschaftlichen Gruppen sie zugutekommen. Wie viele Stunden pro Woche muss man in welchem Beruf arbeiten, um einen auskömmlichen Lebensunterhalt, inklusive Rentenansprüche, zu erwerben? Wer kann sich aufgrund von Kapitaleinkünften eine Reduktion der Arbeitszeit erlauben, wer benötigt einen Zusatzjob, um sich einmal im Jahr eine Urlaubsreise leisten zu können?

Diese Fragen dürfen nicht alleine einem unregulierten Arbeits„markt" überlassen werden – in Anführungszeichen, weil dessen Eigenschaften als „Markt" aufgrund zahlreicher Besonderheiten durchaus kritisch in Frage gestellt werden können; es ist in jedem Fall kein „Markt" wie einer für Äpfel und Birnen (siehe z.B. Anderson 2017). Einige Formen existierender Regulierung müssen an die neuen digitalen Realitäten angepasst werden, z.B. indem der Status von Angestellten und freien Vertragspartner*innen im Fall von app-basierten Geschäftsmodellen überprüft und entsprechend definiert wird. Diese Fragen möchte ich hier jedoch nicht vertiefen, sondern stattdessen auf einen Aspekt eingehen, der in der öffentlichen Debatte bislang eine untergeordnete Rolle spielt: die *Notwendigkeit*, aber auch die *Möglichkeit* partizipativer und demokratischer Entscheidungsfindungen im Zusammenhang mit digitalen Technologien in der Arbeitswelt.

4. Partizipation – als Mittel und als Zweck

Wie oben schon angedeutet, stellen sich im Zug der Einführung neuer digitaler Technologien zahlreiche Fragen danach, wie Arbeit sich verändert, welche Schritte guten Gewissens an Algorithmen oder Roboter abgegeben werden können, und wo dies zu unvermeidlichen Verzerrungen und einer Verkennung dessen, worum es bei der Arbeit eigentlich gehen muss, führt. Doch wer kann diese Fragen sinnvoll beantworten; wessen Wissen und wessen praktische Erfahrungen sind dafür nötig? In den Organisationen der Arbeitswelt – seien es Unternehmen oder seien es öffentliche Behörden – werden die Entscheidungen zur Einführung neuer Technologien oft vom Management oder der IT-Abteilung getroffen. Doch dort arbeiten nicht diejenigen, die von den Veränderungen tatsächlich betroffen sind.

Werden Neuerungen eingeführt, ohne diejenigen in die Entscheidungen einzubinden, die direkt betroffen sind, läuft man Gefahr, mehr Schaden als Nutzen zu stiften. Algorithmen und Roboter orientieren sich an den ihnen gemachten Zielvorgaben, ohne spontan auf sich verändernde Anforderungen oder unerwartete Herausforderungen im Umfeld reagieren zu können. Dies liegt vor allem daran, dass sie *spezifische,* also an einem klar definierten Ziel orientierte Intelligenz besitzen, während *allgemeine* Intelligenz bislang ein Privileg menschlicher Akteure ist (Lenzen 2018). Je klarer definiert die Aufgabe, je kontrollierter das Umfeld, desto eher kann künstliche Intelligenz gut arbeiten (man denke an den Erfolg bei Spielen wie Schach und Go) – doch für sehr viele Tätigkeiten in der Arbeitswelt reicht dies nicht aus. Werden Zielvorgaben ausgegeben, an denen der Erfolg einer Tätigkeit gemessen werden soll, kann dies zu dem bekannten Phänomen führen, dass dann *nur noch* in Bezug auf die Zielvorgaben optimiert wird, während andere Aspekte der Tätigkeit, die sich z.B. schwerer messen lassen, vernachlässigt werden. Dieses als „Campbell's Law" (Campbell 1976) bekannte Phänomen ist auch ohne den Einsatz von digitalen Technologien ein Problem für komplexe Institutionen, deren Steuerung über Anreize erfolgen soll.

In Verbindung mit algorithmischen Methoden kann sich dieses Problem weiter verschärfen. Dies liegt daran, dass dort oft weniger Feedback – im Sinne einer kritischen Kontrolle der Sinnhaftigkeit der Zielvorgaben – erfolgt, weil die Systeme den Nutzer*innen als „black boxes" erscheinen; hinzukommt, dass algorithmische Systeme oft in größerem Maßstab funktionieren und somit weniger kontextsensitiv sind. Die Betroffenen erleben sie deshalb oft als Systeme, mit denen kein Dialog möglich ist, sondern in denen man nur versuchen kann, durch geschickte Anpassung des eigenen Verhaltens die Zielerreichung sicherzustellen, auch wenn es auf Kosten der Sinnhaftigkeit der Arbeit geht. Man denke an den Versuch von Wissenschaftler*innen, ihre – von Google oder anderen transnationalen Firmen ohne jede Berücksichtigung lokaler Kontexte berechneten – Zitationsindizes hochzutreiben, anstatt diejenigen Forschungsthemen zu bearbeiten, die sie für sinnvoll und wichtig halten und die der Gesellschaft am besten dienen könnten.

Um zu verstehen, wie gut digitale Technologien welche Aufgaben übernehmen können, müssen diejenigen eingebunden werden, die die Arbeit tatsächlich machen: die Erfahrung besitzen, die ihre Intuition entwickelt haben, die das soziale Umfeld kennen. Dafür ist oft nicht nur theoretische Wissensaneignung, sondern auch praktische Erfahrung und die Mitgliedschaft in einer entsprechenden „epistemischen Gemeinschaft" (Haas 1992; hier wird der Begriff allgemeiner verwendet) nötig, deren explizite und vor allem auch implizite Spielregeln man versteht (siehe z.b. Collins and Evans 2004). In manchen Bereichen ist auch „tacit knowledge" (Polanyi 1996) im Spiel, also regelrecht körperlich verinnerlichtes Erfahrungswissen, zum Beispiel das „Gespür" für eine Maschine, das die Träger*innen derartigen Wissens selbst kaum in Worte fassen könnten.

Das bedeutet nicht, dass Algorithmen und Roboter nicht an vielen Stellen sinnvoll eingesetzt werden könnten, und sogar manche Tätigkeiten weit besser ausführen können, als dies Menschen möglich ist. Doch die *Bewertung*, ob dies wirklich der Fall ist, muss von denjenigen vorgenommen werden, die die entsprechenden Fachkenntnisse und Erfahrungen haben. Das bedeutet, dass Partizipation „von unten" ein entscheidender Faktor für die erfolgreiche Gestaltung der neuen Arbeitsteilung zwischen Menschen und intelligenten Maschinen ist. Die Möglichkeit, ehrliches Feedback einzubringen, ohne dafür abgestraft zu werden, ist essentiell, damit Entscheidungsträger die Weichen in die richtige Richtung stellen können.

In hierarchisch strukturierten Organisationen wird das Einholen derartiger Feedbacks (von unten nach oben) jedoch systematisch dadurch erschwert, dass es den Machthierarchien (von oben nach unten) entgegenläuft (Herzog 2018a, Kap. 6). Wer befürchten muss, mit Sanktionen belegt zu werden, wenn er oder sie negative Nachrichten überbringt, wird dies oft zu vermeiden versuchen: „The boss only gets the good news". Das Zurückhalten von Informationen von Individuen weiter unten in den Hierarchien kann auf moralisch fragwürdigem Egoismus beruhen, es kann aber unter Umständen auch ein legitimes Mittel zum Schutz eigener Interessen sein. Denn unterschiedliche Deutungen der Wirklichkeit – mit den entsprechenden unterschiedlichen Implikationen für den Einsatz von Robotern und Algorithmen – führen dazu, dass die Interessen der Betroffenen unterschiedlich gut bewahrt werden.

Dieses Problem rein durch Anreize lösen zu wollen, ist ein schwieriges Unterfangen – es geht zu oft um Wissensbereiche, bei denen die Betroffenen diejenigen, die sie überwachen sollen und über Sanktionen entscheiden, durch die geschickte Streuung oder auch nur eine gezielt gestaltete Darstellung von Informationen (Was kommt in den Haupttext des Berichts, was in den Appendix?) den Entscheidungsprozess bewusst steuern können. Falschinformationen oder verzerrte Darstellungen werden dabei oft erst spät oder überhaupt nicht entdeckt. Wie es John Hardwig in einem ähnlichen Kontext formulierte: „there are no people-proof institutions" (1991, 707).

Um diese Aufgabe zu lösen, müssen moralische Motivationen im weitesten Sinne ebenso Berücksichtigung finden wie finanzielle; außerdem dürfte die Verteilung von Anerkennung eine wichtige Rolle spielen. Wie Verhaltensökonom*innen, u.a. Samuel Bowles, seit Jahrzehnten empirisch und theoretisch erforschen, ist das Verhältnis von finanziellen und anderen Anreizen komplex; unter Umständen können finanzielle Anreize zu einem „crowding out" intrinsischer Motivation führen (siehe z.B. Gneezy und Rustichini 2000). Bowles (2016) schlägt daher vor, die möglichen Komplementaritäten, aber auch die Verdrängungsgefahren, zwischen unterschiedlichen Motivationsformen zu untersuchen und bei der Gestaltung von Anreizsystemen verstärkt darauf zu achten, ob ein „crowding in" von intrinsischer Motivation möglich ist. Dies ist auch für die Gestaltung der digitalen Arbeitswelt ein wichtiger Ansatz.

Gefragt ist dafür der Aufbau von Vertrauen, der nur erfolgreich sein kann, wenn die legitimen Interessen aller Beteiligten berücksichtigt werden. Ohne eine bewusste Entscheidung, die Deutungshoheit nicht für sich zu monopolisieren, ist nicht zu erwarten, dass Manager*innen oder „Digitalisierungsbeauftragte", wie sie in mehr und mehr Firmen und Behörden eingestellt werden, erfolgreich arbeiten können – möglicherweise arbeiten sie an dem, was „on the ground" erfolgt, komplett vorbei.

Mit dieser *Notwendigkeit* partizipativer Entscheidungsfindung zur Steuerung der digitalen Transformation geht jedoch auch die *Möglichkeit* einher, durch neue digitale Technologien partizipative und eventuell sogar basisdemokratische Entscheidungen zu treffen. Die Debatte über Wirtschaftsdemokratie war lange von einer Asymmetrie geprägt, bei der normative Erwägungen – wie etwa gleicher Respekt für alle Individuen, das Einüben demokratischer Gewohnheiten, oder „accountability" derjenigen, die Macht über anderen haben – *für* die demokratische Gestaltung von Wirtschaftsorganisationen, praktische Argumente – wie etwa die Notwendigkeit, schnelle Entscheidungen zu treffen und die Transaktionskosten gering zu halten – aber *gegen* demokratische Praktiken sprachen (für einen Überblick siehe Frega, Herzog und Neuhäuser 2019).

Diese Konstellation ändert sich durch neue Möglichkeiten digitaler Kommunikation, die schnell, dezentral und kosteneffizient erfolgen kann. Informationen können digital schnell und effizient geteilt werden; Feedback einzuholen, verlangt keine aufwendigen „Town Hall Meetings" oder ähnliche Formate, sondern kann oft webbasiert erfolgen. Schon das Teilen von Informationen, das nicht mehr in Papierform erfolgen muss, bedeutet einen erheblichen logistischen Vorteil. Feedback zu Textentwürfen kann mit minimalem Aufwand über online oder im Intranet zur Verfügung gestellte Dateien erfolgen. Die Abstimmung in Gruppen – auch über Zeitzonen und Kontinente hinweg – kann durch Videotelefonie in einem Bruchteil der Zeit durchgeführt werden, den sie früher erfordert hätte. Konsensuelle Entscheidungsfindung und ständiges Feedback werden somit *sowieso* Teil der Arbeitskultur, gerade für jüngere Arbeitnehmer*innen, die mit digitalen Tools aufwachsen. Viele Firmen versuchen derzeit, unter Stichworten wie „agiles Arbeiten" durch die Nutzung derartiger digitaler Methoden Effizienzgewinne zu erreichen. Doch Effizienz ist bei Weitem nicht das einzige Ziel, das mithilfe digitaler Kommunikationsmethoden verfolgt werden kann. Auch eine partizipative, offene Kommunikation und demokratische Entscheidungsprozesse können dadurch unterstützt werden.

Auch das oben angesprochene Problem, dass in hierarchischen Organisationen die Machtstrukturen „von oben nach unten" den Informationsfluss „von unten nach oben" behindern können, kann möglicherweise eingedämmt werden. Die Einführung anonymer oder pseudonymisierter Kommunikation kann ehrliches Feedback erleichtern, weil die Angst vor Sanktionen ausgehebelt wird (siehe auch Gerlsbeck und Herzog 2019).[2]

---

[2] Allerdings ist auch das Abgleiten in denunziatorisches „Trollen" möglich – hier ist Aufsicht durch menschliche Urteilskraft gefragt.

Die räumliche Trennung zwischen Arbeitsräumen („shop floor") und den „board rooms" des Managements kann durch digitale Formate überwunden werden, was psychologische Hürden abbauen kann, Informationen zu teilen. Allerdings dürfte der Einsatz derartiger Tools längerfristig nur sinnvoll sein, wenn diejenigen, die Informationen einbringen, erleben, dass ihr Feedback ernstgenommen wird. Wenn digitale Kommunikation nur für „pseudodemokratische" Prozesse verwendet wird, verlieren die Beteiligten in der Regel schnell das Interesse und Vertrauen kann in Ressentiment umschlagen. Insofern ist die Bereitschaft auf Seiten des Managements gefragt, einen Teil der Macht abzugeben und die Ergebnisse partizipatorischer Prozesse auch umzusetzen. Ob ein derartiger Mentalitätswechsel in traditionellen Unternehmen und öffentlichen Einrichtungen gelingen kann, oder ob dies eher in neugegründeten Organisationen zu erwarten ist, die damit langfristiger erfolgreich sind und ältere Organisationen verdrängen, ist eine empirische Frage – wir befinden uns mitten in der Beobachtungsphase.

Nicht alle Prozesse dürften sich dabei für alle Arten von Organisationen und Aufgaben eignen – die oben angeführten Überlegungen zur Notwendigkeit kontextsensitiver, von den lokalen Akteuren informierten Entscheidungen treffen auch auf die *Methoden* zu, durch die partizipative und demokratische Formate zu Erfolgsmodellen gemacht werden können. Das betrifft z.B. das Verhältnis von Expert*innen zu anderen Gruppen, z.B. Patient*innen, aber auch die Organisationsgröße oder das Maß an Routineentscheidungen im Vergleich zu neuartigen Herausforderungen. Hier sind Experimente und Lernprozesse gefragt: Welche Praktiken bewähren sich, was können Organisationen voneinander lernen, was lässt sich auf neue Kontexte anwenden? Um solche Lernprozesse zu begleiten und kanalisieren, kann öffentliche Forschung und Kommunikation über „best pratices" öffentlich gefördert werden.

Es wäre auch denkbar, Anreize für Firmen oder öffentliche Organisationen zu schaffen, derartige Experimente zu wagen – sei es durch öffentliche Anerkennung in Form von Wettbewerben und Preisausschreiben, sei es durch steuerliche Nachlässe. Das Argument hierfür ist, dass Organisationen mit solchen Experimenten nicht nur für sich selbst arbeiten, sondern die darin gewonnenen Erkenntnisse auch anderen Gruppen in der Gesellschaft zugutekommen können – es liegt also eine positive Externalität vor. Diese gilt es zu fördern, zumal die Tendenz in vielen

Organisationen eher ist, sich bei prozeduralen Fragen auf Altbewährtes und die in der eigenen Branche üblichen Praktiken verlassen, anstatt sich auf neues Terrain zu wagen, das Rechtfertigungsdruck schaffen würde. Damit gehen jedoch zahlreiche Möglichkeiten des kollektiven Lernens, gerade auch aus scheiternden Projekten, verloren.

Eingangs wurden die unterschiedlichen Szenarien – überbordend positiv oder aber erschreckend negativ – der digitalen Transformation auf die Arbeitswelt geschildert. Die hier vorgeschlagene Perspektive ist demgegenüber partizipatorisch-evolutorisch: Sie geht – mit einem gewissen Zweckoptimismus – davon aus, dass Gesellschaften in der Lage sind, die neuartigen Möglichkeiten positiv zu nutzen, Gefahren zu erkennen und Potenziale weiterzuentwickeln. Ob dies gelingen kann, hängt nicht zuletzt vom gesellschaftlichen Willen ab, die positiven Chancen zu nutzen. Anders gesagt: Anstatt davon auszugehen, dass „die Digitalisierung" – die ja konkret sehr, sehr unterschiedliche Formen annimmt – wie ein Tropensturm über uns hinwegfegt, ist Gestaltungswille gefragt. Das betrifft sowohl die politische Rahmengesetzgebung als auch die Leitung von Organisationen und die ganz konkrete Arbeit vor Ort. Die Bereitschaft, an kritischer Deliberation teilzunehmen und auch und gerade die Beobachtungen derjenigen ernst zu nehmen, die „weiter unten" in den Hierarchien stehen, dürfte die erfolgversprechendste Strategie sein, um eine menschenfreundliche, mit demokratischen Werten kompatible digitale Transformation zu gestalten.

5. Schluss

In diesem kurzen Aufsatz habe ich einige programmatische Thesen zur Richtung der „digitalen Transformation" der Arbeitswelt vorgeschlagen. Sie gehen von der Möglichkeit einer positiven Gestaltung und von potentiellen Demokratiegewinnen durch digitale Kommunikationsformen aus. Die zahlreichen Probleme und Hindernisse, die die digitale Transformation ebenfalls mit sich bringt, sollen damit keineswegs negiert werden. Das betrifft nicht nur prekäre und psychisch krankmachende Arbeit als scheinselbständiger „clickworker", sondern auch das digitale Überwachen von Mitarbeiter*innen, den Energieverbrauch digitaler Methoden und dessen Effekte auf das Klima, und die möglicherweise überhaupt noch nicht absehbaren psychologischen Folgen digital gestützten Arbeitens, z.B. in Bezug auf veränderte Aufmerksamkeits- und Konzentrationsfähigkeiten – und die Liste ließe sich fortsetzen. Doch ohne positive Szenarien, die es erlauben, eine grobe Richtung vorzuschlagen, in die die Reise gehen könnte, lassen sich diese Probleme nur schwer angehen. Vieles, das uns heute normal erscheint, begann als Utopie – das betrifft sowohl die technische als auch die soziale und politische Seite. In diesem Sinne sei hier eine utopische Schlusswendung gewagt. John Dewey schrieb einmal, einen Gedanken von Carlyle aufgreifend: „Invent the printing press and democracy is inevitable" (2016 [1927], 144). „Inevitable" ist dabei nicht als Automatismus zu verstehen – schließlich waren es jahrhundertelange Kämpfe, die dieser „unvermeidlichen" Entwicklung schließlich zum Durchbruch verhalfen. Doch vielleicht ist die heutige Analogie dazu: „Invent the internet and democratic work is inevitable."

Literatur

Anderson, Elizabeth (2017): *Private Government. How Employers Rule Our Lives (and Why We Don't Talk about It).* Princeton: Princeton University Press.

Arnold, Samuel (2012): The Difference Principle at Work. *The Journal of Political Philosophy* 20 (1), S. 94-118.

Campbell, Donald T. (1976): Assessing the Impact of Planned Social Change. *Occasional Paper Series,* Hanover.

Bowles, Samuel (2016): *The Moral Economy. Why Good Incentives are No Substitutes for Good Citizens.* New Haven: Yale University Press.

Collins, H. and Evans, R. (2004): *Rethinking Expertise.* Chicago and London: The University of Chicago Press.

Dewey, John (2016) [1927]: *The Public and Its Problems. An Essay in Political Inquiry.* Ed. with an introduction by Melvin L. Rogers. Athens, OH: Ohio University Press.

Durkheim, Émile (1933) [1893]: *The Division of Labor in Society*, translated by George Simpson. Glencoe, IL: Free Press.

Estlund, Cynthia (2003): *Working Together. How Workplace Bonds Strengthen a Diverse Democracy.* Oxford and New York: Oxford University Press.

Frega, Roberto, Herzog, Lisa und Neuhäuser, Christian (2019): Workplace Democracy – the recent debate. *Philosophy Compass*, online first.

Gerlsbeck, Felix und Herzog, Lisa (2019): The Epistemic Potentials of Workplace Democracy. *Review of Social Economy*, online first, DOI: 10.1111/phc3.12574

Gheaus, Anca und Herzog, Lisa (2016): The Goods of Work (other than Money!). *Journal of Social Philosophy* 47(1), S. 70-89.

Gneezy, Uri, und Rustichini, Aldo (2000): A Fine Is a Price. *Journal of Legal Studies* 29(1), S. 1-17.

Gould, Elise, Schnieder, Jessica and Geier, Kathleen (2016): What is the gender pay gap and is it real? *Economic Policy Institute*, Washington, epi.org/112962

Haas, P. M. (1992): Epistemic Communities and International Policy Coordination. *International Organization* 46(1), S. 1-35.

Harari, Yuval Noah (2017): *Homo Deus. Eine Geschichte von Morgen*, München: C.H. Beck.

Hardwig, John (1991): The Role of Trust in Knowledge. *The Journal of Philosophy* 88(12), S. 693-708.

Herzog, Lisa (2018a): *Reclaiming the System. Moral Responsibility, Divided Labour, and the Role of Organizations in Society.* Oxford: Oxford University Press.

Herzog, Lisa (2018b): Durkheim on social justice: the argument from "organic solidarity", *American Political Science Review* 112(1), S. 112-124.

Herzog Lisa (2018c): Kann digitale Arbeit menschlich sein?, *Die ZEIT* 46, 8.11.2018, S. 48.

Herzog, Lisa (2019): *Die Rettung der Arbeit. Ein politischer Aufruf.* Berlin: Hanser.

Lenzen, Manuela (2018): *Künstliche Intelligenz. Was sie kann & was uns erwartet.* München: C.H. Beck.

Marx, Karl (1962) [1867]. *Das Kapital.* MEW 23. Berlin: Dietz.

Piketty, Thomas (2013): *Capital in the 21st Century,* Cambridge, MA: Harvard University Press.

Polanyi, Michael (1966). *The Tacit Dimension.* Garden City, NY: Doubleday.

Rifkin, Jeremy (1995): *The End of Work: Decline of the Global Labor Force and the Dawn of the Post-market Era,* New York: G. P. Putnam's Sons.

Smith, Adam (1976) [Orig. 1776]: *An Inquiry into the Nature and Causes of the Wealth of Nations,* R.H. Campbell & Andrew S. Skinner (Hrsg.), Oxford: Clarendon Press.

Überwachungskapitalismus, Überwachungsstaat und Öffentlichkeit: Politische Ökonomie der Digitalisierung

*Richard Sturn**

Abstract: Two main problems are identified which may hinder or pervert the development of digital technologies as social forces of production: (1) Forces associated with digitalization may exacerbate vicious circles of political and economic power. (2) The potential of Blockchain and what in the literature is referred to as "new contractual forms due to better monitoring" may exacerbate existing political and economic problems associated with distributional issues. It is concluded that a problem-oriented development of the public-private distinction characteristic for modern societies is a crucial condition for successfully coping with those challenges.

Keywords: blockchain, digitalization, incomplete contracts, Medici vicious circle, public sector, state.

JEL-Klassifikation: B15, O1, P00, Q01.

---

[*] Prof. Dr. Richard Sturn, Universität Graz, Institut für Finanzwissenschaft und Öffentliche Wirtschaft, Universitätsstraße 15, A-8010 Graz • [richard.sturn@uni-graz.at] Für hilfreiche Hinweise danke ich Tina Ehrke-Rabel und Martin Held.

1. Einleitung

Die Kryptowährung Bitcoin und das Facebook-Projekt Libra stehen repräsentativ für zwei unterschiedliche Richtungen der institutionellen Innovation im Übergang von öffentlicher und privater Governance, welche die Digitalisierung mit sich bringt. Beide Entwicklungen fordern hergebrachte Vorstellungen des Öffentlichen heraus und entziehen der (schon seit jeher problematischen) Vorstellung vom Staat als souverän agierendem Akteur den letzten Rest an Plausibilität.

Es sind dies *einerseits* jene polyzentrischen, vielgestaltigen Governance-„Ökosysteme", die in den Perspektiven der institutionenökonomischen Blockchain-Forschung eine erhebliche Rolle spielen. *Andererseits* sind es die digitalen Monopole, deren Wachstumsdynamik und Monopolmacht durch eine Kombination unterschiedlicher Faktoren eine neue Qualität erreicht. Im digitalen Kapitalismus wird das Spannungsverhältnis zwischen privater Organisation und Öffentlichkeitseigenschaften der Technologien und deren Entwicklung als Produktivkraft nicht nur wegen der allgegenwärtigen Netzwerk-Externalitäten neu akzentuiert. Informationsintensive Güter haben hohe Fix- und geringe Grenzkosten; in Verbindung mit künstlicher Intelligenz weisen Datenmengen steigende Skalenerträge auf. Es gibt eine Tendenz zu Winner-takes-all-Industrien und zu Informationskomplementaritäten, die Luigi Zingales (2017, S. 121) treffend illustriert:

> The value of the data derived from Facebook and Instagram combined is likely to be higher than the sum of the value of the data derived from Facebook and Instagram separately, since the data can be combined and compared. Thus, Facebook is likely to be the higher-value user of Instagram data, even ignoring any potential market power effect. If you add market power effects, the momentum toward concentration might be irresistible.

Darüber hinaus werden die digitalen Monopole wegen der ihnen mittlerweile zugewachsenen, weitreichenden gesellschaftlichen Funktionen zum Politikum. In ihrer Rolle als Plattform- und Netzwerkbetreiber fungieren sie als Bereitsteller von Leistungen mit Öffentlichkeitseigenschaften und sind faktisch Norm- und Standard(durch)setzer. So kommt ihnen eine beachtliche Regulierungsfunktion im Hinblick darauf zu, welche Postings im Rahmen des Rechts auf freie Meinungsäußerung zulässig sind und welche zu eliminieren sind. Dass sie Qualitätsgewichte/Impaktfaktoren für wissenschaftliche Publikationen ermitteln und bereitstellen, mag demgegenüber eine untergeordnete Facette[1] sein. Solche Standardsetzungen und Bewertungsprozesse sind aber exemplarische Fälle öffentlicher Güter, die privatwirtschaftlich bereitgestellt werden. Dies ist jedoch damit verbunden, dass faktisch Mischgüter oder private Substitute öffentlicher Güter angeboten werden, was entsprechend der Logik des Bereitstellungsverfahrens mit selektivem (nicht-offenem) Zugang zu bestimmten Nutzungen dieser Güter verbunden ist.

Im verbleibenden Teil dieser Einleitung werden die wesentlichen Argumentationslinien kurz zusammengefasst. Darauf folgen vier Abschnitte, welche einige Grundlagen dieser Argumentation genauer ausführen: Im 2. Abschnitt wird die institutionelle Architektur der Moderne und die Ursachen für ihre Instabilität – unter Bezugnahme auf Tendenzen der Digitalisierung – dargestellt. Abschnitt 3 macht deutlich, weswegen Blockchain nicht einfach eine transaktionskostensenkende „Tauschtechnologie" ist, sondern das Institutionengefüge verändern kann. Die Rolle des Konzepts der „unvollständigen Verträge" und der „Hintergrundbedingungen" von Tausch und Vertrag wird im 4. Abschnitt erörtert. Die in Abschnitt 5 zur Diskussion gestellten Schlussfolgerungen werden durch Zuspitzung eines bedingt realistischen Szenarios pointiert, welches auf einer gewissen Plausibilität des systemischen Zusammenwirkens von Überwachungskapitalismus und Überwachungsetatismus beruht.

Wie eingangs angedeutet, reicht der institutionelle und organisationale Horizont digitaler Technologien weit über Kryptowährungen und die Marktmacht von Monopolen hinaus. Aus Entwicklungen wie Bitcoin ergibt sich zum einen die Perspektive, dass zukunftsweisend wichtige Gestaltungen der Rahmenbedingungen unseres Wirtschaftens sich durch die unsichtbare Hand der Evolution digital basierter institutioneller „Ökosysteme" hinter dem Rücken der Akteure herausbilden. Zum ande-

---

[1] Es ist dennoch ein instruktives Fallbeispiel. Die operative Konkretisierung und Anpassung findet in Aushandlungsprozessen statt, in denen gewinnorientierten privaten Akteuren (in diesem Fall Wissenschaftsverlagen und Firmen wie Clarivate Analytics) bestimmende Bedeutung zukommt, wohingegen nicht immer klar ist, wie wirksam die *Scientific Communities* (die Nachfahren jener kosmopolitischen *Republic of Letters*, die Joel Mokyr (2016) als Schlüssel moderner Innovationsdynamik sieht) wissenschaftsrelevante Öffentlichkeit zu organisieren vermögen.

ren könnte sich eine Entwicklung dramatisch verstärken, die Zingales (2017) in seiner „politischen Theorie der Firma" theoretisch und empirisch konkretisiert hat[2]. Es geht dabei letztlich um einen polit-ökonomischen Prozess, den er als „Medici-Teufelskreis" von politischer und ökonomischer Macht bezeichnet. Entscheidungen, die *nolens volens* alle betreffen und daher von Natur aus kollektiv sind, werden nach dieser Logik nicht im Wege expliziter Kollektiventscheidungen, sondern von faktisch privilegierten *norm makers* getroffen, wohingegen alle anderen *norm takers* sind. In Analogie zum Begriff Schattenwirtschaft könnte man diesbezüglich von Schattenpolitik sprechen (vgl. Sturn 2019). *Beide* Tendenzen haben das Potential, demokratisch legitimierte Regelentwicklung, Ordnungspolitik und politische Mechanismen von Rechenschaft/ Verantwortung („Accountability") zu verdrängen.

Aus der kritischen Perspektivierung eines Teufelskreises à la Zingales sollte man jedoch keine voreiligen Schlussfolgerungen ziehen. Die skizzierten Entwicklungen sollten nicht nur von ihren Risiken, sondern auch von ihren Potentialen her betrachtet werden. Im Fokus dieses Beitrags stehen hierbei nicht in erster Linie die Potentiale aus der Bereitstellung diverser ökonomisch wertvoller Leistungen, sondern ihr Potential zur Schaffung einer neuen institutionellen Architektur. Ein Gutteil der Literatur zu neuartigen, hierarchiefreien institutionellen „Ökosystemen" etwa auf der Grundlage von Blockchains stellt ja genau dies in Aussicht. Sie ist voll von schwungvollen Andeutungen und Verheißungen. So wird Shermin Voshgmir unter dem Titel „Mit Blockchain das alte System sprengen" mit folgenden Thesen zitiert: Blockchain bringe eine sozio-

---

[2] Zingales (2017, 119) setzt dies in Beziehung zu unvollständigen Verträgen, deren mehrfache Bedeutung für die politische Ökonomie der Digitalisierung in Abschnitt 4 ausgeführt wird: "Furthermore, emphasizing the incomplete nature of contracts and rules, the theory of incomplete contracts creates scope for lobbying, rent seeking, and power grabbing. The traditional contributions focus on the under- or overinvestments in firm-specific human capital, but the framework can easily be extended to the political arena. If rents are not perfectly allocated in advance by contracts and rules, there is ample space for economic actors to exert pressure on the regulatory, judiciary, and political system to grab a larger share of these rents (…) If the ability to influence the political power increases with economic power, so does the need to do so, because the greater the market power a firm has, the greater the fear of expropriation by the political power. Hence, the risk of what I will call the 'Medici vicious circle.'"

ökonomische Revolution, „weil es unsere Top-down-Organisationen und unser Verständnis davon, wie wir interagieren, komplett auf den Kopf stellt." Man könne damit „Bürokratie minimieren und mit niedrigen Kosten Interaktionen übernational verlässlich organisieren."[3] Dass der institutionelle und organisationale Horizont der Blockchain-Technologie weit reicht, wird mittlerweile indes in Teilen dieser Literatur plausibel argumentiert (z.B. Davidson, de Filippi und Potts 2018). Angesichts solcher Überlegungen ist die Frage zu stellen: Ist es nicht vorstellbar, dass im Zusammenwirken der beiden skizzierten Trends (Blockchain-gestützte De-Hierarchisierung und Netzwerk-Externalitäten-gestützte private Bereitstellung von Gütern mit Öffentlichkeitseigenschaften durch digitale Monopole) sich eine völlig neue institutionelle Architektur herausbildet, die nicht mehr mit herkömmlichen Maßstäben des Öffentlichen und des Privaten zu messen ist – und die insbesondere einen neuartigen Schub einer *Entlastung von Politik und Staat* durch eine Art zivilgesellschaftlicher Commons à la Elinor Ostrom einschließt, der wegen der Zurückdrängung von Hierarchie und Zwang besonders willkommen sein muss? Marcella Atzori (2015) resümiert entsprechende Perspektiven wie folgt:

> This process might rapidly change even the tenets that underpin existing political systems and governance models, calling into question the traditional role of State and centralized institutions. Indeed, many blockchain advocates claim that the civil society could organize itself and protect its own interests more effectively, by replacing the traditional functions of State with blockchain-based services and decentralized, open source platforms.

Aber was zeichnet jene herkömmlichen Maßstäbe aus? Ihr Kern besteht in der institutionellen Architektur der Moderne, die eine spezifisch ausgeprägte Trennung öffentlicher und privater Sphären entwickelte. Man kann nun fragen, ob diese Architektur angesichts der in Aussicht stehenden umfassenden Transformationsprozesse (Stichworte Digitalisierung und Klimawandel) obsolet wird – oder aber, ob die Digitalisierung alternative Rezepte im Umgang mit den Problemen anbietet, die dieser Architektur zugrunde liegen. Ich werde in diesem Aufsatz argumentieren, dass die Digitalisierung zwar durchaus das Potential hat, „das alte System

---

[3] Shermin Voshgmir zitiert nach Krichmayr (2018).

zu sprengen", dass diese Vision aber eher eine Dystopie ist, sofern es nicht gelingt, die in der Moderne entstandene Trennung zwischen Öffentlich und Privat problemgerecht weiterzuentwickeln. Ein öffentlicher Sektor mit entsprechend entwickelten Formen politischer Accountability ist mehr denn je notwendig, damit der privatwirtschaftliche Mechanismus des möglichst *umfassend freien* Tauschs nicht zum einseitigen Aneignungsmechanismus für Oligarchen wird, sondern seine Potentiale als soziale Produktivkraft entfaltet (vgl. auch Sturn 1993). Ohne handlungsfähigen öffentlichen Sektor wird das Potential der Digitalisierung im Hinblick auf Speicherung, Aggregation, Verfügbarmachung, Verarbeitung und Entwicklung von Wissen und Information nicht nur suboptimal genutzt, sondern teilweise pervertiert. Statt der Ausdifferenzierung von Öffentlich und Privat entstehen prekäre Formen von Halböffentlichkeit und kompromittierter Privatheit. Aus institutionentheoretischer Perspektive ist das Potential der Digitalisierung im Hinblick auf die Verfügbarmachung von Information aus zwei Perspektiven von besonderer Bedeutung: (1) Optimierung von Allokations- und Feedback-Mechanismen. (2) Entstehung von Machtasymmetrien. Die Digitalisierung hat aufgrund neuer Möglichkeiten der Aggregation, Verarbeitung und Analyse verschiedenartiger Informationen/Daten ein beachtliches unterstützendes Potential in Hinblick auf *beide Formen von Accountability und Feedback, auf welche moderne Gesellschaften gerade wegen der beschleunigten Innovationsdynamik* angewiesen sind: (1) die diskursiv-politische, mit Wahlmechanismen verbundene Rechtfertigung im öffentlichen Raum vor dem Hintergrund eines pluralistischen, latent konfliktorischen Werte- und Interessenkosmos; (2) privatwirtschaftliches Accounting/Controlling vor dem Hintergrund eindimensional reduzibler Erfolgsindikatoren[4]. Wird dieses Potential indes nicht auf jeweils problemgerechte Art in einen der beiden Prozesse eingebettet, so besteht die Gefahr, dass es sich auf eine Art und Weise entwickelt, die am Ende zu einem Accountability-Defizits bei gleichzeitiger Kompromittierung der Privatsphäre durch eine Art Überwachungskapitalismus (der überwachungsetatistisch gerahmt sein könnte, vgl. Abschnitt 5) führt. Eine der Problemzonen ist dabei die Zentralisierung im Wege privater Monopole mit den von Zingales (2017) skizzierten Implikationen. Eine andere

---

[4] Vgl. Onora O'Neill (2005) und Colin Crouch (2008) zu Problemen eindimensionaler Surrogat-Indikatoren bei mehrdimensionalen Zielen.

Problemzone kann durch Dezentralisierung à la Blockchain & Co entstehen, die hinter dem Rücken der Akteure eine spontane Evolution von Plattformen erzeugt. Diese spontane Evolution wäre nur dann unproblematisch, wenn dabei in einem ko-evolutionären Prozess Mechanismen entstünden, welche den Öffentlichkeitscharakter von Wirkungsweise und Leistungsbereitstellung sichern. Dabei ist eines zu bedenken. Der Öffentlichkeitscharakter von Institutionen war in der bisherigen Geschichte kapitalistischer Marktwirtschaften nie ein Selbstläufer: Er musste stets gegen Partikularinteressen erkämpft/verteidigt werden. Dies gilt auch für die Evolution von Governance-„Ökosystemen" ohne formale Hierarchien: Vermachtung und die Entwicklung faktischer Privilegien kann auch Ergebnis spontaner Prozesse sein. Ohne wirksame Mechanismen des Öffentlichen aber droht ein Accountability-Paradoxon: Während die Digitalisierung die Herausbildung verfeinerter und erweiterter Informationssysteme als Voraussetzung für verfeinerte Mikro-Accountability schafft, könnte sie durch Untergrabung der Öffentlich-Privat Architektur bestehende Accountability-Defizite verschärfen und/oder neue schaffen. Der Medici-Teufelskreis erhält eine weitere Schleife, wenn im politischen System als Reaktion auf diese Defizite Strömungen hegemoniefähig werden, deren politisches Geschäftsmodell die Transformation des Öffentlichen durch feindbildorientierten Partikularismus ist. Letzterer wird die systemischen Gründe für die Defizite, denen er seine Hochkonjunktur verdankt, nicht bearbeiten. Im machtpolitischen Ernstfall wird er sein Heil in mehr oder minder originellen Varianten eines Neo-Feudalismus à la Zingales (2017) oder einer oligarchisch-illiberalen Demokratie suchen (zum Hintergrund vgl. u.a. Streeck 2013; Schmitt 1933 und Müller 2013). Solche Entwicklungen sind in den letzten Jahrzehnten ein Stück weit gediehen, wobei weniger die Digitalisierung als die Globalisierung[5] die Hauptrolle gespielt hat. Accountability-Defizite und (damit

---

[5] Das angesichts von Globalisierung und Klimaproblem zutage getretene Defizit der sozial-territorialen Inkongruenz öffentlicher Aufgaben und Staatlichkeit ist im Kontext der Digitalisierung aufs Neue virulent. Was bedeuten digitale Geschäftsmodelle für Besteuerung und Sozialpolitik (vgl. Ehrke-Rabel, in diesem Band)? Lässt sich politische Accountability problemgerecht deterritorialisieren? Ist sie in Großräumen oder kosmopolitisch organisierbar? Wie sind Tendenzen der Re-Nationalisierung zu bewerten? All diese Fragen bleiben im vorliegenden Beitrag ausgespart.

zusammenhängend) die von Zingales (2017) ins Visier genommene wechselseitige Durchdringung privater und öffentlicher Sphären sind bereits politisch virulent, wobei verschiedene Ausprägungen des Populismus eine problemverschärfende Reaktion darauf sein könnten. All dies bietet Anlass zur Vermutung, dass angesichts digitaler Herausforderungen das schwierige zivilisatorische Konstrukt der Öffentlichkeit seine *finest hour* erleben könnte – oder aber scheitert.

2. Die institutionelle Architektur der Moderne

Zwei Fragen perspektivieren die weitere Erörterung der institutionellen Architektur der Moderne im Hinblick auf digitale Herausforderungen: (1) Gibt es Anhaltspunkte für die Obsoleszenz der institutionellen Architektur der Moderne (insb. der Trennung von öffentlichem Sektor und Privatwirtschaft) durch die Digitalisierung, etwa weil Blockchain auf hierarchiefreie Weise das leistet, was früher der öffentliche Sektor leistete? (2) Inwiefern schwinden jene Gefahren, die bisher die institutionellen Ausprägungen dieser Trennung instabil machten? Wird das Öffentliche im Zuge der digitalen Revolution ein Selbstläufer, weil in der digitalen Welt ohnedies die Voraussetzungen für dauerhafte Privilegien und Asymmetrien fehlen?

Eine optimistische Literatur scheint implizit von einer Bejahung beider Fragen auszugehen. Hingegen habe ich einleitend bereits Gründe für die Verneinung beider Fragen angedeutet. Hierzu folgen nun einige Akzentuierungen. Ad (1): Joseph Schumpeter (1942, 197f) weist prägnant auf die Schärfe hin, in welcher der öffentliche Sektor sich in der Moderne in Abgrenzung zum Privatsektor systemisch ausdifferenziert, wobei sie sich in ihren modernen Ausprägungen wechselseitig bedingen (vgl. auch North/Wallis/Weingast 2009). Eine spezifisch moderne Abgrenzung von *Öffentlich und Privat* ist für marktwirtschaftlich geprägte Verfassungsstaaten konstitutiv – auch für die Entwicklung eines institutionell ausdifferenzierten Rahmens für unterschiedliche Modi von Accountability. Der privatwirtschaftliche Mechanismus des freien Tauschs wurde erst dann zur dynamischen sozialen Produktivkraft, als der Staat auf die Hintergrundbedingungen des Tauschs durch die Bereitstellung *öffentlicher* (zumal rechtsstaatlicher) Infrastrukturen einzuwirken begann und sich an den Abbau jenes „Aggregats von Privilegien" machte, welches Hegel als Charakteristikum vormoderner Hintergrundbedingungen ausmachte. Öffentlichkeit ist mit Offenheit, freiem Zugang, Nicht-Diskriminierung, Ideen von „gleicher Freiheit" und der Zurückweisung von Privilegien verbunden. Komplementär dazu bildeten sich die Sphären privater Lebensführung und die privatwirtschaftliche Sphäre zur Bewirtschaftung privater Güter und für unternehmerisches Experimentieren heraus. *Das Private konnte erst wirklich privat werden, als das Öffentliche wirklich öffentlich wurde.* Ad (2): Gerade im Hinblick auf die angedeuteten Risiken in der digitalen Transformation ist es von zentraler Bedeutung, den historisch kontingenten, instabilen Charakter dieser Sphären-Trennung zu betonen. Der Medici-Teufelskreis impliziert, dass es sozio-ökonomische Kräfte gibt, welche diese Trennung (die idealerweise ja mit komplementären, bereichsadäquaten Accountability-Mechanismen einhergeht) untergraben und neuartige Privilegien erzeugen. Ein handlungsfähiger öffentlicher Sektor ist daher weder ein Selbstläufer noch eine exogene, gleichsam gottgegebene Instanz. Zwar liegt es angesichts der vielfältigen Probleme des Staats durchaus nahe, dezentrale, hierarchie- und staatsfreie Ordnungen (etwa auf der Basis von Blockchain) zu imaginieren, in denen alle vormals öffentlichen Leistungen privat oder von „voluntary associations" bzw. Commons erbracht werden. Allerdings sind solche Imaginationen irreführend, wenn nicht jene Probleme bearbeitet werden, welche die Raison d'être der institutionellen Architekturen der Moderne darstellen und sich angesichts digitaler Technologien vermutlich nicht in Luft auflösen[6]. Dabei ist in Rechnung zu stellen, dass die institutionelle Architektur moderner marktwirtschaftlicher Ordnungen ein voraussetzungsreiches Artefakt bildet. Moderne Gesellschaften sind in funktional ausdifferenzierte Subsysteme gegliedert. Sie entstehen und entwickeln sich in einem Mix von spontanem

---

[6] Bemerkenswert ist, dass Autoren wie der Ethereum-Entwickler Vitalik Buterin sich in gehaltvoller Weise an der Diskussion um weiterreichende polit-ökonomischer Perspektiven beteiligen. Buterin/Hitzig/Weyl (2018, S. 36) etwa entwerfen eine faszinierende Alternative zum "awkward dance of capitalist atomization coupled with checks and balances among various rigid levels of collective organization", wie der bisherige Umgang mit den einleitend skizzierten Macht- und Stabilitätsproblemen charakterisiert wird. Die Ursachen für den *awkward dance* und der funktionale Hintergrund der *checks and balances* sind dabei aber nicht ausreichend im Blick.

Prozess und politisch „geplanter" Schaffung von Märkten auf mehreren Ebenen. Man kann diesen Prozess mit Karl Polanyi (1944) als „Entbettung" bezeichnen. Dieser Terminus benennt aber nur den phasenweise markantesten Aspekt einer teils politisch implementierten, teils spontan evolvierenden Transformation von Hintergrundbedingungen des marktförmigen Austauschs. Entscheidend hierbei ist das Zusammenwirken von regelsetzendem Staat und Markt: Die hergebrachten sozialen Einbettungen werden gleichsam von diesen beiden Seiten her zurückgedrängt. Denker wie Lorenz von Stein[7] haben die funktional notwendigen Grundprinzipien und Spezifika moderner staatsförmiger Governance herausgearbeitet, welche auf die sukzessive, schwierige und von Wechselfällen geprägte Überwindung privilegienorientierter Governance ausgerichtet ist: Was bei Stein „Rechtsstaat" heißt, ist für diese Modernisierung eine notwendige, wenn auch nicht hinreichende Voraussetzung. An seine Seite muss Stein zufolge ein in die öffentliche Wirtschaft eingebetteter „Sozialstaat" treten. Ein wesentliches Merkmal solcher Konstrukte, die sich im 20. Jahrhundert zu „demokratischen Kapitalismen" (Streeck 2013) entwickelten, ist die Entwicklung von Hintergrundbedingungen, welche die marktwirtschaftliche Ordnung als soziale Produktivkraft entfalten und sozial stabilisieren. Diese Ordnung ist ein irreduzibel öffentliches Gut höherer Ordnung, wofür es kein privates Substitut gibt. Private Substitute konterkarieren jene Offenheit, welche konstitutiv für jene Ordnung ist (vgl. North/Wallis/Weingast 2009). Die Entwicklung dieser Ordnung ist auf Filter- und Balancemechanismen wie Gewaltenteilung angewiesen, welche Phänomene wie den Medici-Teufelskreis verhindern. Sie ist auch *darauf angewiesen, dass bestimmte öffentliche Güter erster Ordnung öffentlich bereitgestellt werden*. Private Substitute sind auf dieser Ebene möglich (z.B. Sicherheit als Nebenprodukt feudaler Gefolgschaftsbeziehungen), werden aber durch ihren Exklusivcharakter die Tendenz haben, das öffentliche Gut höherer Ordnung zu untergraben. Ein Aspekt dieses vielfältigen Gesamtkomplexes, der gleichsam im Hintergrund privater Freiheit und der mit ihr einhergehenden sozio-ökonomischen Dynamik steht, ist daher besonders hervorzuheben: Die erwähnten Filter stützen sich auf eine Form von Öffentlichkeit – einschließlich eines „öffentlichen Sektors", der sich gegenüber semantisch vergleichbaren

---

[7] Eine gute Übersicht hierzu bietet das Kapitel über Lorenz von Stein in Böckenförde (1976).

Dichotomien etwa aus der Antike (Polis vs. Oikos, privatus vs. publicus) nicht nur deutlich abhebt, indem er die Voraussetzungen für bereichsspezifisch unterschiedliche Formen von Accountability und von Akteurstypen schafft, sondern einen öffentlichen Sektor, der sich (angeleitet von Ideen wie Smiths System der natürlichen Freiheit) auf die Entwicklung des Markts als Produktivkraft arbeitsteiliger Ökonomie (die ja gemäß Adam Smith durch die Reichweite des Marktes begrenzt ist) versteht, und zwar durch den Aufbau von Tausch-Infrastrukturen durch Abbau von Handelsschranken und Privilegien. Dabei kann zweierlei nicht genug betont werden: (1) Wenn man die charakteristische Schärfe der Abgrenzung von Öffentlich und Privat betont, dann heißt dies nicht, dass es nicht zahlreiche und unvermeidliche Schnittstellen und Friktionen zwischen beiden Bereichen gibt. Dazu gehören prekäre Formen wechselseitiger Durchdringung. Die Finanzwissenschaft etwa entstand aus dem Bedürfnis, eine Lehre der Öffentlichen Wirtschaft einschließlich jener Schnittstellen wie des Steuerwesens und des öffentlichen Beschaffungswesens zu entwickeln, wobei es gerade um Entschärfung der Probleme geht, die bei der *friktionsträchtigen Schnittstelle Besteuerung*, aber auch bei den vielfältigen Formen der Einbindung privater Akteure in öffentliche Aufgaben drohen. (2) Der „öffentliche Sektor" ist mit Problemen und Fallstricken der Politik verbunden. Politik darf keinesfalls als spannungsfreie Mechanik des Öffentlichen idealisiert werden. Das Konzept einer Agentur kollektiv rationaler Gestaltung wie im Utilitarismus kann allenfalls als Referenzpunkt dienen, ist aber auch als regulative Idee unterkomplex. Auch Paradigmen von Politik als Raum diskursiv vermittelter Verantwortlichkeit, der Entfaltung dialogischer Vernunft oder aristotelische Idealisierungen der Polis bedürfen der kritischen Perspektivierung. Denn nur aus den schwer versöhnlichen Spannungszonen des Politischen und seinen Schnittstellen zum Privaten heraus wird die institutionelle Architektur des öffentlichen Sektors verständlich. Der Staat ist kein exogen gegebener und problemlos funktionstüchtiger Akteur – entsprechend etwa der Konzeption von *government* in der Mainstream-Ökonomik[8]. Vielmehr befindet sich laut Ernst-Wolfgang Böckenförde (1976,

---

[8] Robert Sugden (2004: S. 3) charakterisiert diese Position wie folgt: "Most modern economic theory describes a world presided over by a *government* (not, significantly, by *governments*), and sees this world through the *government's* eyes. The *government* is *supposed* to *have* the *responsibility*, the *will* and the *power* to

60) der moderne Verfassungsstaat in dem Dilemma, dass er die Voraussetzungen auf denen er beruht, nicht selbst bereitstellen kann. Kurz zusammengefasst: Ein funktionstüchtiger öffentlicher Sektor ist unabdingbar, beruht aber auf komplexen, künstlichen Konstrukten, insbesondere eben der Trennung von Öffentlich und Privat. Diese hat die Funktion, pathogenen Formen der wechselseitigen Durchdringung dieser Sphären, etwa der Kolonialisierung des öffentlichen Bereichs durch bestimmte Klassen oder Interessengruppen entgegenzuwirken. Diese Architektur bedarf eingebauter Stabilisatoren, zu denen nicht nur Konstrukte wie Gewaltenteilung, sondern auch ein Minimum an Konvergenz mentaler Modelle und gemeinsamen Grundnormen gehört, denn ansonsten löst sich jener Sinnzusammenhang von Öffentlichkeit auf, ohne den Accountability-Mechanismen selbst von partikularen Interessen gekapert oder durch Idiosynkrasien verzerrt werden. Ohne wirksame Stabilisatoren sind bei Störung eines politisch-gesellschaftlich-ökonomischen Gleichgewichts (was typischerweise mit zunehmenden funktionalen Defiziten des öffentlichen Sektors und gestörten Accountability-Feedback-Mechanismen verbunden sein wird) kaum selbstkorrigierende Kräfte wirksam, die zu einer Rückkehr zum Gleichgewicht beitragen: Es droht die sukzessive Degeneration entweder in Richtung Medici-Teufelskreis oder aber in Richtung repressiver, auf kollektive Schließung bedachter Sozialismus-Varianten, die langfristig wegen mangelnder Offenheit bei der Entwicklung der sozialen Produktivkräfte versagen. Kurzum: Die moderne institutionelle Ausprägung dieser Dichotomie ist ein voraussetzungsreiches Artefakt, das auf Checks and Balances beruht und schon aufgrund der unvermeidlichen Existenz der erwähnten Schnittstellen instabil ist. Tendenzen zur Aushöhlung von Öffentlichkeit und der Kompromittierung von Privatheit sind auch abseits der Digitalisierung allgegenwärtig. Diesbezüglich ist nicht zuletzt die Entwicklung mentaler Modelle in den zurückliegenden Dekaden in Betracht zu ziehen. Es gibt Anzeichen für die Rückbildung des Problemsensoriums im Hinblick auf prekäre wechselseitige Durchdringung von öffentlicher und privater Sphäre. Problematisch ist nicht zuletzt jener Aspekt der Hegemonie des Kommerziellen, durch den die Mechanismen der Herstellung von Öffentlichkeit besten-

restructure society in *whatever way maximizes social welfare*; *like* the *US Cavalry* in a *good Western*, the *government* stands ready to rush whenever the market 'fails', and the economist's job is to advise it on when and how to do so."

falls als verzichtbares schmückendes Beiwerk ohne wirkliche Bedeutung, schlimmstenfalls als lästiger Kostenfaktor und Effizienzhindernis eingestuft werden, womit der Boden für Schattenpolitik aller Art bereitet ist. Gravierender als die vordergründige Tendenz, dass sich Politiker unterschiedlicher Couleur im Glanze charismatischer Repräsentanten kommerzieller Kompetenz sonnen, ist der Umstand, dass problematische Aspekte der Rolle privater Akteure bei der Erbringung öffentlicher Leitungen oder der Entwicklung privater oder semi-privater Substitute für öffentliche Güter ausgeblendet werden. Wenn nun disruptive Veränderungen dieser komplexen Architektur durch die Digitalisierung in Aussicht stehen, so geschieht dies mithin in einer Phase, in der sie ohnedies besonders labil ist. Wie Atzori (2015; S. 31) zu Recht betont:

> When assessing risks and benefits of blockchain applications, we cannot overlook the fact that to overthrow the State and to absorb its functions is a profitable business. While the blockchain was originally created to eliminate the need of a third party in transactions, the paradox is that stakeholders now involved in blockchain governance play the classical role of *tertius gaudens* (…), a "rejoicing third" that attains economic benefits by replacing the State in some or all its functions; even worse, these agents may also intentionally pursue a strategy of *divide et impera* (divide and rule) between civil society and State, aimed to undermine the traditional democratic order, modify the existing balance of power and achieve a dominant position in society. If it is true that "the neo-liberal ascendancy and its corporate agenda are producing its own version of democracy" (Marden 2003, p. xiv), it is not unreasonable to assume that this will take on the features of an algorithm-based decentralized society. In such scenario, to advocate the idea of State means to reaffirm the primacy of politics over economics and to recognize the need for a coordination point in society, in which the tensions between individual interests and common good find a constructive, political compromise.

Wie immer es um den „Primat der Politik" bestellt ist: Ich konzentriere mich im Folgenden auf triftige Anhaltspunkte für die Unverzichtbarkeit politischer Accountability und der „coordination points in society", die der Reichweite reiner öffentlicher Güter gerecht werden. Zunächst gilt es aber, einen anderen Aspekt zu beleuchten. Atzori betont die Profitchancen der Privatisierung. Hierauf könnte man nun einwenden: So what? In einer Marktwirtschaft zeigen diese Profitchancen bisher ungenutzte, sozial wertvolle Potentiale an – analog zum Markt für Unternehmenskontrolle, der ja lehrbuchgemäß dazu führt, dass die bisher ungenutzten Potentiale von Firmen dann gehoben werden, wenn sie vom meistbietenden Interessenten übernommen werden. Die Frage ist daher im Sinn von Atzori zu modifizieren: Welches sind im Kern öffentliche Aufgabenbereiche, die bei einer Privatisierung vernachlässigt, unterlaufen oder gar konterkariert werden? Die Antwort darauf ist wesentlich tieferreichend als die Ebene vernachlässigter Schienen-Infrastruktur oder dgl. Im digitalen Kontext ist sie mit zwei Aspekten verknüpft: (1) mit den Öffentlichkeitseigenschaften digitaler Technologien und deren Spannungsverhältnis zu privater Akkumulation und (2) mit der Rolle des Staats im Bereich der Hintergrundbedingungen von Verträgen, der wir uns zunächst zuwenden.

3. Tauschtechnologie oder institutionelle Technologie?

Was du bist, bist du nur durch Verträge.
Richard Wagner, Das Rheingold, Vorspiel, 2. Szene

We may even go so far as to abstract from entrepreneurs and simply consider the productive services as being ... exchanged directly for one another.
Leon Walras, Elements of Pure Economics, 225

Tausch und Vertrag sind in modernen Gesellschaften für die Vermittlung verschiedenartiger Interdependenzen unverzichtbar. Sie leisten dies auf Basis eines vielfältigen und komplexen Gefüges von *Hintergrundbedingungen*, die zu einem erheblichen Teil politisch erzeugt wurden und sich in unterschiedlich situierten und ausdifferenzierten Schichten von formellen und informellen Normen, Regeln (etwa des Arbeitsrechts oder des Collective Bargaining), Standards, Steuern, aber auch Autoritätsbeziehungen in Firmen oder ko-evolvierende Verhaltensdispositionen wie Reziprozität verdichten (vgl. Bowles 1998). Zu den Hintergrundbedingungen des Tauschs gehören aber auch die jeweiligen Alternativen in der Verhandlungssituation, die dem Vertrag vorangeht. Denn die Attraktivität dieser Alternativen beeinflusst die Verhandlungsmacht. Damit gehört aber *auch die Verteilung zu den Hintergrundbedingungen*: Wer keine brauchbaren Alternativen hat, wird eher ein „unmoralisches Angebot" annehmen, wenn es ihm aus der Klemme hilft. Moderne Staatlichkeit als wirksame Institutionalisierung von Öffentlichkeit ist ein wesentliches Element dieses Komplexes. Ohne sie hätte sich der Markt nicht als dynamische soziale Produktivkraft entfalten können. Insgesamt sind diese Hintergrundbedingungen und Spielregeln Antworten bzw. „Lösungen" für eine Reihe (unterschiedlich herausfordernder) strategischer Interaktionsprobleme zu denken, die für sozial entbettete, egoistisch nutzenmaximierende Individuen zum Teil gar nicht, zum Teil nur mit Schwierigkeiten lösbar wären. In Gesellschaften mit rudimentären Hintergrundbedingungen sind Tausch und Markt nur Randphänomene. Digitale Technologien wie Blockchain kommen nun als technologische Möglichkeiten in Betracht, *kontraktförmige Interaktion ohne die herkömmlichen Hintergrundbedingungen zu unterstützen,* womit ein Teil der Funktionen herkömmlicher Hintergrundbedingungen wegfiele. Das einfachste Konzept zur Erfassung der Hintergrundbedingungen ist jenes der Transaktionskosten. Transaktionskostensenkung gehört zu den naheliegenden Implikationen der Einführung von Blockchain. Allerdings ist technologisch bedingte Transaktionskostensenkung kein Spezifikum von Blockchain: Es ist nicht neu, dass Technologien die Transaktionskosten den Grad der Nutzung des Preissystems zur Koordination ökonomischer Aktivitäten verändern. So ist es durch die Einführung elektronischer Mautsysteme möglich, die Nutzung urbaner Verkehrsflächen in treffsicherer Differenzierung zu bemauten, was vorher angesichts der zu hohen Transaktionskosten unmöglich gewesen wäre. Auch in diesem Fall erhöht sich die Reichweite des Austauschs bzw. möglicher oder vorteilhafter Anwendungen preisförmiger Mechanismen. Allgemein wird eine Verbesserung der Transport-, Kommunikations- und Kontraktinfrastruktur die Reichweite von wechselseitig vorteilhaftem Tausch und Handel erhöhen und entsprechende Spezialisierungsprozesse induzieren. Davidson, de Filippi und Potts (2018, S. 3) argumentieren indes in ihrem Aufsatz *Blockchains and the economic institutions of capitalism*, Blockchain sei nicht bloß eine Schumpeterianische Innovation vom Status einer *General Purpose Technology* und auch nicht bloß eine Tauschtechnologie im Sinn des Coaseschen Paradigmas der Transaktionskosten-Senkung, sondern eine „institutionelle Technologie". Sie erweitert das Portfolio moderner Institutionen (Firma, Staat, Commons und *relational contracting*) durch einen neuen Typ institutioneller Koordination. Die Beobachtung, dass die

Funktionsweise von Blockchain nicht auf die Senkung von Transaktionskosten reduziert werden kann, ist richtig und wichtig. Darüberhinausgehende Funktionen kommen in den Blick, wenn wir das theoretische Konzept der *unvollständigen* Verträge[9] systematisch nutzen. Davidson, de Filippi und Potts (2018) beziehen sich ebenfalls auf dieses Konzept, und zwar in zwei naheliegende Richtungen: (1) Blockchains sind Teil einer digitalen Entwicklung hin zu *mehr vollständigen Verträgen*. (2) Blockchains führen zu einer Art *Dis-Intermediation*, d.h. früher erforderliche Institutionen, welche unvollständige Verträge in der Vermittlung von Interaktionen komplementär unterstützen, werden überflüssig. Ich werde im nächsten Abschnitt zeigen, dass das Konzept unvollständiger Verträge von weitergehender Bedeutung für die Einschätzung der Chancen und Risiken der Digitalisierung ist. Mein Argument beruht darauf, dass eine durch Transaktionskostensenkung konditionierte Perspektive die Funktionen und Effekte von Institutionen nur unter dem Effizienz-Aspekt erfasst (cf. Williamson 2000), wohingegen unvollständige Verträge den Einbezug von Verteilungsaspekten i.w.S. erlauben. Zuvor ist es jedoch sinnvoll, den Argumentationshorizont von Davidson, de Filippi und Potts (2018, S. 3) genauer auszuführen:

> Cryptographically secured blockchains are said to be 'trustless' because they do not require third-party verification (i.e.trust), but instead use high-powered crypto-economic incentive protocols to verify the authenticity of a transaction in the database (i.e. to reach consensus).This is how blockchains can disintermediate a transaction (a consequence of which is lowered transaction costs), resulting in new forms of organization and governance. Examples are the 'distributed autonomous organisations'(DAOs) and 'initial coin offerings' (ICOs) that disintermediate the allocation of venture capital; 'Steem' disintermediating user-generated content production and rewards (...); and 'Backfeed' disintermediating open source collaboration. In each case, blockchain provides the 'technology stack' to coordinate the economic

---

[9] Dies sind Verträge, bei denen nicht alle relevanten Eventualitäten ex ante vertraglich festgelegt werden (können), weil dies zu teuer wäre oder auch, weil relevante Aspekte, auf die es den vertragsschließenden Parteien durchaus ankommt (z.B. Arbeits-Effort) nur schwer beobachtbar und gar nicht verifizierbar (etwa vor einem Gericht) sind. Arbeits-Verträge sind typische Beispiele dafür, auch in Hinblick auf die Längerfristigkeit unvollständiger Verträge (relational contracting).

actions of an emergent community without the need for a trusted (third-party, centralised, intermediating) coordinator (...).

The implication is that blockchains may not compete head-to-head with firms, but rather may carve out those parts of firms that can be rendered as complete contracts where they lower transaction costs on any of these three margins. For instance, blockchain-enabled smart contract-facilitated transactions should in principle experience fewer efficiency problems due to information asymmetries – adverse selection (prior to a transaction) and moral hazard (following a transaction). Smart contracts could also be effective ways to load significant numbers of low-probability state contingencies into contracts. These could function like open-source libraries able to be inserted into machine-readable contracts, reducing the complexity cost of writing large state-contingent contracts, and so lowering transaction costs. Both ex ante contractual discovery and ex post contractual renegotiation costs (i.e. bargaining and haggling costs) are an expected consequence of incomplete contracts. Such contracts have dynamic benefits, enabling adaptation, but in the shadow of these expected but uncertain costs all parties will contract less than is optimal. Blockchains potentially enable the known parts of these relationships to be carved out efficiently from the unknown parts, and executed automatically based upon state conditionals, increasing the range to which economic coordination can extend into the future.

Blockchain wird somit als Technologie verstanden, deren gesellschaftliche Auswirkungen mit dem Konzept der Transaktionskostensenkung nicht ausreichend erfaßt werden können: Sowohl die „Dis-Intermediation" als auch das Vordringen vollständiger Kontrakte (die als „known parts of these relationships" von den „unknown parts", bezüglich derer Verträge weiterhin unvollständig bleiben, separiert werden) sind mit einer weitergehenden Veränderung der institutionellen Architektur verbunden. Dadurch steigt zunächst die Zahl der Transaktionstypen, für welche der freie Tausch bzw. freie Zu- und Abwanderung als allseitig vorteilhafte, nicht-hierarchische Interaktions- und Regulierungsmodi in Betracht kommen: Niemand wird gezwungen, bei Ethereum mitzumachen. Wer dies tut, tut dies zu seinem Vorteil. Dies scheint im Sinne von Wahlfreiheit und Wohlfahrt attraktiv. Denn in Hinblick auf freiwilligen Tausch und Vertrag lässt sich das gleichsam zur DNA von Ökonomen zählende *Tauschparadigma* (Basu, 2007 bezeichnet es als „principle of free contract") formulieren, demzufolge freiwillige Verträge mündiger Akteure nicht behindert werden sollten, sofern sich diese nicht zum Schaden Dritter auswirken. Freiwilliger Tausch erzeugt einen Überschuss (Surplus), der so auf die Tauschpartner aufgeteilt wird, dass sie im Vergleich zur nächstbesten Alternative („outside option") besser oder zumindest nicht schlechter gestellt sind. Denn würden sie vom Tausch nichts profitieren oder gar schlechter gestellt werden, würden sie nicht in den Tausch einwilligen. Bestimmte Aspekte des Tauschparadigmas haben eine lange Tradition etwa im römischen Recht, man denke an Prinzipien wie „caveat emptor" oder „volenti non fit iniuria" (vgl. Sturn 2009, 2017). Im Kontext der vorliegenden Problemstellungen lassen sich nun folgende beiden Problemebenen zuspitzen:

1. Weshalb kann die Ausdehnung der Reichweite und -tiefe des Markts problematisch sein? Weshalb sind transaktionskostensenkende Fortschritte der Kontrakttechnologie ambivalent?

2. Was sind mögliche Probleme von Veränderungen der institutionellen Architektur, welche über Transaktionskostensenkung hinausgehen?

Die Antwort auf die erste Frage scheint angesichts der Erläuterungen des zweiten Abschnittes einfach. Institutionen haben nicht nur die Funktion, das Zustandekommen „erwünschter" (Pareto-verbessernder) Interaktionen und Kooperationen zu unterstützen, sondern auch „unerwünschte" Transaktionen (mit negativer Drittwirkung) zurückzudrängen. Dazu kann auch die Durchsetzung privater Substitute für öffentliche Güter zählen, etwa dann, wenn diese privaten Substitute faktisch in Konkurrenz zu einem diskriminierungsfrei bereitgestellten öffentlichen Gut treten und dieses verdrängen bzw. dadurch der Gesamtkomplex der Hintergrundbedingungen dem Bereich politischer Kollektiventscheidungen und entsprechender Formen von Accountability entzogen wird. Dies stellt nicht nur dann ein Problem dar, wenn die für das Funktionieren von Technologien wie Blockchain notwendigen Anreizmechanismen mit kostenträchtigem Energieeinsatzes (Proof-of-work-Mechanismen) bzw. anderen kostenträchtigen Einsätze (stakes) verknüpft sind, die ggf. Verteilungsprobleme implizieren. Die Antwort auf die zweite Frage verlangt ein ausführlicheres Eingehen auf die Hintergrundbedingungen im Lichte der Theorie unvollständiger Verträge. Sie hat vor allem damit zu tun, dass gerade moderne Gestaltungen von Hintergrundbedingungen typischerweise die Ermöglichung effizienzsteigernder Kontrakte mit der Lösung von Verteilungsproblemen verknüpfte, worauf im folgenden Abschnitt eingegangen wird.

4. Unvollständige Verträge und Hintergrundbedingungen

Wie bereits betont, gibt es unter allen Funktionen des öffentlichen Sektors eine, die im Sinne der nachhaltigen Dynamik der Privatwirtschaft systemrelevant ist – und die mit dem Konzept der Transaktionskosten nur unzureichend abgebildet werden kann: Die Hintergrundbedingungen von Tausch und Vertrag so weiterzuentwickeln, dass das sozial vorteilhafte Potential vertragsförmig vermittelter Interaktionen (das Tauschparadigma als *soziale Produktivkraft*) möglichst gut genutzt wird. Dies ist unter zwei Aspekten zu sehen: (1) Dass möglichst viele Menschen in möglichst vielen Situationen die Vorteile wechselseitig vorteilhaften Austauschs nutzen können. (2) Dass Tausch in möglichst wenigen Fällen mit offen oder latent „zwangsausübenden Hintergrundbedingungen" verbunden ist.

Die Hintergrundbedingungen sollten also so geartet sein, dass wir dem altehrwürdigen *Tauschparadigma* wirklich vertrauen können, welches die allseitig vorteilhaften Potentiale des freien Vertrags zum Ausdruck bringt. Nun steht außer Frage, dass der moderne Staat mit seinem Rechtssystem die Hintergrundbedingungen in mehrere Richtungen im Sinne der Glaubwürdigkeit des Tauschparadigmas weiterentwickelt hat. Ein entwickeltes Rechtssystem sorgt dafür, dass mehr Verträge abgeschlossen werden können und diese *weniger unvollständig* sind. Damit wird die Reichweite des Kontrahierbaren erhöht. Überdies zielen diverse rechtsstaatliche (z.B. Arbeitsrecht und Konsumentenschutz) und sozialstaatliche Institutionalisierungen darauf ab, die Position benachteiligter Marktteilnehmer angesichts der Gefahren zwangsausübender Hintergrundbedingungen zu stärken. Schließlich wird die Reichweite des Kontrahierbaren in einigen Fällen begrenzt: Dies betrifft etwa Verträge mit schädlicher Drittwirkung, aber auch Verträge (z.B. Sklavereiverträge), bei denen trotz freier Einwilligung das Tauschparadigma brüchig wird. Moderne Rechtssysteme haben jedoch nicht bewirkt, dass alle Verträge nunmehr vollständige Verträge sind, deren kostenlose Durchsetzung im Konfliktfall einer dritten Partei obliegt – wie dies idealtypischen Modellierungen einer Privateigentums-Marktwirtschaft in der Walrasianischen Ökonomik entspräche. Das idealisierte Modell einer voll kompetitiven Marktwirtschaft à la Walras ist dennoch von Bedeutung. Es ist der Ausgangspunkt für eine theoretisch kohärente, einfache und vollständige Trennung Privat-Öffentlich (oder Ökonomie-Politik). In einer solchen Welt sind wohldefinierte private Eigentumsrechte (also Hintergrundbedingungen, die ein-für-allemal festgelegt werden können) fast schon gleichbedeutend mit der vollen Nutzung des wohlfahrtssteigernde Koordinationspotenzials des freiwilligen Austauschs durch rationale Marktteilnehmer. Es ist eine Marktsphäre, deren Mechanismen nie zu weiteren "politischen" Problemen führen, d.h. zu Problemen, bei denen "politische Vermittlungsformen" (Argumentation/Deliberation, Verhandlung, Abstimmung, Kampf; vgl. Elster 2000) eine Rolle spielen. Dieses Modell ist Grundlage jener Trennung zwischen Ökonomie und Politik, welche Lerner (1972) in der Aussage zusammenfasste, die Ökonomik sei die Königin der Sozialwissenschaften – auf der Basis gelöster politischer Probleme – also auf Basis der Festlegung der Eigentumsrechts-Verteilung, die als Startpunkt für wechselseitig vorteilhaften Austausch dient. Dem entspricht übrigens auch eine sowohl unter Politikwissenschaftlern (Bowles 2004: S. 171f zitiert etwa Lasswell und Kaplan) wie auch unter Ökonomen (J.St. Mill, Pareto, Robbins) verbreitete Abgrenzung der Gegenstandsbereiche der beiden Fächer. Obwohl unrealistisch, ist dieses Modell als Referenzpunkt unverzichtbar: Es verdeutlicht die Bedingungen einer friedlichen, entpolitisierten Marktwelt, die vom Tauschparadigma bestimmt wird, ohne Raum für Renten und Verteilungskämpfe zu lassen – oder andere Probleme, die letztlich eine politische Vermittlung erfordern. Wir werden jedoch sehen, dass dieses Modell nicht nur wegen ihres mangelnden Realismus nicht als Utopie taugt, sondern (sollten Blockchain und die von Varian, 2014 diskutierten „new contractual forms due to better monitoring" zu durchgängig vollständigen Verträgen führen) eher zur Dystopie werden könnte. Es ist wichtig, zu verstehen, weshalb dies so ist – und weshalb daher die umfassende Vervollständigung aller Verträge eine fragwürdige regulative Idee ist. Eine Welt vollständiger Verträge wäre zwar eine, in der in der Marktsphäre tatsächlich eine Sphäre gelöster politischer Probleme wäre, wo also in der Marktsphäre an sich keine politisch virulenten Probleme mehr entstünden. Allerdings ist diese Welt vollständiger Verträge nicht notwendigerweise besser, was die Hintergrundbedingungen des Tauschs anbelangt – *insbesondere* nicht, was die politische Gestaltbarkeit der Hintergrundbedingungen betrifft. Das Konzept der *Unvollständigen Verträge* ist ein Schlüssel zum Verständnis der Vielfalt und Vielschichtigkeit wesentlicher Institutionen, Governance-Mechanismen, Verhaltensnormen, ja der Rolle von Moral in modernen Marktwirtschaften: Es erschließt den Stellenwert und die Ambivalenz komplexer Hintergrundbedingungen. Dies betrifft gerade jene Institutionen, welche die längerfristige Funktionstüchtigkeit komplexer systemrelevanter Märkte wie des Arbeits- und Kapitalmarkts stützen. Ausgehend von *unvollständigen Verträgen* lässt sich sowohl die auf das Tauschparadigma bezogene Funktionalität vielfältiger Normen, Institutionen, *Governance*-Mechanismen und sozialer Einbettungsformen diskutieren als *auch deren Verteilungsrelevanz*. Denn auch privatwirtschaftliche und intermediäre Institutionen sind in den Umgang mit Verteilungsproblemen involviert und sind Orte, an denen Macht eine Rolle spielt. In diesem Sinn können Firmen als politische Institutionen verstanden werden (Sturn 1994; Bowles 2004; Bowles/Gintis 2000). Die Komplexität der Komplementarität von Märkten und Institutionen (insbesondere auch „politischen" Institutionen) wird anhand des Konzepts der unvollständigen Verträge aus einer Mikroperspektive nachvollziehbar (vgl. Bowles/Gintis 2000: 1425). Die Privatwirtschaft ist eben nicht eine derart friedliche und harmonische Sphäre gelöster politischer Probleme, wie in Lerners (1972) lehrreicher Pointierung der Walrasianischen Gleichgewichtsökonomik imaginiert. Vielmehr birgt sie endogene Kräfte, welchen irritierendes politisches Potenzial eigen ist (z.B. Teufelskreise à la Zingales 2017). Angesichts der Unvollständigkeit von Verträgen fungieren Renten überdies als Teile eines Anreizmechanismus, der die Vertragsdurchsetzung endogen befördert, wenn die exogene Durchsetzung aufgrund der Relevanz nicht verifizierbarer Informationen zu kostspielig oder unmöglich ist[10]. In einer breiteren politisch-ökonomischen Perspek-

---

[10] Diese Vertragsdurchsetzungs-Mechanismen beruhen darauf, dass die Kontraktbezogenen „Renten" bestimmter Typen von Vertragspartnern (etwa jenen, die sich auf der „langen Seite" eines nicht geräumtem Marktes befinden) ein bestimmtes Maß „Autorität" eines zweiten Typus von Vertragspartnern (nämlich jenen, die sich auf der „kurzen Seite" dieses Marktes befinden) unterstützen. Dieser Ansatz nimmt allgemein die Interdependenz zwischen „contract and social structure" (vgl. Bowles/Gintis 2000, 1.419ff) in den Blick. Bowles/Gintis (2000, 1.413ff) diskutieren die Evolution von Verhaltensdispositionen, Normen und Institutionen, die in diesem Kontext eine Rolle spielen.

tive sind unvollständige Verträge Teil eines umkämpften Austauschs (contested exchange) mit endemischen Macht-Phänomenen. Abgesehen von möglichen Ausstrahlungen auf das politische System à la Zingales können verschiedene machtkonnotierte strukturelle Bedingungen diskutiert werden, darunter auch solche, die Voraussetzungen sind für die Entwicklung von

– Preissetzungsmacht inklusive Take-it-or-Leave-it-Angeboten (TILAs),

– First Mover-Vorteilen/Stackelberg-Führerschaft, aber auch

– politischen Modi der Mediation, intermediären Institutionen (Firmen, Sozialpartnerschaft) und Normen.

All dies ist unvereinbar mit der Auffassung, dass die Marktsphäre auf ein politisch neutrales Vertragsgefüge reduziert werden kann. Gewiss kann eine zufällige Gelegenheit für ein TILA harmlos sein. Wenn ein Akteur jedoch ständig TILAs machen kann, weil die strukturellen Bedingungen so sind, wird er regelmäßig den Löwenanteil der Transaktionsüberschüsse einheimsen[11]. Dies ist möglicherweise nicht mehr harmlos, insbesondere wenn es durch asymmetrische digitale Möglichkeiten datengestützter „personalization and costumization" (Varian 2014) verbunden ist, welche ja auch für die treffsichere Ermittlung von rentenabschöpfenden Angebotskonditionen verwendbar sind und mit einem kumulativen Verursachungsmechanismus zusammenwirkt, der durch Netzwerkexternalitäten die Mächtigen immer noch mächtiger macht. Die Relevanz des Konzepts unvollständiger Verträge ist also vielfältig. Sie bieten eine Heuristik (und auch analytische Tools) für die Diskussion der

– Formen (gesetzliche und informelle Normen, Verteilung)

– Funktionen (mehr Verträge ermöglichen, Verträge vollständiger machen, Kontraktdurchsetzung bei Unvollständigkeiten, Zurückdrängen von TILAs bzw. coercive offers etc.) und

---

[11] Je besser meine Alternativoptionen sind (bzw. je verzichtbarer für mich die betreffende Transaktion ist), und je besser meine Informationen über die verhandlungsrelevanten Parameter sind, umso besser sind meine Chancen, mit einem möglichst präzise auf diese Parameter abgestimmten TILAs (nahezu) den gesamten Surplus aus einer Transaktion zu lukrieren und meinen Transaktionspartner mit ein paar Krümeln abzuspeisen.

– Implikationen (Kontraktrenten, Hierarchie der Macht, „politische" Vermittlungsmodi innerhalb der Privatwirtschaft, die private Firma als „politische" Institution, Medici-Teufelskreis etc.) der Hintergrundbedingungen des Austauschs, v.a. auch von solchen, die nicht durch den Staat (Rechtsstaat, Sozialstaat) erzeugt werden und diesen entweder entlasten/ergänzen oder aber als Agentur des Öffentlichen herausfordern: Nicht-intendierte Folgen spontaner Entwicklung von Hintergrundbedingungen, aber auch private Gestaltungsmöglichkeiten sowie intendierte Verzerrungen müssen ebenso diskutiert werden wie die Perspektive einer größeren Reichweite vertragsförmiger Organisation und eines höheren Anteils des durch vollständige Verträge Organisierbaren, einschließlich der Utopie umfassender vollständiger Verträge. Erst wenn wir auf Basis der Probleme unvollständiger Verträge und entsprechend vielschichtiger Hintergrundbedingungen ein Sensorium für die Funktionen und Herausforderungen moderner Institutionengefüge entwickelt haben, sind wir in der Lage, die scheinbare paradoxen Lehren aus der Betrachtung zweier unterschiedlicher Modelle zu entwickeln.

(1) Dem Modell des *contested exchange* auf Basis unvollständiger Verträge entspricht eine herausgeforderte Staatlichkeit, welche ihre Handlungsfähigkeit gegen virulente Kaperungsversuche aus dem privat(wirtschaftlich)en Bereich behaupten muss und sich dabei auf jene Architektur des Öffentlichen stützt, deren Raison d'être die Abwehr von Medici-Teufelskreisen und oligarchischen Machtballungen ist.

(2) In der Utopie vollständiger Verträge ist die Privatwirtschaft nichts anderes als eine machtfreie Maschinerie zur allseitigen Besserstellung. Dem entspricht eine von keinerlei privaten Einflussaktivitäten kontaminierte Staatlichkeit, die politische Probleme souverän und vollständig löst.

Die Paradoxie besteht nun darin, dass Modell 2 (konkret: ihre Approximation durch Blockchains und Varians *new contractual forms*, die zu einer Welt vollständiger Verträge führen), zu Hobbesianischen Dystopien tendiert – sofern wir nicht in einer Welt leben, in *der es weder Macht-/Verteilungsprobleme gibt noch solche entstehen können.* (Zuboffs, 2015, Kritik am überwachungskapitalistischen Aspekt des Monitoring für die *new contractual forms* erfaßt nur eines der dabei virulenten Probleme.)

Wir sollten uns eher darauf einrichten, die Handlungsfähigkeit der Agenturen des Öffentlichen in einer Welt von *contested exchange* (Bowles 2004) und *entangled governance* (vgl. Wagner 2018) zu stärken. Denn einerseits ist trotz Blockchains und *new contractual forms* eine umfassend vollständige Vertragswelt angesichts kapitalistischer Innovationsdynamiken unrealistisch. Entsprechende Entpolitisierungs-Projektionen haben ideologischen Charakter. Anderseits ist die Handlungsfähigkeit eines Staats zweifelhaft, dem angesichts perfekt effizienzfördernder Hintergrundbedingungen nurmehr die Lösung von Verteilungsproblemen bleibt.

Wenn digitale Technologien wie Blockchain flächendeckend vollständige Verträge im Hinblick auf alle ökonomisch interessanten Aktivitäten ermöglichen (bzw. verbleibende Unvollständigkeiten mit ökonomischen Mechanismen bearbeitet werden könnten), dann bliebe einer öffentlichen Institution wie dem Staat „nur" die Verteilungsfrage – diese allerdings in vollem Umfang, in voller Schärfe und in einem Umfeld, das die technologischen Möglichkeiten der Digitalisierung einschließt und in dem gleichzeitig klassische Modi friedlicher politischer Problemlösung zurückgedrängt werden. Die Hintergrundbedingungen marktförmigen Austauschs würden im Wesentlichen aus Blockchain-basierten Ökosystemen *und der jeweils gegebenen Verteilung* bestehen, welche für die Alternativoptionen der Individuen und deren Verhandlungsmacht bestimmend ist. Dem Staat fiele somit nurmehr eine sehr reduzierte und gleichzeitig sehr schwer zu bewältigende Rolle zu. In Verbindung mit der Vermutung, dass flächendeckend vollständige Verträge eine unrealistische Vision sind, spricht dies alles dafür, das Potential herkömmlicher Hintergrundbedingungen zur Entfaltung der sozialen Produktivkraft der Institution „Markt" bei unvollständigen Verträgen aktiv weiter zu entwickeln und die Nutzung digitaler Technologien nicht ausschließlich unter dem Aspekt der willkommenen Annäherung an das modelltheoretisch vertraute Ideal vollständiger Kontrakte zu sehen, sondern auch im Kontext der Funktionalität historisch gewachsener Hintergrundbedingungen und insbesondere der Perspektiven der problemgerechten Organisation eines öffentlichen Sektors. Abschnitt 5 skizziert dies etwas ausführlicher.

5. Verteilungsprobleme und das Tauschparadigma in einer perfekten Blockchain-Welt: Eine Dystopie

Die Entwicklung des Tauschparadigmas als soziale Produktivkraft ist nicht gleichbedeutend mit einer bedingungslosen Maximierung der Reichweite der Tauschsphäre oder möglichst minimalen Hintergrundbedingungen. Marktlibertäre Protagonisten des Tauschparadigmas übersehen dies oft. Sie gehen überdies davon aus, dass ein Tauschakt (also die Teilnahme am Markt-Spiel) die Zustimmung zu den Hintergrundbedingungen des Spiels (also den formellen und faktischen Spielregeln) impliziert. Robert Nozick (1974) thematisiert zwar Hintergrundbedingungen von „coercive exchange", beschränkt sie aber auf Fälle von „force and fraud", also etwa gewaltförmig glaubhaft gemachte Drohungen nach dem Muster von „Geld oder Leben". Hintergrundbedingungen, welche das Vorliegen von „coercive exchange" auch ohne die mit einer Pistole glaubhaft gemachte Drohung „Geld oder Leben" hinaus diagnostizierbar machen, sind nicht nur philosophische Spekulation: Hintergrundbedingungen, die z.b. regelmäßig „erfolgreiche" TILAs zu sexueller Ausbeutung implizieren, können nicht als „politisch akzeptiert" gelten, nur weil die TILAs „erfolgreich" sind (Zimmermann 1981, Scanlon 1988, Peter 2002, Sturn 2009 und 2017[12]).

Das Problem einer expansiven Wirkmacht des Tauschparadigmas kann im Hinblick auf die Hintergrundbedingungen und deren Dynamik wie folgt beschrieben werden. Je mehr das Tauschparadigma ohne Reflexion der Hintergrundbedingungen für bare Münze genommen wird, umso weniger kommen derartige Probleme in den Blick. Im Kontext der Potentiale digitaler Märkte sollten sie jedoch aus mehreren Gründen in den Blick kommen:

(1) Die Reichweite marktförmiger Vermittlung steigt, d.h. „neue Märkte" entstehen auch im Bereich dessen, was früher nicht für handelbar gehalten wurde.

(2) Digitale Technologien (Blockchain, digital gestütztes Monitoring) erhöhen das Potential für vollständige Verträge.

---

[12] Die Argumentation all dieser Autoren stützt sich nicht auf Sandels (2013) These, der Markt korrumpiere gewisse Werte.

(3) Das Potential für die „private" Weiterentwicklung von Hintergrundbedingungen ist beachtlich, sei es durch nichtintendierte Konsequenzen in der spontanen Weiterentwicklung des „Ökosystems" von Blockchain-Plattformen und digitalen Commons, sei es durch den Medici-Teufelskreis wie bei den digitalen Monopolen. Die Wirkrichtung dieses Potentials hängt freilich davon ab, dass öffentliche Güter höherer Ordnung nicht degenerieren. Besondere Aufmerksamkeit verdient jener Bereich, in dem Verträge unvollständig bleiben, wo aber die dafür relevanten Hintergrundbedingungen sich außerhalb der Filter- und Balancemechanismen öffentlicher Regulierung entwickeln.

Aus diesen Problemzonen und ihren Kombinationen erschließen sich Szenarien, die für die weitere Diskussion nützlich sind. Dies gilt insbesondere auch für das Szenario *Vollständige Verträge*. Dieses soll abschließend diskutiert werden, obwohl es in seiner Reinform (trotz digitaler Möglichkeiten vollständiger Kontrakte) unplausibel ist. Dabei werden Hintergründe der schon angedeuteten Paradoxien deutlich, die auch für realistischere Entwicklungsperspektiven relevant sind. Dies gilt insbesondere für jene doppelte Accountability-Lücke, die bei folgender Kombination droht:

(1) größere Reichweite des Markts,

(2) mehr vollständige *und* mehr unvollständige Verträge,

(3) vorwiegend private Weiterentwicklung der für unvollständige Verträge relevanten Hintergrundbedingungen.

Nehmen wir zunächst an, durch digitale Technologien dehne sich die Reichweite vollständiger Verträge signifikant aus und erfasse alle ökonomisch relevanten Interdependenzen und Güter. Das Lehrbuch-Ideal einer entpolitisierten Tausch- bzw. Marktsphäre (vgl. v. Weizsäcker 1999; Lerner 1972) werde zur Realität. Paradoxerweise hat nun solch eine Welt vollständiger Verträge geringere Chancen, eine „wohlgeordnete Gesellschaft" etwa im Sinne von John Rawls (1971) zu werden, deren öffentlicher Sektor eine durch Checks and Balances gehegte Accountability entwickelt. Digital entpolitisierte Hintergrundbedingungen einer perfekten Marktwelt würden dem Staat (neben der Erhaltung seiner eigenen Autorität gegen innere und äußere Bedrohungen) nur einen wesentlichen Aufgabenbereich lassen: Reine Verteilungspolitik.

Der Politik bleibt in diesem Szenario also ein Funktionsbereich, der ihr sowohl in ökonomischen wie auch in politikwissenschaftlichen Idealisierungen ohnedies zugedacht ist. Der gesamte Problemkomplex Macht und Verteilung wäre dabei vollständig in das politische System ausgelagert. Aushandlungsprozesse in Firmen, Kollektivvertragsverhandlungen zwischen Sozialpartnern, aber auch bestimmte moralisch konnotierte Motive wie Fairness und Reziprozität, deren Wirkmacht von der experimentellen Verhaltensökonomik (vgl. Bowles 1998 und JBNIGÖ 2 zu Experimenten in der Ökonomik und JBNIGÖ 4 zu Reputation und Vertrauen) würden an Bedeutung einbüßen. Öffentliche Güter erster Ordnung würden à la Buterin/Hitzig/Weyl (2018) dezentral bereitgestellt. Staatliches Handeln wäre darauf begrenzt, Verteilungsziele zu implementieren, zumindest aber dafür zu sorgen, dass in der Marktsphäre das Tauschparadigma glaubwürdig gilt – durch Beseitigung von Ungleichheiten der Macht/Verteilung, die das Tauschparadigma unglaubwürdig machen. Die Form seines Handelns wäre dabei die reine Umverteilung des neoklassischen Lehrbuchs: „Korrektur der Anfangsausstattungen". Umverteilung wäre eine Allzweckwaffe gegen Übervorteilung und Ausbeutung in allen Formen. Für weitergehende Wettbewerbs-, Sozial- oder Bildungspolitik (und auch jene Hintergrundbedingungen, deren Funktion im Umgang mit unvollständigen Verträgen besteht) wäre hingegen kein Platz. Politik wäre reine Verteilungspolitik. Bei vollständigen Verträgen wird das Muster faktisch verfügbarer Alternativoption zum bestimmenden Moment der Hintergrundbedingungen. Umverteilung könnte im angenommenen Szenario auch die typischen Monopol- und Netzwerk-Externalitäten-Probleme neutralisieren, da aufgrund umfassender Handelbarkeit auch auf schwierigen Märkten das Phänomen *sunk costs* zurückgedrängt würde: Die glaubwürdige Herausforderung von Monopolisten ließe sich (wie auch jede andere Alternativoption) jederzeit durch ein Netz zustandsabhängiger Verträge organisieren.

Je mehr die Annäherung an den Idealtypus vollständiger Verträge eine Gesellschaft durchdringt, umso wichtiger wird die Struktur der Alternativoptionen nicht nur als Regulator für die Verteilungseffekte des Austauschs, sondern auch für die Asymmetrien in der Ko-Evolution von ökonomischem System und den anderen gesellschaftlichen Sphären.

Betrachten wir nun abschließend politische Prozesse, die Umverteilung zum Gegenstand haben. Wie funktioniert Politik, die a priori auf reine Verteilungspolitik als Nullsummenspiel fixiert ist? Es liegt nahe, dass es vergleichsweise schwierig sein wird, im Hinblick auf ein solches Nullsummenspiel diskursive politische Accountability zu organisieren. Insofern Verteilungskonflikte nicht der Logik von Gewalt bzw. Drohung folgen, überlagern sich in Verteilungsdiskursen oft konfligierende Interessen und eher polarisierende Gerechtigkeitsvorstellungen[13]. Auch wenn es nicht zutrifft, dass diese Konstellation letztlich nur durch Kampf zu bewältigen ist (Friedman 1953, S. 5) bzw. Kampf das einzige Lebenselixier von Politik ist (Schmitt 1933), kommt man (durch Argumentieren, Bargaining und Wahlmechanismen) eher zu akzeptablen Verteilungsmodi, wenn herausgearbeitet wird, inwiefern solche Modi letztlich Grundlage einer für alle mehr oder minder vorteilhaften Bewältigung von Kooperationsproblemen sind. Dies artikuliert Rawls (1971) in seiner Konzeption von Gerechtigkeit unter ökonomischen Bedingungen einer Kooperationsgemeinschaft eindrücklich. Dabei geht es mir nota bene *nicht um die Gerechtigkeitsprinzipien, die Rawls in einem spezifischen philosophischen Rahmen* ableitet. Sondern es geht um sein Verfahren der sozio-ökonomischen Kontextualisierung jener marktgesellschaftlichen Verteilungsprobleme, die keine reinen Kuchenverteilungs-Nullsummenspiele sind, sondern bei denen die Bedingungen der kooperativen Produktion des Kuchens mitzudenken sind. Paradoxerweise ist also „erfolgreiche" Umverteilung wesentlich unwahrscheinlicher, wenn der Staat auf eine isolierte Umverteilungsfunktion reduziert ist. Damit gerät der Staat aber in ein Dilemma – gerade dann, wenn Anfangsausstattungen in der Ausgangslage sehr ungleich verteilt sind, bzw. wenn es *endogene polarisierungsfördernde Mechanismen* gibt (vgl. Zuboff 2015; Piketty 2014; Zingales 2017).

Diese Problematik prägt auch die detailliert ausgearbeiteten Argumente umsichtiger Vertreter eines bedingungslosen Grundeinkommens (vgl. van Parijs 1995). Ein hinreichend hohes Grundeinkommen ist in einem derartigen Szenario insofern plausibel, als es prekäre TILAs systematisch zurückdrängen könnte. Institutionell wäre dafür eine schlanke (auf reine Verteilungspolitik bzw. die Verwaltung eines Grundeinkommens-Verteilungsschemas spezialisierte), aber in spezifischer Weise

---

[13] Die in den zurückliegenden Jahrzehnten wirksame libertär-populistische Privatisierungs-Rhetorik hat im politischen Raum mit dem Kunstgriff gearbeitet, öffentliche Programme in Bereichen wie Bildung oder Sozialversicherung als reine, ineffiziente Umverteilungsmaschinerie zu diskreditieren.

mächtige Zentralgewalt à la Hobbes erforderlich: Sie müsste insbesondere hinreichend informiert und mächtig sein, um jene Erosion der Steuerbemessungsgrundlagen durch Ausweichreaktionen zu unterbinden, die in noch viel höherem Maße als heute droht, weil Blockchain-artige Technologien und digitale Geschäftsmodelle Schattenwirtschaft und Steuerausweichung (vgl. Ehrke-Rabel in diesem Band) begünstigen. Die in Hammonds (1987) Modellierung von Märkten als Constraints von Politik angedeutete Möglichkeit würde zur Realität – und die Politik müsste mit überwachungsstaatlichen Mitteln reagieren (wozu sich auch im OECD-Kontext die von Ehrke-Rabel kritisch beleuchten Tendenzen abzeichnen). Politik würde in diesem Szenario immer mit der Hypothek an den Start gehen, dass reine Umverteilung aufgrund induzierter Anpassungsreaktionen mit einer „Zusatzlast" verbunden sein wird, sofern der Staat nicht über eine perfekt informierte und durchsetzungsstarke Umverteilungsbürokratie verfügt.

Zwischenfazit: Wenn die Verteilung *hinreichend ungleich* ist, sodass die Besitzenden den Besitzlosen *ständig erfolgreiche TILAs* machen können, sichern (1) vollständige Verträge nicht die politische Neutralität des Tauschprozesses und (2) droht eine Dystopie: Vollständige Verträge fixieren ein stählernes Gehäuse asymmetrischer Hörigkeit, in dem das Tauschparadigma als Ideologie wirksam ist, welche dies alles dem Wirken anonymer ökonomischer Naturkräfte zuschreibt. Der Staat könnte dies durch Umverteilung korrigieren. Es wäre aber unmöglich, die Änderung der Verteilungsregeln in eine allgemein vorteilhafte Reform der Hintergrundbedingungen einzubetten und so als langfristige Win-Win-Situation zu kommunizieren – es sei denn, mit dem Argument der Revolutionsprävention. Ein bedingungsloses Grundeinkommen à la Van der Veen/Van Parijs (1986) wäre unter solchen Bedingungen eine Umverteilungsmaschinerie, die am ehesten egalitär-liberalen Werten entspricht. Seine Umsetzung (wie auch andere Steuer- und Transferpolitiken unter diesen Bedingungen) erforderte allerdings einen effektiven Überwachungsstaat, solange nicht ein Ethos der Solidarität (Van Parijs 1995, S 230) Steuerhinterziehung und -ausweichung minimiert und so die „capitalist road to communism" stützt. Ansonsten wäre dieses Modell mit einem Amalgam von Überwachungskapitalismus und Überwachungsetatismus verbunden, bezüglich dessen die Frage zu stellen ist: In welchen sozio-geografischen Rahmen ließe sich eines solches Arrangement am ehesten organisieren? Eine Antwort würde den Rahmen dieses Beitrags sprengen. Es liegt indes nahe, dass die relativ kleinen europäischen Nationalstaaten, aber auch kosmopolitische Modelle den Herausforderungen eines solchen Szenarios nur schwer gerecht werden könnten. In einem etwas realistischeren Szenario droht eine doppelte Accountability-Lücke. Dieses Szenario geht davon aus, dass die tatsächlich vorhandenen Möglichkeiten zu mehr vollständigen Verträgen zwar wirksam sind, aber unvollständige Verträge dennoch ein wichtiges Phänomen bleiben, wobei vollständige Verträge als ideologische Fiktion virulent bleiben. Die Politik wird tendenziell (mit ähnlichen Implikationen wie in dem vorangehenden Szenario) auf die reine Verteilungsfunktion abgedrängt. Die klassischen Mediationsmechanismen der Politik erodieren – verbunden mit einer Ausdünnung politscher Accountability-Mechanismen. Potentiale der deliberativen Demokratie (Elster 2008; Habermas 1997) bleiben ungenutzt bzw. werden nicht auf angemessenem Maßstab weiterentwickelt (Habermas 2013). Auf der anderen Seite bleibt das politische Problempotential unvollständiger Verträge virulent. Im Vergleich mit dem obigen Extremszenario würden im Wechselspiel neo-feudalistischer Vermachtung und Überwachungsstaat erstere stärker.

In dem realitätsnäheren Szenario bilden komplexe Hintergrundbedingungen unvollständiger Verträge ein spannungsreiches Milieu krisenbedrohter Ökonomie und krisenbedrohter Staatlichkeit. Schon vor der Digitalisierung galt: *Weder Markt noch Staat können als Systeme ihre eigenen Funktionsbedingungen selbst herstellen.* Letztlich wird es darauf ankommen, *gegen herrschende Tendenzen die Entwicklung der Hintergrundbedingungen digitaler Ökonomie auf mehreren Ebenen zur öffentlichen Sache zu machen*, sodass die Mechanismen politischer Accountability ihr Potential entfalten können. Nur so entsteht ein Milieu, in dem der Staat als Rechtsstaat, Sozialstaat und Infrastrukturstaat Koordinationslücken des Marktsystems schließt und gleichzeitig dafür sorgt, dass die innovationsfördernde soziale Produktivkraft des Tauschparadigmas entfaltet wird und dieses nicht strukturell als einseitiger Aneignungsmechanismus wirkt. Dies ist damit verbunden, dass (1) der Staat in seiner Verteilungs- und Regulierungsfunktion durch intermediäre Instanzen entlastet wird und (2) der Zusammenhang von Verteilungsproblemen, Regulierung, der Bereitstellung öffentlicher Güter und der Einbettungsqualität von Marktmechanismen auf vorteilhafte Weise genutzt wird. So können konflikthafte Situationen in ein Win-Win-Szenario transformiert werden, wie dies bei Öffentlichen-Gut-Spielen nach dem Muster des Gefangenendilemmas modellhaft sichtbar wird. In diesem Prozess der Ertüchtigung des öffentlichen Sektors werden zwei unkonventionelle ökonomische Einsichten eine erhebliche Rolle spielen: Erstens: Durchgängig vollständige Verträge und perfekte Mechanismen sind nicht nur empirisch unplausibel, sondern ideologieträchtig und als regulative Idee fragwürdig. Verhaltensökonomische Experimente (vgl. Bowles 2004, ch. 7), Alltagserfahrung, und philosophische Reflexion (vgl. O'Neill 2017, S. 401 mit Bezug auf Kant und Wittgenstein) legen nahe, dass Reziprozität, Fairness und Vertrauen nicht nur als bloße Lückenbüßer bei unvollständigen Verträgen fungieren, sondern dass sie Kooperation besser stützen als perfekt ausgeklügelte Anreizmechanismen, weil viele Menschen das mit einer gewissen Autonomie verbundene Interagieren im Kosmos moraffiner Normen der Determiniertheit vollständiger Verträge und perfekter Anreizmechanismen vorziehen. Zweitens: Öffentliche Institutionen mit kollektiver Willensbildung und politischer Accountability sind schwierige und labile Konstrukte, aber die Entwicklung sozialer Produktivkräfte/öffentlicher Güter wird nicht ohne sie auskommen, auch im Lichte der notwendigen transformationspolitischen Ertüchtigung der öffentlichen Sektoren angesichts des Klimaproblems. Wie die große Transformation der Industriellen Revolution erfordern auch die Transformationsprozesse des 21. Jahrhunderts problemadäquate Institutionalisierungen von Öffentlichkeit.

Literatur

Atzori, Marcella (2015): *Blockchain Technology and Decentralized Governance: Is the State Still Necessary?* Available at SSRN: https://ssrn.com/abstract=2709713 or http://dx.doi.org/10.2139/ssrn.2709713

Basu, Kaushik (2007): Coercion, Contract and the Limits of the Market. *Social Choice and Welfare* 29, S. 559-579.

Böckenförde, Ernst-Wolfgang (1976): *Staat, Gesellschaft, Freiheit.* Frankfurt a.M.: Suhrkamp.

Bowles, Samuel (1998): Endogenous Preferences: The Cultural Consequences of Markets and Other Institutions. *Journal of Economic Literature* 36, S. 75-111.

Bowles, Samuel (2004): *Microeconomics.* Princeton: PUP.

Bowles, Samuel und Herbert Gintis (2000): Walrasian Economics in Retrospect. *The Quarterly Journal of Economics* 115 (4), S. 1.411-1.439.

Crouch, Colin (2008): *Postdemokratie.* Frankfurt a.M.: Suhrkamp.

Buterin, Vitalik, Hitzig, Zoe und Weyl, Glen (2018): *Liberal Radicalism: Formal Rules for a Society Neutral Among Communities.* Manuskript.

Davidson, Sinclair, de Filippi, Primavera und Potts, Jason (2018): Blockchains and the economic institutions of capitalism. *Journal of Institutional Economics* 14 (4), S. 639-658.

Elster, Jon (2000): Arguing and bargaining in two constituent assemblies. *University of Pennsylvania Journal of Constitutional Law* 2, S. 345-421.

Elster, Jon (Hg.) (2008): *Deliberative Democracy.* Cambridge: Cambridge University Press.

Friedman, Milton (1953): *Essays in positive economics.* Chicago: UCP.

Habermas, Jürgen. (1997): Popular Sovereignty as Procedure. In: Bohman, J. und Rehg, W. (Hg.): *Deliberative Democracy. Essays on Reason and Politics.* Cambridge: MIT Press, S. 35-91.

Habermas, Jürgen (2013): Demokratie oder Kapitalismus? Vom Elend der nationalstaatlichen Fragmentierung in einer kapitalistisch integrierten Weltgesellschaft". *Blätter für deutsche und internationale Politik* 13, S. 59-70.

Hammond, Peter (1987): Markets as Constraints: Multilateral Incentive Compatibility in Continuum Economies. *Review of Economic Studies* 54, S. 399-412.

Krichmayr, Karin (2018): Mit Blockchain das alte System sprengen, Der Standard (Wien): *Beilage Forschung Spezial*, F2 vom 9./10. Mai 2018.

Lerner, Abba P. (1972): "The Economics and Politics of Consumer Sovereignty." *The American Economic Review* 62 (2), S. 258-266.

Marden, P. (2003): The Decline of Politics. Aldershot, Hants, England: Ashgate.

Mokyr, Joel (2016): *A Culture of Growth.* The Origins of the Modern Economy. Princeton, NJ: Princeton University Press.

Müller, Jan-Werner (2013): *Contesting democracy.* Princeton: PUP.

Nozick, Robert (1974). *Anarchy, State and Utopia.* Oxford: Basil Blackwell.

North, Douglass C., Wallis, John und Weingast, Barry (2009): *Violence and Social Orders. A Conceptual Framework for Interpreting Recorded Human History.* Cambridge: Cambridge University Press.

O'Neill, Onora (2005): Gerechtigkeit, Vertrauen und Zurechenbarkeit. In: O. Neumaier, C. Sedmak, M. Zichy (Hg.), *Gerechtigkeit.* Frankfurt: Ontos.

O'Neill, Onora (2017): Accountable Institutions, trustworthy cultures. *Hague J Rule Law* 9: 401-12.

Peter, Fabienne (2002): Wahlfreiheit versus Einwilligung – Legitimation in Markt und Staat. Jahrbuch für normative und institutionelle Grundlagen der Ökonomik Bd. 1, 153-172.

Piketty, Thomas (2014): *Capital in the 21st century.* Cambridge: HUP.

Polanyi, Karl (1944): *The great tranformation.* New York: Rinehart.

Rawls, John (1971): *A theory of justice.* Cambridge MA: HUP.

Sandel, Michael (2013): Market reasoning as moral reasoning. *Journal of Economic Perspectives* 27, S. 121-140.

Scanlon, Thomas M. (1988): The Significance of Choice. *The Tanner Lectures on Human Values* 8, Salt Lake City, S. 149-216.

Schmitt, Carl (1933): *Der Begriff des Politischen.* Hamburg: Hanseatische Verlagsanstalt.

Schumpeter, Joseph A. (1942): *Capitalism, socialism and democracy.* New York: Harper.

Smith, Adam (1776): *An Inquiry into the Nature and Causes of the Wealth of Nations.* London: W. Strahan and T. Cadell.

Smith, Adam (1790): *Theory of Moral Sentiments.* 6th ed. London: Millar.

Streeck, Wolfgang (2013): *Gekaufte Zeit. Die vertagte Krise des demokratischen Kapitalismus.* Berlin: Suhrkamp.

Sturn, Richard (1993): Postsocialist privatization and agency-related property: from Coase to Locke, *The European Journal of the History of Economic Thought* 1, S. 63-86.

—. (1994): The Firm as a Political Institution: Economic Democracy and the Tradability of Labor, in: A. Biesecker und K. Grenzdörffer (Hg), *Soziales Handeln in ökonomischen Handlungsbereichen,* Bremen: Donat, S. 107-131.

—. (2009): "Volenti non fit iniuria?". *Analyse und Kritik* 31, 81-99.

—. (2017): "Agency, exchange, and power in scholastic thought." *The European Journal of the History of Economic Thought* 24, S. 640-669.

—. (2019): "Public credit, capital, and state agency." Accepted for publication in: *Research in the History of Economic Thought and Methodology* 37B.

Sugden, Robert (2004): *The economics of rights, cooperation and welfare.* London: Palgrave Macmillan.

Van Der Veen, Robert und Van Parijs, Phillippe (1986). *Theor Soc* 15: 635-55.

Van Parijs, Phillippe (1995): *Real freedom for all.* Cambridge: CUP.

Varian, Hal R. (2014): *Beyond Big Data*, Business Economics 49(1), S. 27-31.

Wagner, Richard E. (2018): *Governance within a System of Entangled Political Economy.* GMU Working Paper in Economics No. 18-20.

Weizsäcker, Carl Christian (1999): *Logik der Globalisierung.* Göttingen: Vandenhoek und Rupprecht.

Williamson, Oliver (2000): "The New Institutional Economics: Taking Stock and Looking Ahead." *Journal of Economic Literature* 38, S. 595-613.

Zimmermann, David (1981): Coercive Wage Offers. *Philosophy and Public Affairs* 10, S. 121-145.

Zingales, Luis (2017): "Towards a Political Theory of the Firm." *Journal of Economic Perspectives* 31 (3), S. 113-130.

Zuboff, Shoshana (2015): Big other: Surveillance capitalism and the prospects of an information civilization. *Journal of Information Technology* 30(1). DOI: 10.1057/jit.2015.5.

Dank

Reviewerinnen und Reviewer

Jahrbuch Normative und institutionelle Grundfragen der Ökonomik

Für ihre Mitwirkung im Rahmen des Review-Verfahrens der letzten Jahrgänge der JNIGO danken die Herausgeber den folgenden Personen:

Volker Caspari, Darmstadt • Richard Dujmovits, Graz • Mathias Erlei, Clausthal • Siegfried Franke, Stuttgart • Birgit Friedl, Graz • Simon Gächter, Nottingham • Nils Goldschmidt, Siegen • Harald Hagemann, Hohenheim • Marlene Haupt, München • Richard Hauser, Frankfurt • Hansjörg Herr, Berlin • Carsten Herrmann-Pillath, Frankfurt am Main • Bettina Hollstein, Erfurt • Gebhard Kirchgässner, St. Gallen • Jörn Kleinert, Graz • Ulrich Klüh, Eppstein • Alexa Köhler-Offierski, Darmstadt • Peter Koller, Graz • Andrea Maurer, Trier • Gerold Mikula, Graz • Hans G. Nutzinger, Kassel • Notburga Ott, Bochum • Werner Pascha, Duisburg • Thorsten Polleit, Frankfurt am Main • Walter Reese-Schäfer, Göttingen • Lucia Reisch, Kopenhagen/Friedrichshafen • Michael Roos, Bochum • Michael Schmid, München • Johannes Schmidt, Karlsruhe • Miranda Schreurs, Berlin • Margot Schüller, Hamburg • Stephan Schulmeister, Wien • Irmi Seidl, Zürich • Werner Sesselmeier, Landau • Torsten Straub, Berlin • Sebastian Strunz, Leipzig • Gunther Tichy, Wien • Michael Vilain, Darmstadt • Ulrich Witt, Jena • Aysel Yollu-Tok, München

Jahrbuch Normative und institutionelle Grundfragen der Ökonomik

- Jahrbuch 1 (2002) Gerechtigkeit als Voraussetzung für effizientes Wirtschaften
- Jahrbuch 2 (2003) Experimente in der Ökonomik
- Jahrbuch 3 (2004) Ökonomik des Wissens
- Jahrbuch 4 (2005) Reputation und Vertrauen
- Jahrbuch 5 (2006) Soziale Sicherung in Marktgesellschaften
- Jahrbuch 6 (2007) Ökonomie und Religion
- Jahrbuch 7 (2008) Macht in der Ökonomie
- Jahrbuch 8 (2009) Bildungsökonomie in der Wissensgesellschaft
- Jahrbuch 9 (2011) Institutionen ökologischer Nachhaltigkeit
- Jahrbuch 10 (2011) Ökonomik in der Krise
- Jahrbuch 11 (2012) Lehren aus der Krise für die Makroökonomik
- Jahrbuch 12 (2013) Grenzen der Konsumentensouveränität
- Jahrbuch 13 (2014) Unsere Institutionen in Zeiten der Krisen
- Jahrbuch 14 (2015) Reformen und ihre politisch-ökonomischen Fallstricke
- Jahrbuch 15 (2016) Politische Ökonomik großer Transformationen
- Jahrbuch 16 (2017) Kapitalismus, Globalisierung, Demokratie
- Jahrbuch 17 (2018) Kapitalismus und Freiheit
- Jahrbuch 18 (2020) Blockchained? Digitalisierung und Wirtschaftspolitik
- Jahrbuch 19 (2021) Der Staat in der großen Transformation

Bestellungen: Evangelische Akademie Tutzing • www.ev-akademie-tutzing.de • satzger@ev-akademie-tutzing.de

Das Jahrbuch „Normative und institutionelle Grundfragen der Ökonomik" ist die Weiterentwicklung einer Buchreihe, die 1987-2001 als Schwerpunkt **„Normative Grundfragen der Ökonomik"** im Campus-Verlag erschienen ist.

- Bernd Biervert und Martin Held (Hg.): *Ökonomische Theorie und Ethik.* 1987
- Bernd Biervert und Martin Held (Hg.): *Ethische Grundlagen der ökonomischen Theorie. Eigentum, Verträge, Institutionen.* 1989
- Bernd Biervert und Martin Held (Hg.): *Das Menschenbild der ökonomischen Theorie. Zur Natur des Menschen.* 1991
- Bernd Biervert und Martin Held (Hg.): *Evolutorische Ökonomik. Neuerungen, Normen, Institutionen.* 1992
- Bernd Biervert und Martin Held (Hg.): *Das Naturverständnis der Ökonomik. Beiträge zur Ethikdebatte in den Wirtschaftswissenschaften.* 1994
- Bernd Biervert und Martin Held (Hg.): *Die Dynamik des Geldes. Über den Zusammenhang von Geld, Wachstum und Natur.* 1996
- Martin Held (Hg.): *Normative Grundfragen der Ökonomik. Folgen für die Theoriebildung.* 1997
- Martin Held und Hans G. Nutzinger (Hg.): *Eigentumsrechte verpflichten. Individuum, Gesellschaft und die Institution Eigentum.* 1998
- Martin Held und Hans G. Nutzinger (Hg.): *Institutionen prägen Menschen. Bausteine zu einer allgemeinen Institutionenökonomik.* 1999
- Hans G. Nutzinger und Martin Held (Hg.): *Geteilte Arbeit und ganzer Mensch. Perspektiven der Arbeitsgesellschaft.* 2000
- Martin Held und Hans G. Nutzinger (Hg.): *Nachhaltiges Naturkapital. Ökonomik und zukunftsfähige Entwicklung.* 2001